让非暴力沟通
成为一种生活方式

面对羞愧，让我们活得更自在

应对冲突的核心能力与方法

小冥想带来生活大转变
荣获富兰克林奖

正念练习让我们
以非暴力沟通的方式生活

（书名与封面暂定）
停止内耗，创造期望的生活

更多优质图书
敬请期待！

编辑热线
010-88379701

招募领读人

应广大非暴力沟通爱好者的强烈呼吁，NVC
学习中心发起了"万人领读计划"，旨在通
过读书分享，共同学习，互帮互助，来推广
非暴力沟通。现招募领读人！

如果你希望生活更幸福
如果你热爱非暴力沟通
如果你喜欢分享
如果你希望帮助家人和朋友
……
欢迎加入我们的"万人领读计划"

领读人权益

- 获得读书会带领辅导资格，迅速成长
- 与作者面对面交流，深入学习
- 优先参加NVC学习中心举办的课程与活动
- 更多权益敬请期待！

扫码添加小助手微信
了解活动详情

非暴力沟通 ———————————

PEACEFUL LIVING

Daily Meditations for
Living With Love,
Healing, and Compassion

366天平和生活
冥想手册

[美]玛莉 · 麦肯锡（Mary Mackenzie ）著

李夏 译

机械工业出版社
CHINA MACHINE PRESS

北京市版权局著作权合同登记　图字：01-2021-3873 号。

图书在版编目（CIP）数据

366天平和生活冥想手册/（美）玛莉·麦肯锡（Mary Mackenzie）著；李夏译.
—北京：机械工业出版社，2022.11（2023.12重印）

书名原文：Peaceful Living: Daily Meditations for Living With Love, Healing, and Compassion

ISBN 978-7-111-72047-8

Ⅰ.①3… Ⅱ.①玛… ②李… Ⅲ.①心理交往—通俗读物 Ⅳ.①C912.11-49

中国版本图书馆CIP数据核字（2022）第245953号

机械工业出版社（北京市百万庄大街22号 邮政编码100037）
策划编辑：徐曙宁　　　　　　责任编辑：徐曙宁　王　芳
责任校对：史静怡　王明欣　　责任印制：刘　媛
涿州市京南印刷厂印刷
2023年12月第1版第2次印刷
169mm×230mm·25印张·3插页·474千字
标准书号：ISBN 978-7-111-72047-8
定价：79.80元

电话服务　　　　　　　　　　网络服务
客服电话：010-88361066　　　机 工 官 网：www.cmpbook.com
　　　　　010-88379833　　　机 工 官 博：weibo.com/cmp1952
　　　　　010-68326294　　　金 书 网：www.golden-book.com
封底无防伪标均为盗版　　机工教育服务网：www.cmpedu.com

献给我的父母：

约翰和缪丽尔·麦肯锡
（John and Muriel Mackenzie）

我爱你们

致谢

衷心感谢我的写作伙伴洛娜·麦克劳德（Lorna McLeod），她的稳定、力量、专业知识和慈悲是成功完成本书的关键；感谢夏洛特·巴布科克（Charlotte Babcock）花费大量的时间编辑本书，并给我建议、爱和鼓励。

非常感谢我亲爱的妹妹芭芭拉·卡茨（Barbara Katz），她协助编辑了本书，她的爱和支持让我灵感迸发。

感谢这些年来激励和引导我个人成长的所有人，包括戴波·伯尼特（Deb Bennett）、杰米·威尔兰（Jamie Whelan）、莎迪·瑞福（Sandy Reiff）、凯西·兰普洛斯（Kathy Lampros）、我亲爱的家人，以及所有我亲爱的、甜蜜的、友谊长存的朋友们。

我真挚地感谢马歇尔·卢森堡（Marshall Rosenberg）博士创造了非暴力沟通（也称作爱的语言），它改变了我的生活。我深深感恩一些非暴力沟通培训师，他们教我拥有一颗平和生活的心。这些人包括吕靖安（Lucy Lu）、丽芙·梦露（Liv Monroe）、希尔薇亚·哈茨威兹（Sylvia Haskvitz）、苏拉·哈特（Sura Hart）、加里·拜伦（Gary Baran）、韦斯·泰勒（Wes Taylor）、乔安娜·米尔斯（Joanna Mills）、吉恩·瑞安（Jean Ryan）、乔治·鲁比欧（Jorge Rubio）、多纳得·密立根（Darold Milligan）、罗伯特·冈萨雷斯（Robert Gonzales）、苏珊·斯盖尔（Susan Skye）、米基·喀什坦（Miki Kashtan）等。

如果没有向查克·麦克道格尔（Chuck McDougal）表达我真挚的感激之情，我的致谢就无法结束。感谢他把非暴力沟通带到亚利桑那州，也感谢他一直以来的赞助。

一位非暴力沟通培训师带领我们做了一个练习，帮助我们发现了自己最重要的需要，参加工作坊的每个人都倒吸了一口凉气，为我们深刻的发现而感到震惊。在随后的练习中，我们回忆过去为了满足最重要的需要而做的各种事情。在我们所有人中，竟没有一个人能找出一个对满足最重要的需要有帮助的行为！事实上，我们的行为方式注定会失败。

在那一刻我意识到，我一生都在为了保护自己而筑起牢固的心墙，以防御性或攻击性的方式回应别人，无情地拒绝他们给我的爱。我的行为都是满足"保护自己"这个需要的策略。然而，我的行为无法满足我其他更急迫地想要得到满足的需要，如爱、滋养、关怀、社群、归属感和亲密感等。如果没有这位培训师和非暴力沟通，我可能永远不会明白：我的行为注定不会让我快乐。

非暴力沟通也被称作爱的语言，你会看到本书交替使用这两个词。它教会我如何活在当下，在各种情形下识别自己潜在的需要，并有意识地选择符合这些需要的行为。现在，我的生活比我梦想的更真实、更坦率、更有爱、更和平。我与家人、朋友和事业伙伴的关系有了改变，甚至都很难想象以前跟他们相处时感到的悲伤。我由衷地感谢非暴力沟通，它改变了我的生活，让我过上平和的生活。

本书的每日冥想提供一段鼓舞人心的引言、非暴力沟通的某个知识点，以及将这些知识点应用在生活中的行动步骤。

我希望书中的每日冥想在每一天都能帮助你全身心地生活，越来越了解自己，越来越懂得自己看重的价值。对于刚接触非暴力沟通的人，我希望每日为你提供新的工具，帮助你在生活中体现你看重的价值和需要。对于熟悉非暴力沟通的人，希望这些冥想帮助你深化非暴力沟通技能，为你以前学的东西锦上添花。希望我们所有人共同寻找一种不同的生存方式——一种平等对待每个人需要的方式。

每个人的生活越符合自己的价值观，世界和平离我们就越近。虽然这不是一朝一夕就能实现的，但我们每前进一步——每一次选择不责骂孩子或杂货店的店员，每一次考虑别人的需要，世界和平就更近一些。这是肯定的。

祝你的生命之旅充满和平！

玛莉·麦肯锡

（Mary Mackenzie）

在这个充满竞争和焦虑的世界里，做到内心平和真的不是很容易。内心平和是免费的，只要你愿意，随时可获得。但是对很多人来讲，内心平和又好像遥不可及，很难获得。

本书倡导通过每个人自己的内心平和实现世界和平。当我们内心变得越来越平和，越来越了解自己当下的感受与需要，那我们就越不容易受到外界的刺激，越不容易用暴力的方式去生活，这个世界就会变得越来越和平。

有一次我去医院看病，在候诊室门口碰见了一位女士急匆匆地敲开了医生的门，里面有患者正在看病，她又退了出来。我们俩站在一起聊了几分钟。她告诉我，她偏头痛了半个多月，上周五来看这位医生的时候，医生让她去做核磁共振，同时给她约了今天早上（周一）的号，让她来复诊。那家医院的核磁检查片子和报告单都是机器打印的，她刚才去打印但是打不出来，所以她有一些着急，担心会不会白跑一趟，还有今天的挂号费会不会也白交了。轮到我检查的时候，我让她先进去问问医生怎么处理。我进去的时候，听到医生声音非常大地跟她说："机器上打印不出来，你就不能去检查室问一下，在那里打印吗？片子肯定出来了，你去问一下就行了。"那位女士看起来有些晕头转向，想要再澄清几句。她说："我去问了，机器上打印不出来，护士说报告没出来。"医生又很不耐烦地回应说："报告没出来，但片子肯定出来了，你去检查室里面去要就行了。"然后，这位女士又说："那我这个号怎么办呢？"医生看了一眼，又带着不耐烦的口吻声音很大地说："过号了我重新叫就行了呀……"那位女士看起来有些尴尬，试图想要再辩解几句，澄清自己的意思。我站在旁边，猜测这位女士可能心里有点尴尬和着急，又不太清晰医院的流程，所以想要得到帮助。对医生来讲，每天都会碰到类似的情况，这样的对话可能已经进行了无数次了，所以他会非常不耐烦。当时，我跟那位女士说："你可以去取检查的片子，然后再来请医生重新换一个号，不影响今天看病的。"因为我的注意力在双方当下的需要上，内心没有对任何人的评判，只关注如何帮助他们去满足当下的需要，而且这个事情沟通起来并不复杂，所以那位女士听到了自己希望得到的信息，医生也不用再多做解释了。接着，那位女士就出去了。

我想我们很多人对这样的场景都不陌生，不管面对的沟通对象是谁。生活中的大部分冲突都是由不沟通或者沟通不畅造成的。我在学习和践行非暴力沟通以后，看待人和事都有了不同的视角。那就是，不再去分析和判断谁对谁错，谁应该或不应该做什么，也不去争输赢，不去考虑谁应该听谁的话，而是先看到言行背后那个活生生的人，看到每个人的行为想要满足的需要，再去看能做些什么满足需要，让生活更美好、更幸福。这是一个简单的转变，但是这种转变让我的生活有了巨大的变化，比如内心更平和、关系更和谐、与人的联结也更深入。总而言之，我的生命品质得到了巨大的提升，生命中拥有了更多的和平与爱。

作者每天用一段文字或故事来描述非暴力沟通的某个理念或技能，也会用自己的亲身经历和反思来介绍如何通过非暴力沟通让内心更平和。作者详尽地阐述了她在学习非暴力沟通以后生活发生的巨大变化，以及她从非暴力沟通视角对自己过往的生活所做的反思。

我在翻译过程中也常常被作者的故事和反思触动，常常提醒我自己回到非暴力沟通的意识，就像我创建的公众号"活出 NVC[⊖]"所倡导的那样。"活出 NVC"并不意味着我们要用非暴力沟通的标准来要求自己。就像在大海中冲浪一样，我们不是要求自己永远保持在冲浪板上，而是在掉下冲浪板的时候，有意识地让自己再上去。我们选择"活出 NVC"，是因为我们知道，非暴力沟通倡导通过由衷的给予和接纳，创建有品质的联结，让双方的需要都得到满足。它能帮助我们内心更和谐，人际关系更和谐，还能帮助我们所生活的团体更和谐。如果我们生活在一个相互信任、合作、尊重、理解和关爱的世界里，那么世界上的暴力就会减少很多。

在学习非暴力沟通的过程中以及周围其他学习者和践行者的反馈里，我发现学会一些理念和技能并不是太难，经过一些专业的训练大多数人都可以做到。但是如何在事情发生的时

⊖ 非暴力沟通，英文名称为 Nonviolent Communication，简称 NVC。——译者注

候，有觉察地回到联结的意识，选择运用这些技能，却没那么容易。也许我们多年以来养成的沟通习惯，包括周围人的沟通习惯，都是在对与错、黑与白的评判模式里，所以保持"为了联结而沟通"的意识并不太容易做到。

那么，如何帮助自己更好地做到呢？非暴力沟通创始人马歇尔·卢森堡（Marshall Rosenberg）博士提出了三点：一是每天进行反思；二是练习、练习、再练习；三是参加一个非暴力沟通的社群，在社群里学习。这本书有每日的练习和反思，您也可以和周围学习非暴力沟通的伙伴一起跟随本书练习和反思，这会让这本书发挥更大的作用。

我自己觉得这本书可以作为床头书或者随身携带的练习书。书中366天的冥想，每天都提醒和帮助我们"活出NVC"。早晨起床的时候用1~5分钟看一看当天的冥想，提醒自己今天把注意力放在某个方面；晚上睡觉前也可以回顾一下，看看今天自己在这个方面做得怎么样。或者，在跟别人沟通之前可以翻一翻这本书，看一看有哪些方面是跟要进行的沟通相关的，哪些技能和意识可以用到。当然，您也可以非常有创意地根据自己的情况来选择如何使用本书。

我相信，无论是对于非暴力沟通的老手还是新手，甚至对完全不了解非暴力沟通的朋友来说，只要您乐于或者希望让自己的内心更平和，希望这个世界更和平，这本书都会让您从中获益。

希望这本书能够给您带来更多的内心平和与和谐的关系。祝福您的生命充满和平与爱。

李夏
国际非暴力沟通中心认证培训师

感受和需要列表

在非暴力沟通中，识别感受和需要是至关重要的。以下是可供参考的感受和需要列表。如果你愿意，现在就可以熟悉一下这些词汇。时时回顾它们，也会对你进行日常冥想有所帮助。

人人都有的一些基本感受

- **需要得到满足时的感受**

欣 喜	喜 悦	舒 适	感 动
自 信	乐 观	振 奋	振 作
精力充沛	欣 慰	满 足	陶 醉
高 兴	喜出望外	无忧无虑	感 激
兴高采烈	踏 实	心旷神怡	自 在

- **需要没有得到满足时的感受**

生 气	绝 望	厌 烦	不 耐 烦
困 惑	心烦意乱	忧 虑	孤 独
失 望	焦 虑	气 馁	心神不宁
沮 丧	茫 然	尴 尬	悲 观
苦 恼	难 过	泄 气	不 舒 服

每个人都有的基本需要

- **自由选择**

  选择梦想、目标、方向

  自由制订计划来实现这些梦想、目标和方向

- **庆祝**

  庆祝生命的创造力以及梦想的实现

  纪念人生的失落（表达悲伤）：亲人的去世或梦想的破灭等

- **言行一致**

  真诚　　创造　　意义　　自我肯定

- **相互依存**

  接纳　　欣赏　　亲密关系　　社区　　体贴　　成长　　安全感　　倾听

  诚实（诚实使我们能够认识和超越自己的局限性）

  爱　　信心　　尊重　　支持　　信任　　理解

- **滋养身体**

  空气　　食物　　运动　　免于病毒、细菌、昆虫及肉食性动物的伤害

  休息　　住所　　触摸　　水

- **玩耍**

  乐趣　　欢笑

- **情意相通**

  美　　和谐　　激励　　秩序　　平静

目录

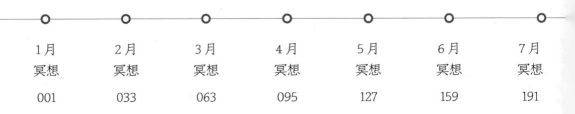

1 JAN  2 FEB   3 MAR 4 APR 5 MAY 6 JUN

1

月
冥
想

非 暴 力 沟 通
366 天平和生活冥想手册

 7 JUL   8 AUG   9 SEP   10 OCT   11 NOV   12 DEC

1月1日

如果你想在这个世界上看到一些不同、一些改变，那么先成为你想看到的改变。

甘地
（Gandhi）

设定新年目标

今年，你想集中精力做什么事情？你的目标、希望和梦想是什么？设定具体明确的目标很重要。不要只是泛泛地说你希望自己更快乐，想想你希望生活具体有哪些变化。如果你的目标是让自己过上更平和的生活来支持世界和平，思考具体的方式，比如学习非暴力沟通、参加愤怒管理课程、参加 12 步计划[⊖]，或者进行心理治疗。如果你的目标是为世界和平做贡献，明确你要采取的行动。避免把注意力集中在你不想要的事情上，比如不想在工作中起冲突。相反，专注于你想要的，比如和谐的工作环境。当你把目标用具体、正向的语言表达出来，你就可以开始实现它们。这个简单的做法会深刻地影响你是否能成功地实现目标。

今日练习

今天，花几分钟时间写下今年的目标，设定目标是实现梦想的第一步。

⊖ 12 步计划（Twelve-step Program）是帮助人们从成瘾行为中康复的互助项目。——译者注

非暴力沟通更能帮助我们保持人性，即使在艰难的情况下。它提醒我们，作为人类，我们天生就知道如何与他人联结，并且帮助我们在日常生活中实现与人的联结。

马歇尔·卢森堡
（Marshall Rosenberg）

非暴力沟通

非暴力沟通由马歇尔·卢森堡（Marshall Rosenberg）博士在20世纪60年代提出，它是一种沟通方式和生活方式。目前，全球35个国家中都有人在使用它○。它的两个主要组成部分是：①平等地重视每个人的需要，重视人与人之间的联结，而不是对错或输赢；②一套帮助我们做到①的方法。

我们大多数人都被教导过一种助长不信任和自我保护的生活方式。相比之下，非暴力沟通教会我们：真正的安全在于我们能够与自己和他人坦诚地联结、真诚地生活，以慈悲和人性的态度应对任何情形。非暴力沟通促进人们平和地生活。

今日练习

今天，觉察那些助长了不信任和自我保护而不是慈悲和人性的行为或态度。

○ 截至2022年3月，有约700名国际非暴力沟通中心认证培训师分布在全球46个国家中。——译者注

1月3日

非暴力沟通方法以互相尊重为基础，而相互尊重有利于达成真正的合作。

马歇尔·卢森堡
（Marshall Rosenberg）

什么是非暴力沟通

非暴力沟通（有时也被称为爱的语言）可以被看作是一种沟通方式，用来帮助人们和平解决分歧。它关注人类共通的价值和需要，鼓励人们使用让人感到善意的语言，避免使用导致怨恨或降低自尊的语言。

非暴力沟通认为让生命更美好是最令人满意的行为动机，人不应被恐惧、内疚、责备或羞愧所驱使。它强调个人承担选择的责任，把改善人际关系的品质作为首要目标。即使与你沟通的人不熟悉它，它也是有效的。

非暴力沟通的四个要素是：

观察——观察发生的事情，不带道德评判或诊断。

感受——向他人表达你的感受，而非指责他人。

需要——向他人表达你的哪些人类共通的需要没有得到满足，或者你想要满足哪些需要。

请求——向他人提出具体可行的请求，以帮助你满足自己的需要。

今日练习

今天，至少在两次与他人沟通时使用观察的语言，而不是进行道德评判。

我不会轻易被吓倒，不是因为我勇敢，而是因为我知道对方也是人，我必须尽我所能去理解他们所做的一切。

大屠杀幸存者　埃蒂·希勒森
（Etty Hillesum）

把改善人际关系品质作为首要目标

非暴力沟通把改善人际关系的品质作为首要目标。事实上，与对、赢、赚更多的钱或在别人眼中看起来更好相比，我们与自己和他人的联结更重要。如果你专注于通过建立更深入的联结来改善人际关系的品质，你就会改善生活品质，在生活中拥有更多的平和与爱，自我感觉也会更好。

我从自己的经历中体会到了这一点。我和一位商业伙伴时常有些工作往来。多年来，我们的关系恶化到私下都不和对方联系的地步。就在我开始审视自己要对剑拔弩张的人际关系承担什么责任时，我们的关系跌到了冰点。后来，我开始更多地关注与他人的联结，而不是试图证明自己是正确的或说服对方。没过多久，这位商业伙伴告诉我，她非常欣赏我的改变，很乐于和我交往。我们都为自己之前的所作所为感到悲伤。现在，我们成了关系亲密的商业伙伴，一起合作各种项目，也成了好朋友。

当你把关注点转向重视与他人的联结时，你的生活品质和人际关系就会得到改善。每一个来到你面前的人都会从中受益。这是肯定的。

今日练习

今天，觉察自己是为了赢或正确而不是与他人建立联结的时刻，把你的关注点调整到与他人建立联结上来。

不要为成功而努力，要为做有价值的人而努力。

阿尔伯特·爱因斯坦

（Albert Einstein）

长颈鹿意识

用长颈鹿比喻非暴力沟通（也称为爱的语言），是因为它有着陆地哺乳动物中最大的心脏——40 磅[⊖]！它提醒我们发自内心地与人联结。它的个头很高，象征着目光长远。当我们说话或做事时，意识到自己的言行有可能带来的长远结果是很重要的。这意味着我们在完全清醒地选择言行，知道每个行为都会引发别人的某种反应。当我们有意识地选择以慈悲、平和与和谐回应生活带到我们面前的一切时，我们也满足了自己的这些需要。

今日练习

注意自己或他人展现的长颈鹿意识的行为。

⊖　约18公斤。

爱是唯一能化敌为友的力量。

马丁·路德·金
（Martin Luther King Jr.）

1 月 6 日

把豺狗当成老师

在非暴力沟通中，我们用豺狗来比喻自己批评、评判或自以为是的那部分。我们之所以选择豺狗，是因为它贴地而行，常常只是逞一时之快，而不太考虑行为的长远后果。我内心的豺狗常常会这样说自己："你以为你是谁？""你不能那么做！你太过了——过于紧张、过于苛刻、过于软弱……"你认识这样的豺狗吗？可能你的豺狗告诉你的话和我的不一样。

过去我常常忽略自己内心的豺狗，因为我认为它是卑鄙和冷漠的。后来，在多次同理倾听后，我开始意识到它的智慧。当它告诉我"你太紧张了"时，它在试图保护我不被拒绝。当它告诉我"你不能那样做"时，我相信它是在努力保护我不要为失败的行为感到失望。我可能不喜欢它的方式，但我现在知道，它大有裨益。

不要以为忽视你的豺狗就会得到疗愈。你越是忽视它，它的咆哮声就越响亮、越凶猛！你的豺狗真的很在乎你的幸福。倾听它，给它同理心，了解它的意图，并创造更多令人满意的策略来满足你的需要。这段旅程充满了自我关爱、爱、滋养，以及对你和它的疗愈。

今日练习

今天，注意你内心的豺狗要教你什么。

1月7日

语言是心灵的镜子：只要开口说话，你说的话就会折射出你的心灵。

普布里乌斯·西鲁斯
（Pubılıus Syrus）

未满足的需要的悲剧性表达

非暴力沟通创始人马歇尔·卢森堡博士用"未满足需要的悲剧性表达"说明人们经常做一些不太可能满足自己需要的事情。复印机坏了，你拍打它，冲它叫嚷。我猜你之所以沮丧，是因为你希望轻松，想用的时候能用到它。拍打和叫嚷会帮助你满足这些需要吗？自然不能。那么，你和别人沟通的方式呢？例如，你的丈夫连续三周忘记给车加油，于是你跟他说："你还没加油吗？难道什么都得我做吗？"我猜你既生气又困惑，想要轻松、支持和公平。再举个例子，有人在电话里冲你大喊大叫，你可能感到生气、受伤或害怕，但你什么也没说。如果你什么都不说，能满足自己对理解、体谅和尊重的需要吗？我并不是说你的沟通方式不好；但这种方式是悲剧性的，因为它无法满足你的需要。

认识到这一点很简单，对我来说却是变革性的。它帮助我很快地改变了自己的行为模式，使其能更好地满足我的需要。所以，当你下次感到受伤、愤怒、悲伤或失望时，考虑一下你打算采取的行动有可能带来什么结果。它能帮助你满足需要吗？如果不能，那就考虑其他更可能让你满意的行动。

今日练习

今天，留心自己有多少次在做无法满足需要的事情。做不同的选择，以便更能满足自己的需要。

没人赏花——真的——它微不足道，还花时间——我们没有时间——赏花也需要时间，就像交朋友也要时间一样。

乔治娅·奥·吉弗
（ Georgia O'Keeffe ）

同理倾听——伟大的疗愈师

多数人觉得自己很少被真正地倾听和理解。这一点说多少次也不为过。同理倾听很简单，只需把注意力集中在他们身上，但却能带来令人难以置信的疗愈效果。试着倾听别人话语背后的感受和需要。这并不容易做到，但效果惊人。

我们来举个例子。你的一个孩子说："什么都要听你的。"如果只关注他的言辞，你心里可能很难接受，你认为自己 90% 的时间都是在满足他的需要。深呼吸一下，听听他到底想说什么。我猜是尊重，还有对做决定有发言权。顺便说一句，你不必认同他的观点。你所做的只是尝试理解他对事情的看法。你可以这样回应："你是否感到沮丧？想参与决定家里的大小事宜？"这样就可以！在对话进行中，一边倾听他的感受和需要，一边表达你自己的感受和需要。

整个对话过程听起来可能是这样的：

——"是啊，你和爸爸总是按你们的意思办。"

——"哦，你认为我们只是在按照自己的想法行事，没有考虑你想要什么？"

——"是的。"

——"我感到很难过，因为我知道我一直在考虑你的需要而时常忽略我自己的需要。我想我们都想要平衡每个人的需要并相互尊重。你觉不觉得你和我都想知道我们重视彼此的需要？"

——"我想是的。"

——"你愿意谈谈今晚想要怎么度过吗？咱们一起想办法，让我们俩都能满足各自的需要。"

——"好的。"

如果只关心对方的言辞，往往就会错过重点。仔细倾听对方想要表达的需要。一旦你们理解对方的需要，就准备好了解决问题。

 今日练习
今天，至少同理倾听一个人。

1_月9_日

困扰人的不是事物本身，而是人们对事物的看法。

爱比克泰德
（Epictetus）

刺激与根源

感受，是需要得到满足或未得到满足的结果，并不是别人的行为导致的。难以置信吗？试想一下，一位亲近的朋友问候你的方式是拍一下你的手臂，会发生什么？见到他，你也许很开心，也很喜欢他拍了一下你的手臂，因为你需要的是乐趣、友谊和联结。有一天，他又在你的手臂上拍了一下。见到他，你还是很开心，但你的手臂前一天受伤了，所以这一拍刺激了你的疼痛感。这时，你可能会感到担忧，因为你需要保护自己和缓解疼痛。这两件事情的刺激相同—— 一位好朋友拍了你的手臂——但感受会根据需要是否得到满足而变化。因此，虽然别人的言行刺激了我们感受的产生，但感受的根源是被满足或未被满足的需要。

今日练习

今天，注意未被满足或被满足的需要如何影响你的感受。

我们受到的最大欺骗来自于自己的观点。

列奥纳多·达·芬奇
（Leonardo da Vinci）

道德评判

当别人的行为与我们的价值观不一致时，我们对他的道德评判暗示他做了错事或者他是坏人。如果你看到有人开车的速度超过了你认为的安全程度，你可能会说这个司机真疯狂；如果有人说话速度慢，你可能会觉得他很无聊。你也许还会这样对待自己：体重不如意时，你觉得自己胖；后悔刚说的话时，你觉得自己仗势欺人。当你评价别人或自己是坏人或做错事的时候，你就是在进行道德评判。

另一种看待事物的方式是表达事情对你的影响，不带评判地评估发生的事情。例如，当我看到有司机开车的速度超过了我认为的安全程度时，我可能会说或想："当我看到那个人开得那么快时，我感到害怕，我真心希望交通安全。"或者，如果我对自己的体重感到灰心，我可以说或想："啊，我对自己的体重感到很灰心。减掉 20 磅⊖会让我看到希望。"评判只会制造疏远和额外的伤害。承认感受，并将它与未被满足的需要（安全和希望）联结，可以帮助我们与自己和他人建立联结，并得到疗愈。

今日练习

今天，注意你进行道德评判的频率，以及评判时的感受。

———————————

⊖ 约为 9 公斤。

1月11日

不要认为痛苦对你有好处。

欧里庇得斯
（Euripides）

去除评判

你是否发现，某件事在这一刻让人非常痛苦，你认为它是件坏事；但不久之后，让人惊掉下巴的结果出现了，你又认为它是好事……这类情况在我身上发生过很多次。

在我经济状况最差的时候，有一天我的车坏了。我想，这太糟了。没多久，我爸打电话给我，说让我用他的车，因为他买了一辆新车。他说，等我经济状况好转的时候，我可以买下他的车。他的车比我的车好多了，我很高兴我的车坏了。

还有一次，我想雇一个我觉得非常合适在我的公司上班的人。她接受了这个职位，

两天后又打电话拒绝了。我感觉很糟糕。两年后，我和她后来选择的那家公司的负责人谈了谈。他们正想要开除她，还打算起诉她。她的存在让很多人备感痛苦，员工士气空前低落。这时，我觉得她没有接受来我的公司工作真是件好事。

然而，我们必须断定事情的好坏吗？难道我们不能只是承认痛苦或快乐的感受，联结到我们得到满足或未得到满足的需要，并相信宇宙会安排结果吗？断定事情的好坏对疗愈、联结或和谐毫无支持；事实上，它只会让人进一步感到困惑、痛苦和担忧。

今日练习

今天，明确选择不去评判好坏。相反，承认每一刻的感受和需要，剩下的就交给宇宙吧。

有时，立场稍有不同，对事物的看法就会
产生翻天覆地的改变。

梅洛迪·贝蒂
（Melody Beattie）

敌人形象

你是否对别人的看法很消极？不愉快的感受会影响你和他人
轻松地相处或有效地沟通吗？当你对他人感到怨恨或愤怒
时，你关注的是他们的缺点，很难善意地和他们相处。当你
承认自己有未被满足的需要时，真正的疗愈就发生了。当你
也承认对方的行为是在尝试满足他的需要时，你就会有进一
步的慈悲。这样做，你会更有可能避免滋生怨恨和愤怒的评
判，而是理解对方，并产生慈悲和联结。

 今日练习

意识到你对别人抱有的敌人形象，把这些形象翻译成自己的
感受和需要，让自己释然。

爱不是占有，是联结到流动的能量。

奇德维拉萨南达
（Chidvilasananda）

深入倾听

在爱和慈悲的世界里，没有对错、好坏的区分。如果你在一段感情中挣扎，试着不评判。相反，专注于你俩都想要的东西。

你们言行背后最重要的东西是什么？假设其中一个人说"你根本不在乎我"，你觉得 TA 真正想要的是什么？我猜 TA 想要被重视和关心，可能也希望你考虑 TA 的需要。如果你只关注 TA 说的话，你也许会回忆所有你做的关心 TA 的事情。或者你还会与 TA 争论你是否关心 TA，这种争论会导致进一步的愤怒和蔑视，因为你的反应并未表明你有认真听 TA 说话或关心 TA。

更有效的回应是关注言语背后的需要，比如："听起来你很沮丧，你想确认我很重视你。对吗？"你可能不同意对方说的话，你也不必同意。你要做的只是承认 TA 的感受。一旦 TA 觉得自己被倾听了，你就可以和 TA 完成整个对话过程，解决问题。

今日练习
今天，承诺至少体会一个人的感受。

无欲速……欲速则不达。

孔子

重视每个人的需要

一个朋友打电话告诉我，她的丈夫离开了她。过去几年里，他一直在婚姻中苦苦挣扎，但从未跟她提起过对她的不满。实际上，在他要离开她的时候，她才第一次听到他说感到不幸福。她很震惊，也很伤心。

我为她的遭遇难过，因为我渴望生活在这样一个世界里：人们重视每个人的需要而不仅仅是自己的需要，人们重视承诺和联结。有时候，践行这些价值很有挑战。把事情谈清楚可能很耗精力也很痛苦，但除此之外的选择也许就是结束一段关系。如果你对一段关系感到不满意，无论是私人关系还是工作关系，考虑一下这段关系对你来说有多重要。冒着结束这段关系的风险，自己默默承受不快乐，是否值得？或者你想尝试解决这个问题？也许你不喜欢两个人探讨解决方案，但不探讨肯定会持续地不快乐。

 今日练习
如果你对某段关系不满意，今天和对方谈谈，努力联结到双方的需要。

人生苦短，但礼貌待人的时间还是足够的。

拉尔夫·沃尔多·爱默生
（Ralph Waldo Emerson）

要求与请求

当你要求某人做某事时，他的选择只有屈服或反抗：要么听话照做，要么不做。有时候，一个要求看起来像是请求。你说："亲爱的，今天你能帮我修剪一下草坪吗？"这听起来像是一个请求，但请注意，如果你的伴侣说"不，今天不行，我累了，想放松一下"时，你会怎么做。如果你不生气，也不评判，那就是请求。如果心里想："没完没了地休息？他也太懒了！"那么你提的可能就是要求。

提出请求的诀窍是平等地看待每个人的需要。你重视丈夫的休息，还是更重视有规律地生活？当你平等地看待每个人的需要时，就会更愿意找到让每个人都满意的解决方案。你丈夫刚刚说他想休息，而不是去修剪草坪。"那么，你今天真的需要休息，我理解，尤其是好不容易熬过了这一周。""是的，谢谢。""亲爱的，我希望你好好休息。我也担心明天我父母来的时候草坪还没修剪。我真的希望我们的房子在他们眼里漂亮些。你有没有什么好主意让你既可以休息，又可以在明天早上他们到达之前把草坪也修剪了？"

在这个例子中，妻子承认丈夫需要休息，并提出了请求，即在她家人到达之前把草坪修剪好。她主张的是她的需要，而不是解决方案。他们可以雇一个邻居来修剪草坪，或者丈夫在第二天早上修剪草坪，抑或如果他同意为妻子父母的到访做一些其他准备的话，由妻子来修剪草坪。如果坚持让丈夫当天修剪草坪，她可能就钻进了死胡同。这种要求限制了更多可能性，并造成了人与人之间的隔阂。提出一个真正平等地考虑到每个人需要的请求会打开各种可能性，并有助于建立联结。

今日练习

今天，当你把别人的请求听成了要求时，觉察你的感受。除了屈服或反抗，你还能想到别的回应吗？

有教养的标志是能够容纳一种思想，但不全盘照收。

亚里士多德
（Aristotle）

同理倾听不代表认同

有时候，人们告诉我，他们无法同理倾听别人，尤其在不认同别人的观点时。例如，一个青少年控诉她的父母，他们不在乎他；或者一个朋友说你迟到了，尽管你认为自己准时到达了。请记住，同理倾听是全身心地体会一个人的感受和需要，接纳他的体验，而不一定认同它。如果你有不同的意见，先同理倾听他，然后表达你对所发生的事情的感受和需要。例如，当你十几岁的孩子告诉你，你不在乎他，你可以考虑这样回应："你感到受伤吗？因为你想确认我同样关心你的需要，是吗？"你也可以说："哇哦，听到你的话，我真的很惊讶，也很难过，因为我太爱你了，有时候我因为太注重支持你而忽略了自己。你能告诉我，你刚听到我说了什么吗？"

今日练习

今天，提醒自己，同理倾听不等同于认同。

1月 17日

观察——非暴力沟通的第一个要素

你五岁的孩子刚用蜡笔在家里墙上画了画，你想："他想给我找麻烦，因为他在生我的气。"

你丈夫这周第三次比约定的时间晚到家，于是你想："他根本不在乎我的感受。"

听起来是不是很熟悉？人们通常在和另一个人沟通之前就认定了事情发生的原因。这两个例子中的原因是"他想给我找麻烦，因为他在生我的气"和"他根本不在乎我的感受"。

在这两件事情中，你唯一知道的事实是：墙上有蜡笔画（如果你以前看到过孩子在墙上画画，你就能认出是这位艺术家的作品），这周有三次你丈夫回家的时间比他约定的要晚。在非暴力沟通中，这被称为观察——你看到或听到的事实。你可以把它想成是所发生的事情的快照或所说的话的记录，不要添加你的评判或你认为的原因。

当你观察时，就打开了深入联结的可能性。丈夫回家后，你可能会对他说："你知道吗，这已经是你这个星期第三次在 6 点后回家了，我感到困惑和恼火，因为我以为你之前同意了这几天晚上 5:30 之前回家。你和我的想法一致吗？"面对任何情形，都有很多开启对话的方法。关键在于，当你开启和对方的对话前，不要预判事情发生的原因，这样，你就有更大的机会与对方建立联结，满足你的需要。

 今日练习

今天，做出承诺，留心自己说了什么或做了什么，避免对事情发生的原因做出假设。

下决心认识自己；要知道，找到自我的人，不会
再有痛苦。

1 月 18 日

马修·阿诺德
（Matthew Arnold）

感受——非暴力沟通的第二个要素

我们很多人都被教导要多思考，少感受。我们可能已经学会多考虑别人的感受，但很少有人被教导了解自己的内心，关注自己的感受，比如：我们和某个人在一起时的感受，我们做某件事时的感受，或者我们可以做些什么来让自己感觉好一点。一味想着他人，会让我们减弱与自己的联结，并导致自我否定。因此，当我建议人们与自己的感受联结并告诉他人时，他们很惊讶地发现这很难做到。如果我们平时不习惯表达自己的感受，这样做就会让我们感到脆弱。如果我们习惯了先考虑别人的反应，那么即使只是单纯地注意到自己的感受也会让我们不知所措。

刚开始这么做时，你可能会心神不安或战战兢兢，也可能会觉得很脆弱，但它带来的回报会让你知道这么做是值得的。你的感受词汇会越来越丰富，你也会毫不费力地注意到自己对事情的感受。然后，我预测你将做出和以前不同的决定——你的决定是根据自己的感受做出的，而不是考虑别人的感受。你甚至可能发现，自己一直在做不喜欢的事情，或者和不喜欢的人在一起。接纳自己的感受，可能会让你的生活开始发生翻天覆地的转变。

今日练习

今天，注意你对发生的事情的感受。如果你在考虑别人的感受，那么轻轻地把注意力转回到自己身上。

非暴力沟通关注人们的需要是否得到了满足；如果没有，怎样做才能使这些需要得到满足。

马歇尔·卢森堡
（Marshall Rosenberg）

需要——非暴力沟通的第三个要素

非暴力沟通认为需要是共通的。这意味着虽然我们都有相同的需要，比如爱、支持、住所、食物、欢乐、关怀等（参考本书的"感受和需要列表"），但可以选择不同的方式来满足需要。例如，我需要出行，所以我选择买一辆汽车。当我长途旅行时，我选择坐飞机，我也坐过美国铁路公司的火车。我的需要都是出行；选择的方法或策略是汽车、飞机或火车。我的一个姐姐曾经住在西雅图一个社会治安非常不好的社区。她需要安全，所以她和身为帮派成员的邻居交朋友。他们可以随时去她家玩。她从不锁门，这样他们就可以自由出入。有人可能不愿意这么做，但这么做充分满足了她对安全的需要。

当我们分清了共通的需要和满足需要的策略，就能给关系带来清晰。想象一下，你和朋友争论去哪儿度假。选择合适的地方是满足你们的需要的策略。这个假期要满足哪些需要呢？不要自以为你的朋友和你有相同的需要。你可能会发现，你最感兴趣的是娱乐，而你的朋友最感兴趣的是休息。考虑这两种需要，然后讨论适合满足这两种需要的地方。把对话的重点转移到需要上，考虑每个人的需要，并用平和的方式满足。

今日练习

觉察需要和你选择的满足需要的策略之间的区别。

我们不应让恐惧阻挡自己追求希望。

约翰·肯尼迪
（John Kennedy）

请求——非暴力沟通的第四个要素

在过去几天里，我们了解了爱的语言的前三个要素：观察、感受和需要。第四个要素是请求。这个要素至关重要，因为它向你和你生活中的人表明做什么才能满足你的需要。想象一下，你对十几岁的女儿说："亲爱的，最近几周好像没怎么见到你，我心里很难过，因为我很想你，想多陪陪你。"如果你不提出请求，你的女儿就得猜你想要什么。她可能会猜你想用很多时间陪着她，而你真正想要的只是哪天晚上有几个小时能陪陪她。她也可能认为你是在批评她更重视朋友。或者，她可能认为不管和你待多久，你永远都觉得不够。你可以提出请求让对话清晰，缓和气氛，并大大地缓解紧张局面。你可以这样提请求："亲爱的，最近几周没怎么见到你，我心里很难过，因为很想你，想多陪陪你。你愿意安排一下这周哪个晚上我们在一起度过几个小时吗？我们现在可以讨论一下，做点儿咱们都喜欢的事情。"事实上，你的女儿仍然有可能会拒绝你。然而，当你清楚自己想请求对方做什么时，双方都更有可能满意。

 今日练习

今天，至少向他人提出一个具体可行的请求。

1月 21 日

形势非常危急……但并不严重。

桑妮亚 · 乔凯特
（ Sonia Choquette ）

评价和感受

有没有人对你说过："我觉得你根本不在乎我"，或者"我觉得你不诚实"，或者"我觉得自己被操纵 / 被背叛 / 被评判了"。所有这些话语都反映了一个人对另一个人的评价。说"我觉得你不在乎"的人，可能是因为真的感到生气、受伤或害怕。对方也可能是感到担心或困惑，因而会说"我觉得你不诚实"。我猜，当有人说他觉得自己"被操纵 / 被背叛 / 被评判"时，这可能意味着他实际上感到悲伤、受伤或生气。

弄清楚自己的感受很重要，因为这能帮助自己成为感受的主人，而不会因为别人做了你认为错误的事情而去责怪别人；表达自己的感受也有助于让别人知道这个事情对你的影响有多深。此外，表达真实的感受而不是评判对方，会让对话双方都更清楚彼此的情况，从而建立联结。

今日练习
今天，觉察当你尝试表达感受，但说出口的却是想法的时候。

评判，是需要的悲剧性表达方式。

马歇尔 · 卢森堡
（ Marshall Rosenberg ）

理解我们的评判

很多人都学过适得其反的说话方式，其中之一就是评判人。
我们评判的目的常常是为了自我感觉良好一些，或者为了
满足被接纳和归属感的需要，但结果却恰恰相反。任何形式
的评判，都会在双方之间制造障碍和隔阂。例如，每当我们
认为别人懒惰、愚蠢、衣品差劲、自私或冷漠时，这种情况
就会发生。道德评判会导致双方关系割裂，也让我们的需要
（比如自我感觉更好、被接纳和归属感等）很难得到满足。

与其评判别人，不如留意自己看到别人的行为或看到某事的
感受。假如你在滑雪时有人突然冲到你前面，与其把他看作
混蛋或疯子，不如懂得是自己感到害怕，希望更安全地滑
雪。从评判别人转而关注他们的行为对你的影响，能够让你
产生深刻的改变，生活得更平和。

今日练习

今天，觉察你的道德评判，并有意识地尽量把它转变为体会
自己的感受和需要。

1月 23日

鸟儿会在暴风雨后歌唱；人们为什么就不能尽情享受"暴风雨"后的一切呢？

罗丝·肯尼迪
（Rose Kennedy）

将自己与他人进行比较

比较是一种评判。似乎总有人比我们更漂亮、更聪明或更开明。同样，似乎有无数人没我们聪明、驾驶技术更差，也没有我们那么机智。当我们把自己和别人比较的那一刻，我们就是在给自己制造痛苦和挫折感。相互比较，在我们和别人之间竖起了一道屏障。

尽量避免比较。相反，留意自己对别人的优点或缺点产生的感受。不要说你的邻居比你漂亮，要学会欣赏她的美丽，并承认你想改善自己的容貌。更好的做法是，在欣赏她的美丽的同时，也欣赏自己美丽的地方。越是避免比较，你就越有可能与他人建立更紧密的联结。

今日练习

今天，注意你所做的比较。

真正的自由是分担同胞的枷锁，并由衷地采取行动，不倦地让他们获得自由！

詹姆斯·罗塞尔·罗威尔
（James Russell Lowell）

成为生活的主人的三个阶段

我们都经历过情感成熟的各个阶段。非暴力沟通指出了情感成熟的三个主要阶段，最后一个阶段是情感解放。

很多人都会先经历第一个阶段，认为要为他人的感受负责。在这个阶段，如果伴侣感到痛苦，我们就会感觉很糟糕，担心伤害对方的感情。我们常常为了让别人幸福而忽略自己的幸福。

在第二个阶段，我们开始注意到，有很多时候我们在否认自己的幸福，并为此而难过。人们常常在这个阶段感到愤怒和怨恨，迫切地想要满足自己的需要。在这个阶段，人们会经常跟别人说："那是你自己的问题，我不需要对你的感受负责。"

第三个阶段综合了前两个阶段。我们意识到每个人要为自己的感受负责，但如果做了一些刺激出别人痛苦的事情，我们也会承认自己在其中扮演的角色。我们同时重视双方的需要，而不仅仅是某一方的需要。当我们平等地重视每个人的需要时，世界上的资源似乎更加丰盛了。这时，我们就能同时考虑每个人的感受和需要，而不必为他们负责。我们变得自由，对很多人充满慈悲和爱，甚至包括我们自己。事实上，我们已经成了生活的主人。

今日练习

花几分钟思考一下你现在的情感成熟所在的阶段，并为此而庆祝，即使你还没有到达第三阶段，你也正在成为生活的主人。

1月25日

仇恨这种情感会抹灭我们的价值观。

何塞·奥尔特加·伊·加塞特
（José Ortega y Gasset）

化解愤怒

很多人害怕生气，是因为没有学会以带来解脱或帮助自己满足需要的方式来表达它。想想那些在盛怒之下骂人、打人或者摔门而去的人。所有这些行为都是为了表达愤怒，但是人们会从这些行为中感到解脱吗？这些方式是对未被满足的需要的悲剧性表达，因为这么做不太可能满足需要。让我们考虑另外一种处理愤怒的方式，一种既能充分表达愤怒，也能帮你满足解脱、被倾听或被理解的需要的方式。

首先要明白，别人不需要对你的愤怒负责。愤怒极有可能是你的主观评判带来的结果。你认为某人应该采取不同的行为或应该做得更好，可能是因为你对他有所期待。即使在愤怒时看不到自己的评判，也要明白你要为自己的评判负全部责任。

平息愤怒的第一步是停下来，呼吸。不要说任何话。提醒自己，你要为自己的愤怒

负责，指责别人只会让事情适得其反。然后，注意你脑海中出现的各种指责和评判的声音。无须大声说出这些想法；在心里关注它们就好。这些信息看起来像是："他真是头猪。""他只关心他自己。""这种情况是不可能的……"

第二步，注意你未被满足的需要，比如支持、爱和放松。

第三步，表达你的感受和未被满足的需要。例如，"我现在很生气，因为我真心希望我们能找到一种彼此都感觉良好的方式来解决这件事！"注意，关注点放在自己的感受和未被满足的需要上，而不是对方的缺点。如果你希望化解愤怒，就必须关注自己的感受和未被满足的需要。这种表达愤怒的方式更有可能激励我们找到解决方案。

 今日练习

今天，如果你感到生气，在回应他人之前，先花点时间弄清楚自己的感受和未满足的需要。

语言永远不可能完全说出真相。

我们都了解那些心口不一的时候。

凯瑟琳·马歇尔
（Catherine Marshall）

满足我们诚实的需要

我说不清已经有多少次听到有人指责别人不诚实了。人们会花很多年苦苦地追寻真相。过去，我认为只要没说假话我就是诚实的，但我可以保留一些真相。后来，我又认为隐瞒真相是不诚实的。其实，一千个人眼里有一千个蒙娜丽莎。无论是当面告诉别人真相，还是因为说出来会造成伤害而刻意隐瞒，诚实的需要都得到了满足。

如果我躲在杂货店的柜台后面，以免与某个有冲突的人碰面，我对诚实的需要就没有得到满足。如果我不愿意和他面对面交流我说过的话到底是什么意思，就没有满足诚实的需要。每个人自行决定自己为人处事的方式是否满足了对诚实的需要。每个人自行决定他人的行为是否符合自己的标准。尽量不要花太多时间寻找真相。相反，把更多的精力放在诚实的需要是否得到了满足上。当它得到满足了，你就可以生活得更自由。

今日练习

今天，注意你是否满足了诚实的需要。

1月 27日

父母与孩子互动的方式帮助孩子塑造对自己、父母、人性和周遭世界的理解。一个刚学会走路的孩子从另一个孩子那里拿走了玩具，父母一边说"不要抢"，一边拿走他抢过来的玩具。父母这么做是在告诉两个孩子，抢是可以的——对那些有更大权力的人来说。父母单方面实施宵禁，意味着不信任孩子能为自己的生活做出深思熟虑的决定。与此相反，父母可以在言语和行动上传达两个关键理念：一是每个人的需要都很重要；二是如果我们充分联结，就可以找到对每个人都有效的策略。

因巴勒·喀什坦
（Inbal Kashtan）

与孩子沟通

同理倾听所有年龄段的孩子的感受和需要都很奏效。有两个小男孩，一个六岁，一个三岁，曾经在我家里住过一个星期。有一次，六岁的加里踢了三岁孩子的肚子，并尖叫着让他让开。三岁的小男孩看起来茫然无措。我也感到很震惊，因为在加里踢人之前，我没有看到他有任何恼火的迹象。

我先从同理倾听哭泣中的三岁孩子开始。"你是不是不明白刚刚发生了什么，感到害怕和困惑？""是的。""那么，你是否感到受伤，希望哥哥换种方式告诉你他不开心？""是的！他很刻薄。"然后，他问哥哥："加里，你为什么那么做？""因为你坐在弹珠上，而我只剩一个弹珠了！"

接着，我同理倾听加里。"那么，加里，你有些恼火，因为你弟弟没有像你希望的那样投入游戏？""是的。他总是把事情搞砸。我希望他专心玩游戏，否则就去做别的事。""那么，你希望他拿定主意，像你一样认真对待游戏。""是的。"接下来，我们想出了一个解决方案，满足了两个孩子的需要。

这样的同理倾听为孩子们提供了深入的学习机会，拓展了他们表达感受和需要的词汇，并教会他们重视每个人的需要。

你使用的词汇可以根据孩子的年龄和学习能力进行调整。孩子们容易理解的感受词汇有：伤心、高兴、兴奋、自豪、好玩、生气、困惑、累、害怕。孩子们容易理解的需要词语有：安全、食物、爱、隐私、乐趣、玩耍、选择、休息。

今日练习

今天，觉察向孩子们示范如何同理倾听的机会。

感受源于我们对别人言行的看法，以及我们在那一刻特有的需要和渴望。

马歇尔·卢森堡
（Marshall Rosenberg）

感受是需要是否得到满足的结果

在大学工作时，我每天有 4~5 个预约。通常，有人迟到时，我会感到沮丧，因为我希望按计划工作。但我也发现，有时我喜欢他们迟到，因为可以趁机休息一下。虽然有时我们很容易把自己的感受归咎于他人，但事实是，我们的感受是自己的需要得到满足或未满足的结果。举个例子，你的男朋友告诉你你很漂亮。我猜他这么说能满足你对接纳和爱的需要。那如果你的老板说你很漂亮呢？对很多人来说，这无法满足对尊重和信任的需要。在这两种情况下，外界的刺激是相同的——有人告诉你你很漂亮，但在不同的情况下，我们想满足的需要不同。因此，如果你感到受伤、悲伤、愤怒或失望，想一想你未被满足的需要是什么，看看是否有其他方法可以满足它们。尽量不要因为自己的感受而责怪别人。

今日练习

今天，留意你得到或未得到满足的需要如何影响你的感受。

1 月 29 日

从"应该"中解脱

你是否有一长串应该做或必须做的事情？你有没有发现自己说过这样的话："我必须去工作"，或者"我不得不回家遛狗"，又或者"我不得不回家给家人做晚饭"？每次你告诉自己必须或不得不做什么时，就会把自己和想要得到满足的需要割裂开来，就会减少生活的喜悦。

试着把你的"应该"和"必须"翻译成想要满足的需要。把"我必须去工作"翻译成"我要工作，因为我重视它给我的家庭带来的收入"，这会让你感到更有力量。类似地，"我要回家遛狗，因为我想让它舒服"或"我要回家为家人做一顿美味的晚餐，因为我真心希望他们吃得健康"可以给任务带来更多的喜悦。一旦你在进行某项活动或任务时与自己想要满足的需要联结，最初的想法或许就会发生改变。比如关于遛狗，你会觉得自己也可以打电话给十几岁的邻居，问她是否愿意帮你遛狗。通过这种翻译，有些时候，你会发现自己真正的需要，比如休息、完成正在做的项目，或者和朋友联结。而其他时候，仅仅是把行为与想要满足的需要相联结，就可以让你从令人害怕的"应该"中解脱出来。

今日练习

今天，列出你认为自己"应该"做的所有事情。至少将清单上的两件事情转化为你的需要，然后决定是否要做这些事情。

有时候，我完全忘记了友谊是什么。

鲁米

（Rumi）

让死气沉沉的对话鲜活起来

假设你和新妹夫正在一起用餐，他喋喋不休地说着一些你根本不感兴趣的事情。你本可以起身离开，却坐在那里想"他真惹人讨厌"，认真寻找他外表上的各种缺陷，或者向坐在桌子对面的父亲翻白眼。

你也可以承担起让对话更鲜活的责任，在不刺激他人使其痛苦的同时，满足与他人联结的需要。最好的方法就是找到一种聊天方式，与他们的激情、感受或渴望联结。试一试！"哇哦，埃里克，听起来蚂蚁迁徙的历史真的很吸引你，因此你研究

了很长时间。是不是发生过什么对你影响巨大的事情，因而你投入了这么多时间在这上面？"你把话题从蚂蚁迁徙转移到了埃里克对蚂蚁迁徙的热情。因而你与埃里克产生共鸣。另一种方法是："埃里克，听起来你对蚂蚁迁徙的历史很着迷。你认为这项研究将如何直接影响或改变你的生活？"每当联结到别人的人性时，你就让对话变得鲜活起来。试一试。我想你会对它的效果感到惊喜。

今日练习

今天，联结到别人的感受、激情或渴望，让至少一次死气沉沉的对话重新鲜活起来。

1 月 31 日

在对与错之外，有一片田野。我将和你在那里相遇。

鲁米
（Rumi）

慈悲地对待自己

你是否陷入过自我评判之中？比如"哦，那么做很愚蠢"或者"我明明知道更好的方法，但还是那么做了"或者"我太胖了"。每当批评自己的时候，你就会让自己感到羞愧和内疚，从而导致抑郁和停滞不前。如果感到羞愧，你有多大可能会积极改变？

看待缺点的另一种方式，是看到行为无法满足需要（或体现价值观）。你可以把"好吧，那太愚蠢了"翻译成"做了那件事我很沮丧，因为它不符合我内外一致的需要"。"我知道更好的方法，但我还是那么做了"可以翻译成"我很生气，因为我想更相信自己"。而"我太胖了"可能是在说"当我比期待中重了 30 磅⊖时，我感到难过，因为我想更好地照顾自己"。

我们在翻译这些自我评判时，更能联结到想要满足的需要，而不会刺激我们产生羞愧和内疚，因而我们更有机会改变。

今日练习

今天，觉察自我评判的时候，花点时间和未被满足的需要
联结。

⊖ 约为 14 公斤。

2

月
冥
想

非 暴 力 沟 通
366 天平和生活冥想手册

2月1日

在非暴力沟通中，哀悼是指当我们表现得不完美时，与未被满足的需要和因此产生的感受充分联结的过程。

马歇尔·卢森堡
（Marshall Rosenberg）

哀悼我们的失望

当承认感受和未被满足的需要时，我们会感到遗憾，而不是内疚或羞愧。哀悼时，我们会看到自己的行为对生活造成的负面影响，而且更愿意在下一次尝试新做法。相反，如果我们告诉自己，做了某些事情自己就是坏人或做错了，我们可能会感到羞愧和内疚，进而导致抑郁和绝望。这么做不太可能带来积极的变化。哀悼，就是承认让我们后悔的行为所引发的感受和未被满足的需要。

假设你想和电话公司解决一个问题。你等了 10 分钟才有人接电话。那个人要把你转接到另一个人那里，你等了 5 分钟才转到新的人那里。之后，你的电话又被转接了三次。现在，你已经打了 30 分钟的电话，只和每个人进行了简短的对话，然后，他们再次把你转接给其他人。当你终于和"对"的人通话时，你不怎么礼貌了，声音里满是生气和不耐烦。电话那头的人说："我只是想帮你，女士。"

你立刻知道自己内心不平静了。问问自己，"我的感受和需要是什么？"我猜你很生气，想要更放松。你希望有人来解决问题，所以也有联结的需要。一旦承认了这一点，你会惊奇地发现自己感觉好多了。尽管如此，你还是后悔之前和电话那头的那个真正想帮你的年轻女士用那种口气说话。因此，你说："我很感激（或意识到）你在努力帮助我。我对自己说话时表现出来的急躁和沮丧感到遗憾。我已经等了 30 分钟，电话转接了四个人。我真心希望这个过程能简单些。你能帮我解决这个问题吗？"

哀悼是承认我们对自己的表现感到遗憾。有时，它可能包括给自己时间和空间来处理痛苦和其他情绪。其他时候，只是承认我们未被满足的需要就足够了。一旦对自己未被满足的需要感到充分的悲伤，我们就会释怀。

 今日练习

今天，花点时间承认你的某个行为所引发的感受和未被满足的需要。

我从未见过有人在内疚、羞愧、仇恨的驱使下朝着建设性的方向成长或改变。

威廉·戈德堡
（William Goldberg）

原谅自己

每次你说或做什么，都是在努力满足某种需要。举个例子，一个朋友在早餐时间给你打电话，通话时间有些长，你的麦片粥瞬间变黏稠了。你不耐烦地说："我得挂电话了！你自己能解决这个问题吗？"挂断电话后，你感到后悔。

当我们承认自己这么做想要满足的需要时，原谅就开始了。这不是在为自己的行为找借口，而是和我们的需要联结。在这个例子中，你的需要可能是早餐保持某种质地或味道，或者是自己特别看重的某种价值——珍惜食物。一旦与这些需要联结，知道自己在努力满足这些需要时，我们会感到非常放松。接着，我们就可以承认，自己为所做的行为感到后悔，并思考下次可以采取什么不同的行为。从某种意义上说，这意味着承认自己的两个方面——试图满足需要的那方面和采取了令我们后悔的行动的那方面。给自己这种善意，可以有效地促进改变。下次，我们可以对朋友说："我的玉米片泡胀了，我担心浪费食物。我可以几分钟后打电话给你，咱们再继续聊吗？"

今日练习

今天，注意你的行为都是为了满足需要。如果对满足需要的策略感到遗憾，承认它！

2月3日

需要不是我们拥有或没有拥有的东西——我们就是它们。

凯瑟琳·卡登
（Catherine Cadden）

居杰
（Jesse Wiens Chu）

需要和价值

在非暴力沟通中，需要和价值是同义词，是通用的。

艾米丽在帖子里写道："我绝对不能像晃动的绳子般摆动胳膊，不能大喊大叫，也不能随意改变自己的言行举止。"这些话可能受到她看重的价值的驱动——尊重女性、尊严和遵循自己想法的价值。我也看重这些价值，只是选择不同的方式来满足它们，比如说出真相、遵守诺言、尊重身体。

我们的生活方式往往会随着获得的新信息和外界的变化而改变；然而，内心看重的价值却保持不变。你可以更新你的行为，但要忠于自己看重的价值；因为它们代表了你的本质。

 今日练习

今天，意识到驱动你行为的价值。

故贵以身为天下，若可寄天下。

爱以身为天下，若可托天下。

《道德经》

看到人们的相似性

我们都是一体的——地球上所有的生物都是一体的。我们都有爱、关心、滋养、亲密和支持等共通的需要。如果不把自己当成是孤立的，你就不会形单影只。试着保持这个简单的原则，如果真的相信人们是一体的，你的言行就会遵循它。例如，如果你认为自己的需要比伴侣的重要，你就会试图"让"他做一些他不想做的事，而不考虑他的需要。然而，当你这样做的时候，就忘记了自己与他人的联结，而你的所作所为也会将自己与他人割裂。

 今日练习

今天，从心底里相信所有人都是一体的，以这样的信念来行事。

2月5日

几个世纪以来，人们一直过度强调智商的重要性。在智商领域，强调它无可厚非。然而，学习知识最根本的途径不是依赖智商。心灵是带领我们学习知识最根本的途径。

桑妮亚·乔凯特
（Sonia Choquette）

听到不中听的话时，怎么办

你是否有过这样的经历：正在家里看书或看电视、享受独处和宁静时，伴侣回家了。他说："盘子还没洗吗？我真讨厌回到脏乱的家！"说完就去洗澡了。在这种情况下，人们很容易感到震惊和受伤，同时不知道该如何处理。

我建议你试着同理倾听他，可以这样说："听起来你有些恼火，因为你回家的时候盘子还没洗，你希望家里整洁。""是的！我又累又沮丧，辛苦工作一天后，我真希望回家后看见家里干干净净的。""那么，除了盘子还没洗，你今天真的很辛苦吗？""是啊，今天过得很糟糕。""我知道工作能让人多沮丧。不如你洗澡的时候我洗碗，然后，我们再谈谈洗碗的事？我发现我讨厌洗碗，这就是我不像你希望的那样经常洗碗的原因。我真的很想帮你满足对整洁的需要，我也想满足自己对轻松

和乐趣的需要。你愿意在洗完澡后再谈吗？""当然可以。"

注意，对话中"她"首先做的是同理倾听，也就是倾听"他"的感受和需要。然后，当"她"觉得自己真正听到了"他"的心声时，"她"提出了"她"想要的——一场讨论双方需要的谈话。一旦"他"的需要被听到，"他"相信"她"重视双方的需要时，"他"就会更愿意进行这样的对话。

尽管有时我们很难按捺自己的冲动，想与那些刺激到我们痛苦的人争论一番，但还是要尽量克制。争吵可能会导致双方都感到受伤和沮丧。用同理倾听代替争吵，双方都更有可能感到宽慰，并达成和平的解决方案。

 今日练习

今天，不与生气的人争论，而是同理倾听他，看看这样做如何帮助你们解决问题。

你必须成为想在这个世界上看到的改变。

甘地
（Gandhi）

和平从自己开始

有时候，这个世界上的纷争让人感觉势不可挡，和平似乎是不可能实现的。在这种时候，人们可能很想放弃和平。然而，当世界各地的人们都致力于平和地生活时，和平就会成为现实。和平从每一个人开始。如果你被愤怒、怨恨和仇恨裹挟，你就会助长暴力。如果你内心充满了和谐、宽容和慈悲，你就能促进和平。每一次你克制自己不伤害别人、不责骂店员、不对孩子或伴侣大吼大叫，而是同理倾听他们，你就在朝着和平努力。我们每个人都可以在日常生活中创造慈悲与和平，为世界和平尽一份力。

今日练习

今天，注意你的态度或行为是如何促进和平或助长不和谐的。

2月7日

人的一切行为都是在满足需要。

马歇尔·卢森堡
（Marshall Rosenberg）

深刻地表达愤怒

有人用打人、大喊大叫、谩骂、流言蜚语或其他形式的凌辱，来发泄愤怒。非暴力沟通认为这些方式是无效的，是表达愤怒的肤浅方式。毕竟，暴力能做到什么呢？只有报复而已。压抑或"吞咽"愤怒也没有效果，因为这会让我们一直耿耿于怀。只要愤怒没有被听到或化解，我们就不会感到解脱。

让我们来学习新的方式来表达自己的愤怒，一种更有可能带来解脱和解决方案的方式。当我们责备或评判别人是坏人或做错了的时候，愤怒就产生了。所以，第一步是知道别人无须对我们的愤怒承担责任，我们要对自己的感受负责。第二步是明确我们未被满足的需要，例如支持、关心或尊重。第三步是承认我们的感受。第四步是向别人或自己提出请求。

举个例子，儿子给猫剃毛让你很生气。记住，愤怒源于评判。你可能认为你的儿子迟钝、残忍、以自我为中心。你也许会对他大吼大叫，但这种方法很少能让人释怀或解决问题。你未被满足的需要可能是关心其他生物、尊重并考虑每个人的需要。你可能会感到恼怒、生气、受伤和害怕。当发现未被满足的需要时，你会马上释怀。如果你的痛苦很强烈，你可能会想起很多以前你的儿子或其他人没有满足你这些需要的时刻。当脑海里冒出那些时刻，承认你未被满足的需要和感受。如果你注意到释怀的感觉开始出现，问问自己现在能做些什么来满足需要。有时，只是看到这些需要对自己很重要就足够了。你也许想向你的儿子或其他人提出请求。有意识地联结到未被满足的需要，你就更有可能提出能够真正满足它们的请求。

今日练习

觉察愤怒是责备或评判他人的结果；联结到发生的事情中未被满足的需要，注意你是否感到释怀。

爬上伟大的地方，要通过曲折的楼梯。

弗朗西斯 · 培根
（Francis Bacon）

让愤怒为生命服务

有时候，我们需要在别人理解我们为何愤怒之前，先同理倾听它。想一想，愤怒是在表达未被满足的需要。关注需要而不是行为，我们会更有可能同理倾听他人。例如，如果你的儿子把猫的毛给剃了，你认为他未被满足的需要可能是什么？是关注、乐趣还是探索？与其停留在评判中，不如同理倾听他，说："当我看到你给猫剃了毛，我感到震惊，因为我重视对所有生物的体贴和尊重。我猜，你这么做是想要冒险和获得乐趣吧？"与你儿子的行为所尝试满足的需要联结。同理倾听某人并不意味着你喜欢、尊重或认同他的行为。这只意味着你在试图理解是什么需要驱动他的行为。一旦你理解了他的需要，他就更有可能倾听你为何痛苦，并制订重视每个人的需要的解决方案，包括猫的！

 今日练习

今天，注意是否有机会同理倾听别人的愤怒。

2 月 9 日

暴怒之下，什么也不要做。否则，你就是在暴风雨中启航。

托马斯·富勒
（Thomas Fuller）

愤怒是警示信号

如果感到愤怒，你就正在体验未被满足的需要。当你意识到愤怒是警示信号时，它就会成为服务生命的工具。没有硬性规定要求我们必须立即对愤怒做出反应，表达愤怒也没有法定的时效。所以，与其马上对你的愤怒做出反应，不如花点时间审视它，并发现自己在愤怒时产生的评判背后未被满足的需要。这样做，让你有更大的机会以每个人都满意的方式解决问题。

今日练习

今天，把愤怒看作是未被满足的需要的警示信号，不要立即采取行动。

万事皆有美的一面，但并非人人都能看见。

谚语

2 月 10 日

·

情人眼里出西施

当某样东西没有满足你对美的需要时，你是否会认为它不美？如果女儿穿眉环，你是觉得她的眉环让她看起来很丑，还是觉得眉环不符合自己的审美？当你的约会对象穿着涤纶休闲套装出现时，你会觉得他看起来很傻，还是会意识到他选择的衣服不符合你的审美？当你体重超出标准体重 30 磅[⊖]的朋友穿着迷你裙出现在你面前时，你会觉得她看起来很可笑，还是认为她的打扮不符合你的审美？

评判一个人笨或丑，与承认自己对美的需要未得到满足，这二者听起来可能差别不大，但这两种表达方式的不同之处在于，前者会造成自己和别人之间的隔阂，后者是在表达自己的需要。事实是，一切评判都会让我们与他人之间产生隔阂。在评判时，我们建立了一种"我们和他们"相互作用、发力的动态关系。相反，当我们承认自己的需要时，我们只是简单地陈述自己的内心正在发生什么，因而能够更好地与对方保持联结。

今日练习

今天，觉察你如何评价美，以及你的评价如何让你与他人产生距离。

⊖ 约 14 公斤。

2 月 11 日

没有比诚实更富有的遗产了。

威廉·莎士比亚
（William Shakespeare）

具体明确是关键所在

你是否会因为生活中出现的这些状况而感到沮丧：有时，你不好意思提出具体明确的请求，还因为别人无法"马上就能懂你的意思"而感到恼火？当我听到有人对其伴侣说"我想让你帮忙多做些家务"时，就会看到这种情况时有发生。人们听到这句话时，通常会说（或至少会想）："你是什么意思？我已经做了很多家务了！"大多数人都希望对彼此的生活做出积极的贡献，但你可能不知道如何满足自己的这个需要，或者不知道如何同时满足你和对方的需要。

我们可以考虑提出一个具体明确的请求，比如："我发现自己大部分的晚上和周末都在做家务、付账单和保养我的车。我对此很沮丧，希望得到更多的支持。你愿意承担起支付账单和保养咱们两辆车的责任吗？"一旦意识到自己的需要，你就能提出一个具体可行的请求，这最有可能帮助你满足需要。同时，让他人为你的生活做贡献，也能极大地满足对方的需要！

今日练习

今天，一旦意识到自己的需要，就向别人提出至少一个具体可行的请求。

你所走的最长旅程，是从头到心的 18 英寸[○]。

佚名

联结，从心开始

你是否发现，与诚实、坦率、发自内心的谈话相比，进行一场理性的谈话似乎更为容易？如果是这样，你并不孤单。很多人会遇到亲密关系的问题，同时又渴望拥有它——因为这是我们最强大的需要。我在高等教育领域工作了 15 年，所以我知道从知识分子的角度谈论事情是安全的。我也真的很喜欢与博闻强识的人交谈，拓展我的智慧和见识。理性的对话，满足了我对学习、挑战和精神刺激的需要。对话中，和别人表达我内心真实的感受却需要很大的勇气，因为我担心他们以后不喜欢我了。但表达感受和需要的结果却让我很满意，因为与另一个人深度联结是最能让双方亲密的事情了。当我专注于对联结的需要时，我为自己创造了自由。我不再需要隐藏、伪装或为自己辩护，而周围都是爱我的人。这种自由打开了闸门，慈悲和爱从我流向别人。这是一种祝福。

今日练习

今天，对至少一个人完全真诚，抓住机会满足你对亲密的需要。

○　1 英寸 =2.54 厘米。

2 月 13 日

爱情的情节并不重要，重要的是有爱的能力。这也许是我们唯一得以窥见的永恒。

海伦·海丝
（Helen Hayes）

爱，由己及人

感受爱和给予爱是多么令人欣慰啊！曾经有一段时间，我认为自己没有能力去爱一个人，我相信爱别人就意味着失去自我，也意味着我必定会受到一些伤害。

现在我知道，只要愿意做真实的自己，人人都有巨大的爱的能力。当我们给爱附加规则和评判，或者告诉自己需要做一些不想做的事情时，我们就限制了自己爱的能力。照顾好自己的情感需要，我们给予和接收爱的能力就会成倍增长。

 今日练习
今天，练习真诚地表达爱，放下条条框框。

生命是第一份礼物，爱是第二份，理解是第三份。

玛吉·皮尔西
（Marge Piercy）

满足爱的需要

"我只是想让你爱我。"有多少人听过或对别人说过这样的话？在什么时候你对爱的需要会得到满足？是有人对你说"我爱你"的时候吗？还是有人每周给你买花，又或是有人花时间听你谈论你自己的一天？会不会这些时候都可以？很多人可能会想："是的，都可以！"你最喜欢什么方式？

有些人认为在他们的一生中，会奇迹般地遇到一个人来满足他们对爱的需要。其实，不需要等待奇迹出现。如果你正在谈恋爱，考虑一下你的伴侣能做些什么来满足你对爱的需要，同时也要考虑伴侣的需要。如果体会你的感受对他来说很困难，别要求他突然能做到。要在你和他现有情况的基础上，看看你们对爱的需要如何得到满足。要具体，诸如"我只是想让你爱我"或"我希望你更认真，多听听我在说什么"之类笼统的话语是没有用的。因为对方可能觉得自己已经很认真了。需要思考的是：在你看来，认真是什么样子？他又是怎么知道自己是否足够认真呢？我们都想为他人的生活做出贡献。如果伴侣认为你在这段关系中不快乐，他也不会快乐。我们也有责任帮助伴侣满足我们对爱的需要。

如果你没有在谈恋爱，考虑一下什么最能满足你对爱的需要。你可能会想到很多方法，但是什么对你来说是最佳的呢？运用想象力，你可以创造各种可能性，并让它们在生活中体现出来。

今日练习

今天，列出一个能满足你对爱的需要的具体清单。

生命本身就是真正的狂欢。

茱莉亚·查尔德

（Julia Child）

教人们用我们喜欢的方式爱我们

几年前，每次我去看望父母时，我的母亲都买糖果作为欢迎我的礼物。我在戒糖，所以经常为此感到烦恼。在一次拜访之后，我想到她买糖果是为了表达她对我的爱。我就想，如果我寻找一种新的方式让她表达爱，并让我感觉更好，会怎么样呢？

下次回家的时候，妈妈又给了我糖果。当我说不吃的时候，她看起来很失望。然后我跟她说："你知道我真正需要的是什么吗？妈妈，是新的内裤。给我买条新内裤怎么样？"她很高兴。她容光焕发地说："噢，好的。我们现在就去购物吧！"她跑

去拿外套和钱包，我们就出发了。我们在商场给她买了一些东西，有说有笑地一起吃了午餐，那是非常甜蜜的一天。我可以自己买内裤吗？是的，当然。那时候我35岁。但我妈妈很爱我，她想对我的生活有贡献，而我也真的需要新内裤。刚开始提到让她给我买内裤时，我感到有点尴尬，但后来我看到了她脸上洋溢着喜悦。

我们，就是给到爱我们的人的一份礼物。有时，我们需要帮助他们找到向我们表达爱的方式。不给他们机会为我们的生活做贡献，那多么遗憾！

今日练习

今天，留意想向你表达爱的人，并帮助他们用能给双方带来快乐的方式表达爱。

看清自己每个沟通的当下想要满足的需要，能够帮助我们看清每一次沟通的核心目的，也能让我们更清醒和理智地做出选择。

凯瑟琳·卡登
（Catherine Cadden）

居杰
（Jesse Wiens Chu）

破坏关系的重要因素

每个人都应意识到破坏自己和某人关系的重要因素。这些因素往往都是我们觉得某段关系要幸福的话所必备的条件。我常常会听到人们说起导致他们关系破裂的所谓核心破坏因素，比如说：对方必须是一名出色的园艺师、是一个好厨师，或者必须有一份好工作，等等。我把这些因素定义为策略，并建议你看看自己想要通过这些策略，让这段关系满足自己的什么需要。关注你在关系中的需要，而不是你和对方的关系表面上看起来如何。试着说："我想让他满足我对爱、礼貌、支持、公平、体谅、富足和乐趣的需要。"看看世界上有多少种方式可以满足你的需要。例如，我对富足的需要也许可以由一个财务自由的人来满足，这样他就不必非要"有一份好工作"。当你把注意力从策略转向需要时，你可能会对世界送到你面前的东西感到惊喜。

 今日练习

今天，说出或写出至少五个在当前或未来的关系中你想满足的需要。

2 月 17 日

> 我提出了一个新方法——彻底地自我接纳，全然享受当下的一切。
>
> 萨克
> （Sark）

身材

你有没有一边看着镜子里的自己一边想："啊，这是怎么回事？"你发现自己对某些身体部位异常不满意，并希望自己看起来有所不同吗？如果觉得自己身材很差，我们通常很需要接纳和归属感。我们会告诉自己，这样的外表不可能满足这些需要。所以，我们的策略是改变身材。

和萨克（Sark）一样，我希望彻底地接纳自己。每天早上洗澡的时候，抚摸身体的每一个部位，大声说出自己欣赏它的所有理由。在托尔特克文明中，这是一种崇拜仪式，是尊重身体的神圣行为。大声说出来我们喜欢自己的身体，会改变大脑看待身体的方式。记住，大脑相信我们所说的，并帮助我们找到方法来证明我们所相信的。它想要创造真相。如果我们告诉大脑，我们不喜欢自己的外表，它也将帮助我们让它成为事实。改变看待自己的方式，我们就改变了自己眼中的真相，就能满足对接纳和归属感的需要。试一试这样做，看看能否发生转变。对我来说，这是有力量的早晨惯例，和冥想同等重要。

 今日练习

在接下来的两周里，尝试每天洗澡时都欣赏一下你的身体。

对我们所有人来说，不管男女，首要的问题不是学习，而是忘记。

格洛丽亚·斯泰纳姆
（Gloria Steinem）

回归天性

我们天生都很慈悲。渴望给予和接受慈悲是我们与生俱来的为人处世的方式。我们现在的任务是忘掉多年来所受的教育教给我们的东西——为自己想要的而战，为正确而战，为胜利而战。一开始你可能会感到尴尬。感到尴尬并不意味着慈悲并非天性，只是和已经养成的习惯有所不同而已。我们有这种感受，是因为我们已经适应了重视赢而不是慈悲的社会。看重慈悲，你就会自然而然地这么做，会越来越多地有一种回归天性的感觉。

 今日练习

今天，有意识地选择回到慈悲地生活的内在本性。

2月 19日

虽然人们在听到感激时会不太自在，但绝大多数的人渴望得到他人的肯定和感激。

马歇尔·卢森堡
（Marshall Rosenberg）

表达感激

衷心地表达感激是告诉一个人他的行为对我们的帮助。表达时，重要的是告诉对方我们对他的行为的感受和被其满足的需要，而不是评价他。如果一个朋友请假开车送你去看医生，你可能会说："你真是太好了，送我去看医生。"这样的评论尽管是正面的，却表明你有资格评价对方"太好了"。除了赞扬他的行为之外，听不到其他信息。

你还可以说："真心感谢你从工作中抽出时间开车送我，还带我去医生办公室，看病让我感到担心，但和你在一起我觉得更安全、更放心。"这样说可以给对方提供更多的信息，帮助他理解他对你的贡献，加深你们的联结。

用非暴力沟通表达感激，有三个步骤。第一步，表述对方做了什么（请假开车送你去看医生）。第二步，表达你的感受（感激）。第三步，说出你得到满足的需要（安全、支持和轻松）。如果你想让某人完全了解他的行为是如何帮助到你的，或者想加深和他的联结，试试用这些步骤来表达你的感激。

今日练习

今天，用以上三个步骤向至少一个人表达感激。

只有懂得索取的人，才懂得什么是值得付出的。

哈夫洛克·蔼理士
（Havelock Ellis）

接受感激

对我们中的很多人来说，接受感激是很困难的事情。我们的反应往往是以自我为中心，认为自己高人一等；或者弱化欣赏，说些诸如"哦，这没什么大不了的"，或"这有什么！我已经做了很多年了！"。不管怎样，我们都没有完全接受别人对我们的感激。

谦虚是最成功的接受感激的方式。承认你的行为影响了对方的生活，并享受你对生命做出贡献时的温暖感觉。当有人告诉我他喜欢我举办的研讨会时，我喜欢说："我很感激你告诉我这些。很高兴听到研讨会满足了你的需要。"我不会一走了之，觉得自己是个"伟大的演说家"。我只是感到温暖，知道我让别人的生活变得平静了。

 今日练习

今天，接受某人的感激，当听到你让他的生活变得更美好时，承认你的感受。

每个人都在为世界做贡献

最近，我听到一位美国印第安妇女谈论她的部落。她说，她们部落的人相信，每个人都在扮演某种角色，实现某种目标，以支持整个部落的发展。有时候，一个人的目标意义显而易见。有时候，这个人看起来似乎在给部落造成损失，这种情况下，她认为可能需要几代人才能感知这个人真正的贡献，而且可能永远也不会归因于他。无论如何，每个人都对部落的发展做出了贡献。

我曾经认为自己的存在是个错误，我是那个"漏网之鱼"，我不应该在这个世界上出现。这意味着我在宇宙中没有"位置"。这种想法让我感到悲痛、受伤、困惑和绝望，我渴望归属感和价值感。现在，知道我和你都属于这里，我感到很欣慰。我们每个人都为地球上生物的进化提供了自己的支持。谢谢你做出你的贡献。

今日练习

要知道，地球上的每个人（包括你）都有特定的存在目的。承认这一点，享受你可能会因此而感受到的平静。

最好的出路永远是坚持到底。

罗伯特·弗罗斯特
（Robert Frost）

通过自己的选择为自己赋能

如果认为自己必须或应该做某事，那就是在用内疚和羞愧驱动自己的行为。这样做感觉如何？也许会不安和压抑。有时候，我们真的能感觉到胸口很沉重。尝试一种新的方法——从你的词汇表中去掉"我必须"和"我应该"这样的字眼，只做你认为值得做的事情。也许你在想："那是不可能的。有些事情是我们必须做的！"

想一想你的工作。你早上去上班是不得不去还是因为你想去？你做这份工作是有原因的。你需要钱吗？你是否住在一个喜欢的小镇，但那里却鲜有高薪的工作？或者你工作是为了让你的伴侣上学？无论你的理由是什么，你都在努力实现某个让生活更美好的目标。与这个目标联系，把你的语言变成"我要工作，因为我喜欢住在这个小镇"或者"因为我重视在这里赚的钱，让我可以有现在的选择"。改变激励我们行为的能量可以给我们的生活带来力量和快乐。

今日练习

今天，注意你告诉自己必须做某事的时刻。然后，思考你的行为试图满足的潜在需要。

2月 23日

一次一人，内心平和，世界和平就实现了。
因为——你内心的平和很重要。
它是实现和平的根源!

麦肯锡·乔丹
（Mackenzie Jordan）

创造内心平和与世界和平

时刻关注我们想要的东西，把它体现在我们的生活中。十八年前，我开始了精神启迪之旅。那时候，我非常痛苦，难以想象自己会变得平和，当然也没有想象过自己可以为世界的和平做出什么贡献。我经常发现自己重蹈覆辙，沉浸在对过去行为的无尽哀悼中，为自己做过的事情感到痛苦。我经常认为自己没有取得任何进步——尽管付出了那么多的努力、经历了那么多的痛苦，我仍然不快乐。当时我不明白，其实每次追求人际关系和谐与内心平静的目标时，我都在改变自己的意识状态。即使是充满遗憾的时刻，也有助于我实现更大的目标，因为我至少意识到了那些自我毁灭的行为。每一次觉察、每一次行动、每一个时刻，都使我成长。

有些人在遭遇了很多痛苦后，开始追求内心平和，虽然和别人比起来，需要更长的时间才能实现，但对每个人来说，都有可能实现。更非凡的地方在于，当自己变得平和时，我们也为世界和平做出了贡献。想象一颗鹅卵石被投进平静的池塘，它激起的涟漪一层层荡漾到岸边。瞧，即使是一块鹅卵石也能产生如此的影响，所以你也能。致力于让自己变得平和，意识的转变将会对整个世界产生影响。

今日练习

今天，有意识地采取行动，致力于你最希望得到的东西。

什么能让你快乐？这是简单的问题，但却有深远的影响。提出并回答这个问题，然后采取行动，这通常是我们的道路——一条通向下一个步骤的道路，一条对我们最有利的道路。

梅洛迪·贝蒂
（ Melody Beattie ）

提请求的重要性

你是否曾在餐馆里等朋友，结果他比约定的时间晚了半小时才到？当他进来的时候，你可能会用你能想到的最佳的非暴力沟通表达方式说："你来了！你知道，你比我们约定的时间晚了半小时出现，我感到非常恼火，因为我的午餐时间有限，我不知道我是应该点菜，还是再多等几分钟。"

注意，这句话里没有请求，只有你的希望。请求是帮助你满足需要的具体行动。有两种请求：一种是行动，请求某人做一些具体的事情，如在半小时内去洗碗；另一种是为了联结，请某人做有助于联结的事情，比如请他反馈一下你所说的话，或者请他告诉你他对你所说的话的感受。如果我们不提出具体的请求，人们就会猜测和 / 或想知道什么能满足我们的需要。在这种情况下，我们的需要得到满足的机会很有限。

所以，试着以这样的请求结尾："你来了！你知道，你比约定的时间晚了半小时出现，我感到非常恼火，因为我的午餐时间很有限，我不知道我是应该点菜，还是再多等几分钟。下次在你觉得你可能会迟到10 分钟以上的时候，你愿意打电话给我吗？"另一个请求可能是："你能告诉我，你为什么迟到这么久吗？"任何请求都有助于完成沟通，并让对方明确知道你希望他做什么。

今日练习

今天，留意提出具体的请求，这将帮助你得到你想要的。

2 月 25 日

我们做出一个假设，产生了误解，认为别人针对自己，结果自导了一部根本不存在的戏剧。这就是做出假设都是在自找麻烦的原因。

堂·米格尔·路易兹
（Don Miguel Ruiz）

只有事实

不带评判、评价或解读的观察，对于帮助我们与人建立联结和保持非暴力沟通意识至关重要。我们的真实体验与脑海中认为的事情之间，往往存在很大的差距。

想象一下，你看到有人在闹市区开车，车速超过了 20 英里 / 时[○]的限速。对此，我过去常常会说："司机真是个混蛋！"事实上，我唯一知道的是这个人开车的速度超过了 20 英里 / 时。我对他的其他事情一无所知。也许他的油门卡住了，也许他正在送生病的母亲去医院，又或者他只是喜欢开快车。我观察到的是，这个人开车超过了限速。当我责怪他时，这就影响了自己处在当下面对他的能力，也无法把他当成人来看待。当我处在当下，只是简单地观察发生的事情时，我对他的评判会少一些，自己也会更平静。

今日练习

今天，注意评判如何影响你进行观察。

○ 约为 32 千米 / 时。

当我们真正欣赏和尊重生命的美好，就会全然地
安住在当下这一刻，爱护一切生命。

释一行
(Thich Nhat Hanh)

区分需要和策略

有时，我们很难记得需要是共通的，策略是具体的。策略是指满足需要的方法。当我们专注于需要时，就会看到丰富的满足需要的可能性。当我们执着在特定的策略上，会感觉资源匮乏。争论使用何种策略会产生冲突。只有重视每个人的需要并寻求双方都满意的策略时，冲突才会得以解决。这听起来容易，但有时候我们看不到有诸多策略可以满足我们的每个需要。

不执着于特定的策略，本身就是一种模式的转变。比如说，你打电话给一个朋友，请她去看电影。她说她累了，不想出去。你会说声谢谢，然后挂断电话吗？这是一种策略。另一种策略是同时关注你和她的需要。如果你需要乐趣和与她的联结，而她需要休息和放松，你怎么做能同时满足双方的需要呢？你找一部电影光碟，买一些晚餐，然后去她家，怎么样？这样的话，她可以洗个澡，打个盹儿，穿上睡衣。这个安排看起来可能和你原来计划的不一样，但你的需要是不是也得到了满足呢？

在你感到受伤、悲伤、失望和脆弱的时候，更要关注你的需要，看看有哪些满足需要的可能性出现。如果只能想出一种策略，坦然承认，并寻求支持。

今日练习
今天，列一张你可以满足某种需要的小清单。

2月 27日

玛莉·麦肯锡
（Mary Mackenzie）

联结，联结，联结

你会"为对而战"吗？当你为了"对"或"赢"而与某人争论时，你就在"为对而战"。与人争论时，我们很少尝试联结，此时对我们而言最重要的是"正确"。我们为什么要这样做？对很多人来说，争论是为了满足自己对安全、接纳和理解的需要。然而，结果通常是不满、不和谐、绝望。

如果我们希望建立更多的联结，而不是想要"对"或"赢"地争论，会怎么样呢？这对我其实像魔咒一样。在激烈的争论中，我们很容易忘记和对方联结的初衷，因为我们惯于为"对"而战。这时，可以问自己："我想要什么？我希望从"赢"或"对"中得到什么？"试试回答："联结！"然后问自己："我说出口的话，有可能帮我实现联结吗？"答案总是否定的。简单地问这些问题，并思考其他可以用来满足需要的策略，你将更能同理倾听他人，并慈悲地表达你的感受。这样，你会享受到更深入、更有意义的人际关系，同时减少对自己和他人评判的次数。

今日练习

今天，注意你是否陷入了谁对谁错的争论，并将注意力转移到与他人的联结上。

直到你懂得什么是绰绰有余，你才会明白足够是什么意思。

威廉·布莱克
（William Blake）

足够是什么样子

你是否曾发现自己不停地工作，却不知道成功到底意味着什么？几年前，我发现自己花了很多精力去争取成为最好的，但因为我不明白最好什么样子，所以从来没有实现过。总有更好的人，有要学习的东西，有应该做的事情。我在不懈追求一个不可能实现的目标。这种执着给我带来了巨大的痛苦和失望。

因此，我开始探索"足够"到底是什么样子。对我来说，它就是在任何时候都做到最好。我累了、不舒服时的"最好"看起来与我放松和健康时的不一样。如果我发现自己在批评自己的表现，我就会问自

己，那一刻我是否已经尽了最大努力，我还能做些什么让事情更好。如果答案是我已经尽力了，我就可以放松下来。如果还有什么能做的，我会做的。我的表现不再为了达到某种不可知的标准，而是无论何时都尽力而为，并对此感到满足。我只要尽力就够了。

对你来说，什么是足够的？多少钱才够？房子多大面积才够呢？你需要知道足够是什么样子。如果你要做更多的工作以实现"足够"，那么考虑一下你现在可以做些什么朝着期待的目标前进。如果你已经实现了它，那就庆祝吧！

今日练习

今天，确定一个目标以及一件可以实现这个目标的事情，然后去做。

2 月 29 日

人最大的需要是克服孤立，离开自己孤独的牢笼。

艾里希·弗洛姆
（Erich Fromm）

对亲近保持开放的心态

不久前，我参加了一场有两千名参与者的会议。我当时非常悲伤、脆弱和孤独，所以独自坐在陌生的人群中。后来，我听到有人叫我的名字。我的一群朋友叫我过去和他们坐在一起。在人声鼎沸中，他们尖叫着我的名字，要我和他们坐在一起。而我选择原地不动，因为我想独自面对脆弱。

后来，我和其中一位朋友谈起这件事。她说："我敢保证，玛莉，你并不想一个人待着。你只是不太敢相信，当你处于悲伤、脆弱时，我们依然爱你。你是不是觉得，要做我们的朋友，你就必须总是很风趣，还总要随时随地倾听令我们失望的事

情？"她的话给了我很大的启发。我突然看到了自己惯用的模式——在孤独、脆弱的时候，我坚持一个人待着。不是因为我想这样（面对现实吧，这个解决方案肯定不会缓解我的孤独），而是因为我不相信我的朋友在我状态最差的时候还会爱我。事实上，他们可能会帮助我更快地恢复状态，而不是让我独自煎熬。

大多数人在脆弱和悲伤时都想要与人亲近一些。回想一下，你有阻止自己与人亲近的行为模式吗？在最脆弱的时候，我们经常心里想要与人亲近，但行为上却习惯了远离人群。承认"亲近"的需要，爱你可以信任的人。

今日练习

注意你的行为是否妨碍了你满足自己对亲近的需要。

3

月
冥
想

非 暴 力 沟 通
366 天平和生活冥想手册

3月1日

我们必须安住在身体里，扎根于地球，从宇宙能量中汲取能量源泉，才能让灵魂绽放。

黛安·玛丽查尔德
（Diane Mariechild）

自我联结

你是否曾试着与某人交谈，但却花了很多精力才能全身心地处在当下？或者曾试图与某人一起解决冲突，但却把大部分时间花在了听取自己脑海中的各种想法上？根据我的经验，在这种情况下，我们会陷入无休止的自我对话中。这时，我们无法化干戈为玉帛。我很多年内都沉浸在痛苦中，直到在非暴力沟通中学会了自我同理，我才体验到了一种解脱。起初，我怀疑自己要无休止地自我同理。后来我发现，我需要承认和疗愈那些多年未解决的问题。最终，通过持续不断的自我同理，我得到了疗愈，可以做到在与他人互动时处在当下，脑海中喋喋不休的声音停止了。能处在当下面对自己和他人，真是

一种解脱。我希望每个人都知道，与自己联结并疗愈自己可以改善我们与他人的关系。

自我同理的四个步骤是：

享受豺狗秀——承认事情发生时脑海里的各种评判。

感受——与你的感受联结。

需要——与在这件事情中未得到满足的共通需要联结。

请求——注意你是否愿意向别人提出请求以满足需要。

通过自我同理，你将更能全身心地面对自己和他人。

 今日练习

今天，花点时间同理倾听自己。注意结束后有什么感受。

想要得到指引，只需去问，然后倾听。

萨娜娅·罗曼
（Sanaya Roman）

了解自己眼中的真相

很多人用别人的观点评价自己的行为。比如，有些人认为从办公室拿走笔是可以的，因为"每个人都这么做"；或者他们认为收银员多找的钱自己可以留下，因为"这是她的错，不是我的"。内外一致（integrity）是指言行与看重的价值保持一致。我不想踢我的狗，即使我的邻居可能认为可以。我不想因为我父母打了我，就打我的孩子。我想自主决定哪些言行与我看重的价值相一致，并据此采取行动。只有这样，内外一致的需要才会得到满足。社会规范对我不再重要，也不再影响我。我的价值观指引我的行为和选择。

你最看重的价值是什么？你的言行与它们一致吗？

 今日练习
今天，注意你的言行是否与你看重的价值相一致。

3 月 3 日

仅知道是不够的，必须应用。仅有意愿是
不够的，必须采取行动。

歌德
（Goethe）

愿意表达感激

很多人都不愿意表达感激，因为他们觉得这意味着在拍马
屁，或者认为对方不想听。确实，如果把感激作为操纵工具
来得到想要的东西，就是在滥用它。但如果有人让你的生活
变得更美好，我建议你告诉他。你的感激可能正是他需要的
礼物，让他的一天充满阳光。

几年前，一个参加过我培训的人给我打电话。她告诉我，她
因感动而给我打电话，她告诉我她参加的培训如何改变了她
的生活。她表达了几年来从未有过的希望和喜悦。我们在电
话里都哭了：她哭是因为她感受到满满的爱，我哭是因为我
很感激她特意告诉我我对她的影响。我还没见过不想为别人
的生活做出贡献的人，也没见过不喜欢听人说他是如何为别
人做贡献的人。

 今日练习
今天，至少向一个人表达你的感激。

拥有丰富的感受词汇可以帮助我们清晰明确地给感
受命名或识别感受，帮助我们更好地联结。表达自
己的感受，允许自己脆弱，有助于化解冲突。

马歇尔·卢森堡
（Marshall Rosenberg）

如何表达感受

表达我们的感受可以让别人知道事情对我们有多重要，让他
们了解我们的感受，比如轻微的恼火、生气或深深的伤害。
也许你认为人们从你说话的语气就知道你的感受，但受伤、
愤怒、恐惧和怨恨的感受从语气上听起来往往很相似。恐惧
和兴奋对身体有相同的生理影响，我们通常也用相同的肢体
语言来表达它们。充分表达自己是我们的责任，不要期待别
人来猜测我们的感受。明确表达感受，使我们有更多的机会
来满足自己的需要。

 今日练习
今天，至少向一个人充分表达你对某件事情的感受。

3 月 5 日

任何改变都会影响我们生命的其他方面。

格罗丽娅·卡宾斯基
（Gloria Karpinski）

享受豺狗秀

情绪激动时，脑海里会出现各种声音，让我无法处在当下。在学习非暴力沟通之前，我试着忽略这些声音，或者出现审查它们的声音："哦，玛莉，你不应该有那样的感觉。别那么不耐烦。你知道她身体不舒服。"这些自我审查的声音让我感到垂头丧气。现在，我允许内心的豺狗声音出现，倾听它们的需要，就会在几秒钟内恢复平静。在非暴力沟通中，这被称为享受豺狗秀。在这里，"享受"指的是我们从平和、平静或清醒中获得快乐，而不是与朋友一起吃冰激凌蛋卷时产生的那种乐趣。

前一阵子，一位生病的朋友让我帮她把信件送到邮局。接着，她告诉我如何区分本州和外州的信件，以及每封信件要投进哪个邮箱。而我熬过了特别累的一天，需要放松一下。当她开始讲解具体的指示时，我内心的豺狗说："她知道我 46 岁了吗？只有我知道吗？真的，我这辈子寄了成千

上万封信了。难怪她感觉不舒服，她花了太多时间控制生活中的每一个细节！"我的豺狗有时很刻薄，还爱指手画脚。过了一会儿，我开始这样同理倾听自己："玛莉，你是不是累了，想要放松？你是不是很生气，希望朋友尊重你解决问题的能力？"通过这种方式，我与自己联结只花了几秒钟，这帮助我更加了解眼前的情况——我朋友生病了，以及我自己有对放松的需要。所以，我对她说："你知道吗，我发现自己很累，想让这件事情办得轻松一点，你愿意相信我有能力帮你寄信而不需要你额外说明怎么做吗？"她说："哦！当然。"我去了邮局，还是觉得很累，但不那么烦躁了。

享受豺狗秀就是倾听豺狗告诉我们的东西，包括它们想要得到满足的潜在需要。如果倾听豺狗，它们就会给我们智慧和安慰。

今日练习
今天，觉察内心喋喋不休的豺狗的声音，并承诺倾听它想要被满足的潜在需要。

就像碎片会嵌入身体，旧的情感和信念也会像毒素一样嵌入身体。现在是净化它们的时候了。

梅洛迪·贝蒂
（Melody Beattie）

异化的沟通方式

每个人都学过与他人断开联结的沟通方式。这些普遍使用的沟通方式听起来像评判、批评和责备。说话者沉溺于道德评判，把人分为好人和坏人，与听者断开了联结。他们把人与人进行比较，否认对自己的行为和选择负有责任。他们也可能会对别人提出要求，威胁别人如果不服从就会受到责备或惩罚。马歇尔·卢森堡博士发展出了非暴力沟通，把这类语言模式称为"未被满足的需要的悲剧性的、异化的表达方式"。这些言语的目的是为了满足需要，但使用的方式很难让我们的需要得到满足。

异化的沟通方式有时会脱口而出，因为我们对此很熟练。但它们带来的后果也是同样让人很熟悉。当我们纠缠其中时，我们就错过了满足自己对关心、爱、滋养、诚实、亲密关系和很多其他需要的机会。

 今日练习

觉察评判他人、进行比较或否认对自己的行为负有责任的时候。注意这些沟通方式是如何影响你与他人联结的。

3月7日

愤怒的真实含义是"请"

人们在怒气冲冲或焦躁不安时的言行，其实是在说："请！"但人们经常会忘记这一点。孩子说"我从来不能做我想做的事情！"，他说的"请"是什么？那就是："请，我想要公平和乐趣。我想知道你是否也关心我的需要。"你走进家门，妻子问："你去哪儿了？我已经等你一个小时了！"也许她真正的意思是："请你考虑一下我对可预测性、尊重和信任的需要，好吗？"

好吧，也许这些例子中想表达的"请"太明显了。那么，如果你的老板说，"这个演示太糟糕了。电脑操作不正确，图示不精准，计时也不准。给董事会演示这个我会感到尴尬，这种事不要再发生了。"他这些话背后的"请"是什么？也许他在说"请"交给我高质量的报告，以保持他在董事会上的形象。

下次，如果有人带着失望、挫折或愤怒和你说话时，稍微想想他话语背后的"请"。这么做会让你更有可能和平解决冲突。

今日练习

当别人说了不中听的话时，注意他话语里未说出的"请"是什么。

当你猜到"请"的时候，你的感受会改变吗？

不能一边捍卫他国的自由，一边将本国的
自由弃之不顾。

爱德华·R.默罗
（Edward R. Murrow）

相互依存与或依赖或独立

非暴力沟通认为，人生活在相互依存的关系中，同时，每个人都有自主权。在这种关系中，人们真正地同等重视每个人的需要，承认每个人都有选择，并对自己的行为负责。人们知道，满足需要的资源是丰盛的，而非匮乏的。拥有自主权的人会帮助别人，因为他们发现这样做时，资源更丰盛、更有力量。无论是在亲密关系中，还是在企业或其他团队中，为了实现共同的目标，人们都需要这样相处。

而在或依赖或独立的关系模式下：依赖他人的人认为，只有这样，自己才是完整的人；而独立的人可能觉得，他们根本不需要别人。在这样的假设下，人们愈发相信，想要幸福必须依靠别人，自己要为别人的行为和感受负责，资源是匮乏的而非丰盛的。

我们重视相互依存的关系模式，这会让所有关系都更美好。

今日练习

今天，自主决定如何生活吧。看看保持相互依存的意识是否有挑战。

3月9日

评判、批评、诊断和解读，都是需要的异化表达方式。如果有人说"你永远不懂我"，他其实是在告诉你，他被理解的需要没有得到满足。

马歇尔·卢森堡
（Marshall Rosenberg）

关注需要

想象一下，有一天妻子下班回家，你请她去跳舞，她说："哦，不，今晚不行，亲爱的。这周很难熬，我现在累坏了。"听起来，她似乎需要休息和放松。假设你需要乐趣和活动身体。你能想出另一个策略来同时满足你和她的需要吗？你先去健身房锻炼，然后带回家一张电影光碟，和妻子一起吃晚饭怎么样？或者你们约好明天晚上去跳舞，今晚都待在家里休息。满足需要的方法有无数种。但是争论策略（比如是否去跳舞），就会产生冲突。真正重视每个人的需要，会让关系中的双方更敞开心扉，更心意相投。

今日练习

今天，至少在和一个人解决某个问题时，关注需要。

青草柔软得像鸽子的胸脯，一碰就甜蜜地颤动，
你为什么还要戴着手套？

弗朗西斯·科福德
（Frances Comford）

3月10日

听到拒绝背后的"是"

我们很容易认为别人对我们说"不"是在拒绝。如果一门心思认为自己受到了拒绝，我们可能会感到受伤，没有空暇去理解对方怎么了。然而，只有关注他们的感受和需要，我们才有可能发现他们想要什么，是什么妨碍了他们答应我们的请求。

假设你让丈夫清理卡车，为周末旅行做准备。他说："不行，比赛马上就要开始了，我要看。"你可以认为他在拒绝你，也可以听到他说"不"背后的"是"，跟他说："你整个星期都在期待看这场比赛，对吗？"他也许回答："是的，我一直在期待。我想无事一身轻地看比赛。我真心希望看比赛的时间属于我自己。"接着，你可以回应说："我真的理解你需要放松。我希望这段时间属于你，同时我也担心旅行的准备事项是否完成。你愿意比赛结束后和我一起想办法把卡车弄干净吗？"

听到对方对什么（在这个例子中，丈夫希望有一个轻松的下午来看比赛）说了"是"，而不是他对什么（清洁卡车）说了"不"，我们就有可能成功地满足我们的需要，并且也帮助所爱的人也满足他的需要。这是重视双方需要的方式，也是解决冲突的有力工具。

今日练习

今天，至少有一次觉察别人在说"不"时其背后的"是"是什么。

3月11日

避免使用语言来诋毁自己或闲话别人。语言的力量在于表达真理和爱。

堂·米格尔·路易兹
（Don Miguel Ruiz）

四种回应方式

你觉得别人究竟说了什么？非暴力沟通发现四种回应别人的方式。

评判或责备他人：例如，你从不考虑我的需要，或者你总是迟到。

评判或责备自己：例如，我应该更爱别人，更关心别人。或者，他说的对，我总是迟到。

同理倾听自己：例如，我感到难过和受伤，因为我希望他理解我的感受。我出现的比约好的时间晚，我感到难过和失望，因为我想让朋友们信任我。

同理倾听他人：例如，你是否感到失望，因为想知道我是否像重视自己的需要一样重视你的需要？你是不是很生气，想要确信我会在约定的时间出现？

每次与人沟通时，我们都可以选择回应方式。有意识地选择回应方式。越能觉察到当下的需要，就越有可能看到选择。

今日练习
今天，注意自己选择的回应方式。

我们似乎已经放下了某些事，但它还是反复出现——只是换了一种模样或形式。

穆里尔·鲁凯泽
（Muriel Rukeyser）

什么是需要

在非暴力沟通中，需要是指生命维持生存和发展所需的资源。身体健康，取决于满足对空气、水、食物、休息和住所的需要。心理和情感健康，仰赖我们对支持、爱、滋养、诚实和关心的需要。人类有共通的需要。无论是什么种族，有什么样的精神生活、生活方式，以及生活在哪里，我们都有相通的维持生命的需要，不同的是我们用来满足这些需要的策略。我们都有玩耍的需要，但有不同的策略来满足它。我喜欢用骑马、徒步旅行和看电影来满足玩耍的需要，而其他人可能喜欢用极限运动、编织或潜水来满足玩耍的需要。我们采用不同的策略都是为了满足玩耍这个需要。

人类有共通的需要，而策略是具体的，我们选择具体的行动来满足需要。越能将需要与策略区分开来，就越有可能轻松地化解冲突。

 今日练习

今天，觉察需要和策略之间的区别。

3月13日

不带评判地感谢

非暴力沟通相信，人们的言行都是在表达"请"或"谢谢"。在我们的文化中，"谢谢"通常是以评判或评价出现的，但目的是为了表达感谢。记住，评判和评价会制造隔阂或紧张：无论评判一个人是好是坏，结果都一样。比如儿子修剪了草坪，你说："儿子，你真棒。"此时，你用评判他真棒来表达感激。有一种表达感激的方式，能让你和他更亲近，那就是告诉他，他的行为如何丰富了你的生活。例如，"儿子，当你如约修剪了草坪，我感到放松和感激，因为我真的很看重说到做到和信任。"

今日练习

今天，当你听到"谢谢"的时候，注意你的行为如何丰富了对方的生活。在意识到这一点的时候，你会有不同以往的感觉吗？

我不再害怕暴风雨，因为我正在学习如何
驾驶自己的船。

路易莎·梅·奥尔科特
（Louisa May Alcott）

获得安全感

我在这辈子的大部分时间里都是从别人那里寻找安全感。我
花了大量时间判断一个人是否可靠，评价别人是否有虐待倾
向，感到受伤或失望时责怪别人。结果，我仍感到害怕：依
赖别人来保护我的安全，让我觉得自己没有能力管理自己的
生活。非暴力沟通告诉我们，我们的安全感不是别人能给
的。只有相信自己有能力照顾自己，我才能满足自己对安全
感的需要。这时，学习满足自己的需要、不开心或担心时说
出自己的想法、相信自己的直觉等方法，会满足我自己对安
全感的需要。相信自己，让我有能力不再寄希望于别人满足
我的安全感。

 今日练习
觉察你如何期待别人来满足你对安全感的需要。

3 月 15 日

和你的身体确认一下，它几乎瞬间就知道联结的品质如何。

萨克
（Sark）

同理心与同情心

同情别人时，我们会推己及人，比如我们会说："哦，我知道你的感受。上周他也这么对待我的。"再举个例子："你会看到一切都会好起来的，我就是这么过来的。下周你就会感觉好多了！"当带着同理心倾听对方，我们反馈对方的感受和需要，比如："你真的很担心，想要尽快解决此事"或者"你感到震惊，想弄清楚为什么会这样"。这两种方式各有价值，但非暴力沟通倾向于运用同理心，因为它有助于人们更深入地与自己或他人的痛苦联结，并有助于清晰、轻松地解决问题。同理心是一种深入疗愈的技巧。

今日练习

今天，觉察你同情别人而不是带着同理心倾听别人的时刻。

当作家以特有的方式表达思想时，每个思想都是崭新的。

窝王纳侯爵
（Marquis de Vauvenargues）

日常表达与经典表达

使用非暴力沟通的四要素（观察、感受、需要、请求）进行表达时，你会感到尴尬吗？这四个要素是帮助人们以联结和慈悲的方式与他人沟通的工具。正式使用四要素对于刚刚学习非暴力沟通的人来说非常有价值。然而，非暴力沟通的根基是重视每个人的需要。如果你能真正做到，就不必不拘泥于用四要素进行表达！例如，四要素的经典用法可能是："你在苹果酱里放了糖，而我对糖过敏，我感到纠结和困惑，因为我重视自己的健康。你愿意再给我做一些不加糖的吗？"日常表达方式则可能是这样的："你在苹果酱里放糖了吗？哦，我真的很沮丧，虽然我很兴奋能吃到苹果酱，但我一吃糖就会生病。你觉得给我做点儿不加糖的怎么样？"这两种方式都提到了观察、感受、需要和请求。对一些人来说，第二种方式听起来更适合日常对话。这两种方式都是诚实的表达，并且都能带来联结。

 今日练习

今天，觉察使用的日常或经典的非暴力沟通表达方式。

3 月 17 日

人很容易浑浑噩噩地度过一生。

说半真半假的话、懵懂地听、半睡半醒、半专心地开车……

醒醒吧！

萨克
（Sark）

诚实表达是关键

有时，你会犹豫是否诚实表达吗？你有没有想对谁说些什么，但又担心他听不进去？非暴力沟通将诚实表达当作一份礼物，送给对方我们的真诚，也让别人有机会支持我们满足需要。当我们向他人诚实表达时，可以让双方的关系绽放和深化。如果不诚实表达，容易制造怨恨和评判，让关系变得不和谐，双方产生距离。诚实表达自己的四要素是：

观察：表述发生的事情。

感受：表达我们对发生的事情的感受。

需要：澄清我们得到或未得到满足的需要。

请求：提出具体可行的请求。

 今日练习

今天，留意诚实表达的机会，告诉对方我们内心真诚的东西。

践行非暴力的第一步是，学会与自己和平共处。

释一行
（Thich Nhat Hanh）

要求

如果别人不听我们的，我们就会给他点儿颜色看看，那么我们就是在提出要求。面对要求，人们的反应可能有两种：反抗或屈服。难以置信？想想看，告诉 16 岁的女儿她今晚不能和朋友出去，会发生什么。她可能屈服于你，也可能溜出家门和她的朋友相聚或者和你争吵得死去活来。屈服或反抗很少让双方感到满意。你也许会得到你想要的，但她可能态度消极或心生不满。无论是屈服还是反抗，任何人都没有赢。因为提出要求限制了对方的回应方式，也扼杀了快乐。如果能考虑彼此的需要并达成双方都满意的决定，你会更成功地满足自己的需要。

 今日练习

今天，留意你想提出请求却下达了命令的时刻，你有办法把要求换个说法，变成一个请求吗？

3月 19日

克服友谊中的不安全感

你有没有想过，一个人为什么会吸引你，让你喜欢和他相处？你想知道他是否真的喜欢你吗？很多人都不知道自己对别人的影响。在与亲近的朋友或家人在一起时，我们有时清楚自己在他们生活里存在的意义，有时却没那么清楚。别再犹豫，采取行动，用非暴力沟通的四要素来问一个问题：

观察： 在我们相处的某些时候。

感受： 我觉得有点尴尬，我告诉自己，你可能有其他更重要的事情。

需要： 我喜欢和你在一起时的亲密感。

请求： 你是否愿意告诉我，与我共度时光，你有哪些需要得到了满足？

这样的问题让你告诉对方这份友谊满足了自己的哪些需要，让双方关系更加亲近。了解对方内心当下的感觉也能让你感到轻松，而不是心生疑窦。

今日练习

今天，至少问一个朋友，做你的朋友是如何让他的生活更美好的。

爱，首先是送给自己的礼物。

让·阿努伊
（Jean Anouilh）

得到接纳

我有一位朋友，她先生一直都不接纳她性格里的某个方面。最近，这位朋友告诉她先生，希望他接纳。接纳并不代表认同或喜欢。如果她的行为刺激到他，让他痛苦，接纳她不会妨碍他照顾自己。接纳只是意味着，他接受她这个人有这些行为，并决定与这些方面相处。我们当中有谁会真的喜欢伴侣性格的每个方面和一切行为呢？这简直难于上青天！但很多人都能做到欣赏对方，感激他对我们的贡献。这就是接纳。

今日练习

今天，注意某个人性格中你常常不喜欢的那些方面。决定自己是否愿意接纳它是对方的一部分。

3 月 21 日

成为我们希望看到的改变

一生中的大部分时间，我都在渴望更多的亲近感、快乐和联结，我希望别人给我这些。曾经有一段时间，我很沮丧，因为在员工会议上，参与者之间的联结没有我希望得那么足够。这不能满足我对内外一致的需要，因为爱的语言教我要建立深入的联结。几个月来，我为此感到非常痛苦。有一天早上我醒来的时候，脑海中闪过一条信息："玛莉，如果你想要更深入的联结，那就去联结！不要指望别人帮你做到。"我内心起了冲突。"哦，我不能那样做。我感到很尴尬。如果其他人不想联结呢？如果……""你想要什么？""我希望在会议中与大家有更深入的联结。"我

终于明白了。我没有意愿主动和他们联结，但我想让他们和我联结！我自己把事情搞复杂了。所以，怀着巨大的恐惧，我带着建立联结的意图参与了后来的员工会议。接下来的三次员工会议上，我都这么做了。两位与会者提到，他们非常欣赏我的行为，我的行为帮助他们改变了对员工会议的态度！

在当下的生活中，你更想要什么？尽量不要指望别人给你那些你想要的体验。你能先展现出你希望看到的改变是什么样子吗？看看这么做会带来什么奇迹。

今日练习

今天，有意识地像你希望别人回应你的那样去回应别人。

境随心转，心由念生，我们的意念造就
了世界。

佛陀
（Buddha）

改变想法，改变人生

如果你想更慈悲，就要注意你如何看待自己或别人。发现自
己脑海中出现评判或批评时，改变自己的态度。

几年前，我开始意识到自己对别人的评判，并决心改变。多
年来，有几个人一直说我太严厉、太粗暴了。我一度认为是
他们有问题，随后我意识到，是我的行为把人拒之门外，所
以我们只是泛泛之交。后来，我首先关注自己对别人的评
判。每次我都会把对某人的评判翻译成我的感受和需要。我
会把"你比乌龟还慢？"的想法翻译为"我感到很沮丧，因
为我真的很想准时去看电影"。每次发现我对别人产生了评
判，我都会这样翻译。然后，我开始翻译对自己的负面评
价。四个月后，我感觉不一样了，很多人都说我看起来更温
柔、更快乐了。这让人惊讶。改变想法，你就能改变人生。

今日练习

今天，注意你什么时候对自己或别人产生了评判。然后，试
着把评判翻译成感受和需要。

3月 23日

用期待爱的力量取代对权力的热衷，这样我们将获得和平。

威廉·格莱斯顿
（William Gladstone）

爱胜过一切

你真心希望晚饭后碗筷能马上收拾好，于是试着强迫十几岁的儿子每天晚上收拾。你希望员工早上8点准时到公司，于是你制订了惩罚措施以保证他们守时。你认为自己作为家长或主管拥有一定的权力，甚至你可能认为自己比别人更聪明，但强迫别人做你想做的事能给你带来多少乐趣呢？真的，强迫别人有多有趣？花几分钟和他们交流一下，问问孩子为什么不想在吃完晚饭后马上洗碗，或者问问员工为什么早上8点上班会很挣扎，然后提出满足你们双方需要的解决方案。这是充满爱的事情。这是爱，因为你花时间去考虑他们的需要，而不是只专注于得到你想要的。这种基本的意识上的转变可以对你的人际关系产生深远的影响，无论是对个人生活中的关系还是职场关系。爱胜过一切。

 今日练习

先了解别人的需要，再决定某个问题的解决方案。注意你这么做后有什么感受。

满足信任的需要

我曾经约会过这样一个人，明明是同一件事，但他每次说法都不一样。如果我问他为什么会这样，他总能给出一个解释。还有些时候，他说的事我根本无法不相信。在我们约会的这一年里，我一直在怀疑自己看到的事实。我没有关注自己对信任的需要是否得到了满足。我把关注点集中在了他是否在讲真话。我试图通过倾听他口中的事实，来满足自己对信任的需要。我从这段关系中学到了宝贵的一课。真相是什么并不重要，重要的是我对信任的需要是否得到满足。我不需要责怪别人，认为他们是骗子。我只需关注我的需要是否得到满足即可。如果没有，我可以提出具体的请求来满足自己的需要，同时我也尊重他人的需要。关注点的转移极大地改善了我的人际关系。

今日练习

今天，留意你对信任的需要没有得到满足的时刻，以及你可以提出什么请求满足它。

3 月 25 日

自由是一种至善，让自己免于自我束傅。

阿尔伯特·哈伯德
（Elbert Hubbard）

安全性测试

你是否曾经发现，自己努力追求完美却因为没有太大进步而感到备受打击？今天，和自己约定，不再追求完美。无论如何，完美都是不可能实现的，对它的期待会限制我们感受快乐的能力。所以把它放在一边。不要追求完美，做一个安全性测试：承认培养新行为需要多试几次才能成功。

让我们以学习同理倾听为例。同理倾听是指倾听他人的感受和需要。今天，只同理倾听一个人，比如你的老板、同事、朋友、孩子、伴侣或母亲。任何人都可以，杂货店的收银员也可以。如果对方表达了不舒服、悲伤、受伤或任何其他情绪，简单地向对方反映他们的感受和需要。举个

例子。你去修车，问修理厂老板生意如何。他说："生意真的很不错。虽然我讨厌抱怨生意上的事，但是，老天，我们太忙了，很难跟上进度。"你知道他的感受和需要是什么吗？试试这样回答："你有点进退两难吗？一方面你为额外的工作感到高兴，另一方面你又有点儿不堪重负？""是的，没错。"就这样做，只是同理倾听汽车修理工也可以。然后，注意自己同理倾听对方之后的你的感受，以及你认为对方可能会有什么感受。

记住，我们不追求完美。我们在做安全性测试。

今日练习

今天，试着同理倾听一个人，然后注意你之后的感受。

拒绝是老天的干预。

佚名

接纳结果

你有没有过求而不得的时候？一开始你可能会感到失望、受伤，甚至备受打击，觉得你被拒绝了。但后来更喜欢的东西出现了，你突然松了一口气，庆幸没得到之前的东西。真是侥幸！让我们从同样的角度来看拒绝。几年前，有人告诉我"拒绝是老天的干预"。这对我来说是一个启示。想象一下所有的拒绝都是这样的。为什么不呢？如果我们相信每件事的发生都有原因，每个人来到这个世界都有原因，为什么不相信即使没有得到我们想要的东西，也有一种神圣的力量在为我们服务呢？我们只要做好自己的事情就行，也就是说，我们只要为自己所在的世界做能创造和平与欢乐的事情就好了，剩下的就交给老天吧。这是一种解脱！

今日练习

今天，如果你遭到了拒绝，提醒自己拒绝是老天的干预，注意这么做如何改变你的感受。

永远不要让昨天预支今天。

R. H. 纳尔逊
（R.H. Nelson）

活在当下

你有没有常常悔恨过去？我们感到痛苦，往往是因为无法活在当下。假设你在担心如何付房租。今天是交付日吗？如果不是，你就是在担心未来。你今天能做些什么来帮你支付房租？如果有，那就去做吧。如果没有，你的担心有帮助吗？再比如说，你为自己昨晚对妈妈说的话感到难过。你现在能做点什么吗？如果能，那就去做。如果做不了什么，烦恼对你有帮助吗？当你发现自己在担心或烦恼，看看现在有什么你能做的事情可以改变现状。如果有，就采取行动。如果没有，不要担心。活在当下。

今日练习

今天，提醒自己几次，活在当下。

……语言是一种行动，能够带来改变。语言的音节代表完整而鲜活的人。

英格丽·本吉斯
（Ingrid Bengis）

提出请求的时机

提出请求时，要记住几点，这很重要。其一，请求要具体。如果你觉得很模糊，别人可能也会觉得模糊。其二，请求还要可行。如果你觉得对方做不到你期待的事情，那就换一个人问问；或者考虑让对方做其他力所能及的事来满足你的需要。

提请求时最重要的是，你在说出了自己对某一特定情况的观察、感受和需要之后，要立即提出请求。假设你正在干洗店，要取回你的羊毛衫。你送来的羊毛衫是 12 码的，但现在它变成了 2 码，所以你对干洗店经理说："当我看到羊毛衫现在的尺寸，我感到很恼火，因为我想信任你们的员工会保管好我的东西。"你表达的是观察、感受和需要，而不是请求。因此，干洗店经理可能会防御和担心，他可能会解释，为他的员工辩护，或以其他方式回应。他必须猜出你想从他那里得到什么。如果你以一个具体的请求结束你的陈述，比如赔偿羊毛衫的费用，他就会确切地知道你想要什么。他可以选择按你要求的金额赔偿，或者和你协商最终的解决方案。我们陈述了我们的观察、感受和需要之后立即表达请求的话，就会使情况变得清晰，减少发生防御或争论的可能。如果我们没有快速地提出请求，其他人就只能猜测我们想要什么。

 今日练习

今天，留心可以马上提出具体请求的机会，以及这样做如何帮助你明确情况。

3 月 29 日

改变想法的最好的药就是真相。

莉莉·汤姆林
（Lily Tomlin）

说出真相，摆脱困境

你是否发现自己有过不知道说什么才有助于解决问题的时候？会不会一时冲动，做一些事后后悔的事？这种情况下，很多人会干脆闭嘴，什么都不说了。在我最近带领的一个小组中，两名参与者发生了一场激烈的争吵。其中一位女士刚开始尝试表达自己的感受，另外一位女士就不说话了。我猜测她的感受和需要，并请她告诉我们发生了什么。她只说她没事，其他什么都不说。第二周，我们又在小组里讨论了这个问题。她说她想不出什么说出后不会让自己后悔的话，就像是"舌头打结"一样。我称之为封闭自己。我们需要克服恐惧，勇敢地说出真相，并倾听对方的真相。封闭自己无助于解决问题；它永远不会帮助我们满足自己的需要。说出真相，即便无法用你喜欢的方式说出来。经常这样做，你会越来越熟练地说出真相。学会说出真相总能带来令人兴奋的回报。

 今日练习

今天，承诺说出真相。

更快说出真相，生活会更愉快。

麦肯锡·乔丹
（Mackenzie Jordan）

为自己发声就是在表达爱

在学习爱的语言之前，我做事总会拖延。我会想："哦，事情没那么糟糕。我能挺过去的。"我会花几天、几周甚至几个月想着这个事情，然后不堪重负，大发雷霆。大发雷霆的意思是我可能会对对方大喊大叫，或者干脆跟他们绝交。这一切都是因为我找不到合适的时机表达感受，或者担心我说了后别人会有不好的想法。犹豫不决，对所有人来说都毫无成效和令人痛苦。因为我没有马上为自己发声，所以小问题拖成了大状况。现在我知道，在大多数情况下，刚出现问题时就赶快解决，这样事情就不会发展到不可收拾的地步。我有时会担心：我的诚实表达是不是会刺激到另一个人的痛苦？绝对会的。但我也知道，为自己发声能满足我对爱和尊重的需要，我不发声则会带来更多痛苦。在诚实表达时，我表现出对别人的爱和尊重，展示出我重视这段关系，希望我们的联结能继续下去。

 今日练习

今天，一旦你感到恼怒、受伤、失望或生气，马上为自己发声来展示你对自己和别人的爱。

3 月 31 日

说话要小心，因为语言比原子弹更有威力。

珀尔·斯特拉罕
（Pearl Strachan）

沟通我们深层的渴望

如果在人际关系或生活中你感到不快乐，很有可能是你的沟通方式有问题。我发现，我们经常试图保护自己，而不是请对方给我们真正想要的东西。例如，有人给你和其他几个人发了一封"邀请您回复"的电子邮件。你因为很忙或者心情不好而没有回复。发邮件的人感到受伤和失望，因为他真的想收到每个人的回复。他"邀请您回复"，因为他不好意思开口要他真正想要的东西，而他真正想要的是让每个人都回复。他试图保护自己，但未能满足自己的需要。现在他暗自对你和其他没有回复的人感到怨恨。你发现你们之间开始有些紧张的气氛。你问他的时候，他也许会说"没什么事"。类似这种情况每天都在发生。一旦我们更愿意诚实地说出我们想要什么时，所有的关系都会改善。

今日练习

今天，留意你倾向于保护自己而没有请对方给你真正想要的东西的时刻。

4

月
冥
想

非 暴 力 沟 通
366 天平和生活冥想手册

4 月1日

爱就是承认合一，是将自己视为他人。合一就是爱。

埃克哈特·托利
（Eckhart Tolle）

承认别人的事实

你能坚持自己的事实，同时也承认别人的事实吗？我的意思是，和人争吵时，你能在承认他的观点的同时，也说出你的观点吗？这种能力是终极目标。它消除了对与错、好与坏。它表明我们愿意接受人们不同的观点，我们重视他们的需要，就像重视自己的需要一样。

想象一下，你下班回家时，你的伴侣说："你从来不准时回家。我真的等得不耐烦了。"你发现自己之前两个晚上都到家晚了，但不认同你"从不"准时回家，也不认同大多数时候你都会迟到。你可以先同理倾听对方："你生气是因为你想信任我说的回家时间？""是的！不是说以后我会看到，而是我现在就想要。""那么，你不仅生气，还感到绝望，不知道能否相信我会遵守和你的约定？""是的，我感到绝望。"当你发现对方开始使用更少的词，或者当他嗓门逐渐降下来，你可以猜到他已经被听到了。

现在轮到你表达自己了："我听到你很生气，想要确信我会如约到家。我也希望

如此。我也感到沮丧，因为在过去的一年里，我一直在努力改变迟到的习惯。这周我的压力特别大，我已经晚回来三次，因为我们的工作项目快要结束了，我一直在努力完成它。所以，当你说我从来不准时回家的时候，我内心很不安，希望你能理解这周的特殊情况。你认同去年我大部分晚上都准时回家了吗？"请注意，你提出的具体请求是请求对方的认同。"嗯，我想这是真的。我想我被激怒了，因为你这周经常迟到，我开始担心你又变回老样子。"你可以再次同理倾听他："是的，我理解你可能会担心我又变回老样子。真遗憾我没有预料到这周自己需要加班多长时间，否则我就可以提醒你了。"

当我们认为必须赢得争论或者自己是正确的时候，我们的生命就会感到匮乏和有限。想象有一个足够大的空间，那里可以同时容纳自己和他人眼里的真相，你会感觉如何？带着这种认知，我们的生命就会感到丰富和充实。

 今日练习

今天，试着克服你对于对错和输赢的执念，用理解和联结的渴望代替它。

先爱他人是最伟大的爱的邀请。

圣·奥古斯丁
（St. Augustine）

迈出第一步

有时我听到人们这样说："为什么总是我先迈出第一步？"和别人一起做某事时，我们竭尽全力，但别人并没有像我们希望的那样积极参与时，我们会感到不知所措。我经常在夫妻和同事关系中看到这种情况。关系中的一方先着手处理能解决的问题。当他处理好了，他希望对方也带着同样的热情解决剩下的问题。如果对方没有这样做，他可能会抓狂，并评判对方，认为对方不像他那么在乎他们的关系。这种想法周而复始，使他陷入无法满足自己需要的死循环中。

想想看：人为什么要开始处理能解决的问题？可能是为了更好地满足自己对爱和联结的需要。

对所有人来说，为了满足爱和联结的需要，最好的方式就是去爱、去联结。如果我们让自己相信必须依靠别人来为我们提供这些，那么我们可能经常会感到失望和沮丧。如果我们提醒自己，我们的个人成长和行为改变，是为了满足自己的需要，就不太可能对别人感到失望。

 今日练习

今天，觉察你希望通过追求个人成长来满足哪些需要。

4月3日

她破产了，甚至无法为消极的想法买单。

谢丽尔·贾伊
（Sheryl Jai）

当我们最需要同理心

你的情感账户"余额"是不是很低，甚至"透支"了？我尽量保持情感账户收支平衡。也就是说，我尽量不让自己情感负债，因为如果我透支了，就没有什么可以给别人的了，那种状态下，我更有可能说让自己后悔的话，做让自己后悔的事。当然，这并不意味着我要在关系中做情感交易。我不需要从某人身上得到和我给他一样多的情感付出。我只需要保持自己整个情感账户的收支平衡。有时，我可能会将大把精力和时间花在一个需要支持的朋友身上。当我感到筋疲力尽，就打电话给另一个朋友，他的爱和支持可能会帮助我平衡情感账户。保持情感账户平衡是我的责任，其他人没有责任知道什么时候我的情感账户余额不足。

前不久的某一天，我为某件事情的进展感到心烦意乱。我已经很沮丧了，很难保持处在当下和专注。但我知道有个客户两个小时后要来见我。我重视我的工作和我为别人的生活所做的贡献，我想确保自己见客户时是处在当下的，但当时我的情感账户余额很少，所以我打电话给一个朋友，聊了15分钟。她只是听我说，在我说完后复述我的感受和需要来同理倾听我。那个令人痛苦的问题依然存在，但电话过后我有了不同的看法，不再感到孤单。我的情感账户充足了，因为我得到了倾听和爱。之后，我的客户来找我，我感觉到他内心有着巨大的痛苦。我喜欢自己和他在一起时的温柔，因为我敏锐地觉察到生活给人们带来的痛苦，而爱有如此强大的力量能治愈一切。

从一到十，你自己的情感账户"余额"是多少？如果比你想要的低，考虑一下你现在可以做什么让它更接近收支平衡。达到账户平衡，你生活中的每个人（尤其是你）都会从中受益。

今日练习

今天，留意你的情感账户"余额"。如果太低，那么做一件事来帮助平衡它。

别人的行为可能会刺激我们，但并不是我们感受的根源。

马歇尔·卢森堡
（Marshall Rosenberg）

用喜悦激励自己

"我还记得母亲紧紧抓着自己的胸口，威胁我说，她会心脏病发作而死，并说这都是我造成的。"

这句话是否引起了你的共鸣？我人生的大部分时间都在逃避没有达到别人期望时所产生的内疚。结果，我对很多人包括我自己都产生了怨恨，充满了恼怒。我要么屈从于别人的期望，要么反抗他们。但我很少花时间去注意自己喜欢什么、爱什么、想要什么，内心充满了内疚、羞愧和担心。

25 岁时，我有了一个梦想——拥有并经营一个马场。为了实现这个想法，我决定去上大学。我不确定自己是否能成功；我是在城里长大的，对马一无所知。尽管如此，我还是确信这是我的新职业，于是，为了获得马匹经营管理学的学位，我连续三年、每周两次，每次开 75 英里[⊖]的车去上学。我拼命工作，没有怨恨或愤怒，因为这是我想做的事，快乐促使我这么做。最后，我觉得那种工作不适合我，但我对上大学很兴奋，于是继续攻读学士学位和硕士学位。

当这一切开始时，我生命中的很多人都感到很惊讶，毕竟一个对马一无所知的人为什么想要拥有一个马场呢？但是他们看到我是如此投入和兴奋，因而他们支持我。说真的，你怎么会不支持一个充满快乐的人呢？

今日练习

今天，留意你被快乐驱动的时刻和感受。

⊖ 约为 120 千米。

4月5日

仅仅做好事是不够的，还必须用正确的方式去做。

约翰·莫莱
（John Morley）

生命存在的价值

宇宙中每一个生命的存在都有价值，包括我，也包括你。我曾经认为我的价值在于我做了什么，而不是我是谁。因此，我花了很多时间向自己和他人证明我的价值。我很有竞争力、经常获奖、坐上了受人尊敬的职位，但同时也让别人付出了代价。甚至开车去商店也成了一种竞争，我在车流中穿梭，以找到最有效率、最快速的路径。我还希望得到别人的承认和认可，这甚至常常成为我对别人的一种要求。如果你不认为我是团队中最好的员工，我就失去了和你合作的兴趣。我努力在生活的各个方面都做到最好，当我做不到的时候，我就会感到失望和怨恨。

有一天，我思考自己想成为最棒的人的野心，我问自己："那么，最棒的人是什么样子的呢？对你来说，什么才是足够的呢？"我意识到"最棒"的意思是比其他人都好。这不是我要做到最好，而是我要超越别人。我是在努力超越别人设的标准。这和我的价值观以及内外一致的价值追求一点儿关系都没有。我为此感到难过，哀悼了一阵子。不过，最终我还是明确了自己的目标。现在，我喜欢挑战自己，喜欢尽我所能做到最好。我对每个人的需要都一视同仁，所以以牺牲他人为代价而取得的成就不再是一种赢。我花在联结上的时间比做事的时间多得多。我的工作效率提升了很多，完成了既定目标，同时，也满足了自己看重的价值，那就是与每个人保持联结，对人抱有善意。

把你的目标和价值观联系起来，你会体验到快乐。你的价值观是什么？如果你在努力实现某件事，怎么知道你已经成功了？

 今日练习

今天，列出你的目标，然后将它们与你看重的价值相匹配。

修复不是一走了之。有时，它意味着要学会忍耐和应对，意味着建立和维持有效的关系。

梅洛迪·贝蒂
（Melody Beattie）

承诺

你是否曾经因为与人意见不合而放弃联结，暂时或永久地断开关系？你是否曾经因为确定事情无法解决而完全避开冲突？有时候，暂时休战是一件好事，因为这样做能让自己有时间平静下来。不和对方起冲突是个不错的选择。但是，很多时候人们过早放弃联结，从而降低了找到解决方案的可能性。这反映了自己对承诺的重视程度。他们有多重视彼此的需要？他们致力于寻找解决方案吗？如果我们期待按照自己的方式行事或认为对方根本不在乎，在沟通之前就已经降低了成功解决问题的可能性。承诺，意味着遵循我们的价值观生活，即使它会带来不舒服，会让我们感到疲惫。承诺是我们做出的选择。

我曾经听一位演讲者说，他终于遇到了他的命定之人。他问观众是否知道他是怎么确认是这个人的。观众说不知道，但他们在座位上向前倾斜着身子，确信演讲者要告诉他们一些重要的事情。演讲者说："我知道她是我的命定之人，因为我说她是。"他把自己托付给她。因此，当他和妻子争吵时，他们专注于解决问题——双方都致力于维持这段关系。这种态度上的小小转变极大地深化了他们之间的关系。

在遇到任何分歧时，我们都要明确自己的承诺，并制订能尊重所有人的解决方案。你向谁做出承诺？他或她知道吗？

 今日练习

今天，觉察你向谁做出了承诺；当你和他们互动时，注意你的承诺。

4月7日

怀疑和不信任只不过是胆怯的想象力所制造的恐慌，坚定的心将战胜它们，博大的胸怀将跨越它们。

海伦·凯勒
（Helen Keller）

平衡是一种存在状态

我曾经认为可以通过行动来实现生活的平衡，比如调整工作安排，多一些时间与朋友和家人相处，或者能让自己感觉更放松一些。过去我经常说需要更平衡，然后找出实现它可以采取的行动。因此，要达到平衡，就需要增加或减少某种特定的活动。

现在，我把平衡看作是一种精神修习和生活状态。我花了很多时间创作本书的内容，但一年内它都不会出版。这减少了我可以培训和上课的时间，导致我还没有为接下来的六个月制订课程表，因此我想我需要更好地平衡现在和未来的工作。至少，我认为我需要制订课程表以达到平衡。

然后，我开始思考我的生活在接下来的六个月里会是什么样子，我注意到我已经安排了大部分的时间；虽然看起来和过去的日程不一样。我有充足的时间做培训和写作。我的工作安排看起来会和以前不一样。然后我很容易地达到了平衡。因此，达到平衡就是倾听内心的声音，认识到生活已经是平衡的，而不是根据以前的习惯采取行动。从这个角度来说，平衡意味着一种精神修习和生活状态。你甚至可以称之为与自我的联结。

如果你想让生活更加平衡，那么客观地看待你正在做的事情。有没有可能你做的正是你想做的，或者是更伟大的力量让你做的？如果是这样，你可以相信自己正处于平衡状态。如果不是，考虑一下你想采取什么行动。

今日练习

今天，当你感觉不平衡时，看看你是否需要改变你的行为或者你的观点。

我们一直在因为正确的理由而做错误的事情。

梅洛迪 · 贝蒂
（Melody Beattie）

月8日

满足自己的需要

我曾经听过一个寓言，讲的是一个女人每天去五金店要一加仑⊖牛奶。店员一直告诉她，她来了一家不卖牛奶的五金店，并建议她去街边的杂货店试试。随着时间的推移，她越来越愤怒，也更坚定了去五金店买牛奶的决心。她试着大声叫喊，要求和经理谈谈，并就她的情况以及牛奶为什么对她的身体健康如此重要进行了辩论。她试着把她的请求写下来，进行公证，甚至让一个朋友来帮她说话。每天她都为自己的困境设想不同的原因：如果她把自己的情况说得足够清楚，如果她更聪明，如果她是个男人，或者如果她自己不那么自私，五金店就会卖给她牛奶。五金店的员工都害怕她来店里。他们就是不明白她为什么不去杂货店。

你有过感觉自己像这位买牛奶的女士的时候吗？你是否曾经发现自己会多次在同一个人那里寻求温柔以待，结果发现根本得不到，然后认为一定是自己有问题？这种感觉很糟糕，最终你会一次又一次地对那个人生气！瞧，我们让自己经历了太多的痛苦。

我们每个人都可以通过简单地审视自己的行为来改变与他人的关系。我们可以向人请求我们想要的东西，但如果从某个特定的人那里总是得不到它，我们就有责任找到新的方法来得到它。没有一个人能满足我们所有的需要。当我们坚持让那个无法或不愿意满足我们的人满足我们的需要时，我们就是不尊重与他的关系。

下次当你发现自己因为某人没有满足你的需要而想对他大喊大叫时，想一想这个人是否满足过你的需要，然后考虑是否能在其他地方满足自己的需要。

今日练习

如果你有未被满足的需要，想一想你想请求谁来满足它，考虑是否请求其他人来满足它。

⊖ 约为3.8升。

4月9日

我开始了个人成长，生命越来越豁达，这个趋势无法阻挡。我觉得自己内在没有界限，没有墙，没有恐惧。没有什么能阻止我去冒险。我感到自己是可移动的、随心流动的……

阿娜伊斯·宁

（Anaïs Nin）

满足创造力的需要

我曾经认为自己没有创造力，因为我不喜欢自己画画的方式。现在，我注意到我用很多方式满足了自己对创造力的需要。当我写喜欢的内容、解决了一些有挑战性的问题或者装饰家时，我是有创造力的。韦氏词典（Webster）对创造力的定义是"源自原创性想法"。任何时候创造新的东西，都可以满足自己对创造力的需要。今天，庆祝你的创造力吧！

今日练习

今天，觉察你的行为是否在很多方面满足了自己对创造力的需要。

无朋友不幸福，不处逆境不识朋友。

托马斯·富勒
（Thomas Fuller）

让别人支持我们

不久前，我遭遇了一场严重的车祸，在重症监护室待了三个晚上。出院后，我需要有人陪我几周，因为我的大脑不能正常工作，无法清醒地做出良好的决定。

这次经历让我发现，我生活在一个"谷仓团体"。我的朋友们和一个弟弟照料我的生活起居。他们陪着我，给我带来食物，不断提醒我那些我需要知道但却记不住的事情。当我记不得自己是谁的时候，他们会提醒我。我没有要求这种支持，我甚至不知道我需要它，但我连续几周、几个月不断地得到支持。最让我惊讶的是，他们给予我的爱是如此之多，这让我们的团体很团结。

这种故事在世界各地都有发生。事实是，我们都喜欢为别人的生活做出贡献。我们喜欢支持他人，因为这满足了我们自己对贡献、爱、关心和创造的需要。我们很自然地给予他人。难道你不喜欢帮助有困难的人吗？你无法想象有人愿意给你同样的支持吗？我建议，承认我们喜欢支持别人，自己也希望得到支持。不要自私。让他人得到为你做贡献时的快乐，就像你得到为他们做贡献时的快乐一样。

今日练习

今天，承认你喜欢支持别人，也愿意得到支持。今天，至少让一个人为你有所贡献。

4 月 11 日

自律的人可以轻松地结束悲伤，就像他可以轻松地创造快乐一样。

奥斯卡·王尔德
（Oscar Wilde）

遵循自己的价值观

我们不是完美的。有时，我们会说一些事后让自己后悔的话，做一些事后让自己后悔的事。过去，我曾对杂货店店员厉声吆喝，或者超车时总觉得自己有理。毕竟，他们不认识我，对吧？现在我知道我采取的每一个行动都会产生影响，也许不明显，但影响是存在的。你是否曾经在回家后抱怨过其他司机、杂货店店员或顾客？下次当你想朝别人发火或超车时，考虑一下你是否愿意成为他们晚上的谈资。考虑一下，这是否是你愿意为他们的生活所做出的贡献。采取行动时，就好像你可以看到或相信自己的每一个行动会如何影响别人的生活，然后去做每一件事。

今日练习

今天，觉察你的每一个行动会对别人产生怎样的影响。

我发现，在某种程度上，我们可以是自己选择的任何角色。此外，实践能把一个人塑造成任何样子。

詹姆斯·鲍斯韦尔
（James Boswell）

练习，练习，再练习

有时，我听到人们这样说："我这周没有使用非暴力沟通。一切都很顺利，我根本不需要使用它。"我建议采用一种不同的方法：每天练习非暴力沟通，尤其是在你开心的时候。这样做的原因有两个：第一，在情绪没那么激动的情况下练习非暴力沟通更容易，这种宝贵的练习将帮助你在情绪激动时保持善意。第二，如果你在快乐的时候练习非暴力沟通，你就更有可能长时间保持这种意识。非暴力沟通不仅是沟通的工具，还是一种生活方式，提倡重视他人的需要，就像重视自己的需要一样。在你没什么很严肃的事情要和伴侣说时，可以试着说："你知道吗，当你先爬上床、暖被窝时，我非常感激，因为这满足了我对被滋养和被照顾的需要。"这种意识一定会让你在关系中更幸福。

今日练习
今天，无论你是高兴还是悲伤，都要致力于活出非暴力沟通的精神。

4 月 13 日

破坏是有意识改变的第一步。老的死亡，新的才会诞生。

格罗丽娅 · 卡宾斯基
（Gloria Karpinski）

找到满足需要的方式

很多人总是强迫他们的朋友和爱人满足他们的一切需要。实际上，满足需要有无数的方法，记住这一点很重要。如果我们限制了自己的选择，就限制了满足需要的机会。通常，我们对另一个人生气时，我们希望他能理解我们，但他可能不愿意或没有能力理解。尽管如此，我们还是不断寻求他的理解，并得到同样的回应。我们无法满足自己的需要，因为没有想到去其他地方求助。

如果你发现自己处于这种情况，考虑找一个更能理解你的人。你可能会惊讶于这有多么治愈人心。当我们对所有来到我们身边的可能性敞开怀抱时，我们就能更成功地满足自己的需要，过上更幸福的生活。

今日练习

今天，想三个新的策略来满足你的某个需要。

改善世界的第一个地方是自己的心、脑和手，然后由此向外进行。

罗伯特·M. 波西格
（Robert M. Pirsig）

持续关注自己

有时候，为参加一个小时的会议，我需要提前得到三个小时的同理倾听来储备能量。过去，如果预料到某个会议或谈话也许会很艰难时，我常常这样给自己打气："振作起来——你会熬过去的。"但这种态度成功地让我和他人保持了距离，没能真正建立联结，也没能创造出让所有人都满意的解决方案。现在，我不再"振作起来"，而是更深入地与自己以及在这种情况下自己想要满足的需要联结。我要么自我同理，联结自己的感受和需要；要么让朋友同理倾听我，从与他们的联结中获得支持。这种简单的做法非常有助于我准备有挑战的对话。我发现，不管别人在对话中是怎么表现的，对我来说，重要的都是对自己的表现感到满意。当我与外界联结紧密、开诚布公时，就更有可能通过对话达成双方满意的结果。如果我没有这样准备，对话成功的机会就会减少。我需要把重点放在自己和看重的价值上。当你要准备一次有挑战的谈话或会议时，你可以先联结自己的感受和需要，然后再参加会议，从而创造对每个人都有效的结果。

今日练习

今天，在参加一次可能有挑战的会议之前，花点儿时间与自己的感受和需要联结。

4_月 15 _日

感恩是礼貌最优美的形式。

雅克·马里坦
（Jacques Maritain）

体验感激

你有没有想过，自己生活得过于枯燥？我们很多人努力改善职业前景、沟通能力和生活，但有时我们让自己过得太辛苦了，忘了享受生活。现在和自己做个约定，好好享受生活吧。这并不是说我们在不快乐时，要假装很快乐或者以各种方式否认自己不快乐的感受，而是说要关注行之有效的方面。例如，你可能无法轻松支付房贷，但是可以因为拥有房子而心怀感恩。同样，你的爱人可能去外地出差了，你也许会苦苦思念他，但也会因为拥有一个爱人而感激不已。我们可以承认悲伤、失望或担忧，但不沉溺其中。只要承认生活中的美好，我们就能立刻转移注意力。每天晚上睡觉前，我都会在心里列一份感恩清单。我的目标是每晚列出八件事情。有时，我能想到的仅是感谢室内管道和床单。但即使只对这些东西心存感激，也能缓解生活压力，提醒自己生活中美好的地方。

今日练习
今天，把注意力放在生活中美好的地方。

自律的人允许欲望存在，但克制欲望。

佚名

坦率

委婉点不是更好？我必须说出全部真相吗？是的，我认为这个问题的唯一答案是彻底的诚实。当人们试图理解我们的意思时，委婉很容易引起他们的困惑和痛苦。委婉的沟通会让痛苦的时间延长，甚至会加剧痛苦。我想我们很多人选择委婉是因为担心伤害别人的感情，但这种方式并不能避免人们受到伤害。

我知道自己不可能让每个人都高兴。一旦从我的诚实引发了别人不开心的震惊中恢复过来，我会感到释然。我的任务是带着慈悲、爱、诚实，并尊重自己及他人。有时，这意味着表达我的悲伤或失望。对于我说出口的话，人们可能并不喜欢，但至少他们由此知道了我真实的内心。如果我们可以忠于自己，就可以忠于关系。坦率是一份礼物，有助于建立信任。

今日练习

今天，承诺坦率地与人互动，以此满足自己对诚实和慈悲的需要。

4 月 17 日

过程比抵达目标更重要，航行比着陆更重要。

保罗·索鲁
（Paul Theroux）

迈出一大步

有时我们虽然对自己的亲密关系不满意，但一想到要做出改变就害怕，所以就忍受着。有时，我们害怕知道真相，所以不敢直接询问。几年前，我在一段已经持续了一年的恋爱关系里。直觉告诉我，我的恋爱对象对这段关系已经没有那么感兴趣了，但我坚持维系着，并希望他会改变。最后，我发现他在和别人约会。我违背了自己的直觉，和一个不适合我的人在一起相处了一年，并为此承受了很多痛苦。

冒一下险，问你不敢问的问题，然后听听答案。不要只听语言，还要倾听对方的语气和肢体动作。听到答案后，你感觉如何？不要自欺欺人地认为无知是福。对自己和他人诚实才是福。

今日练习

今天，问一个你想要得到答案的问题。

我们看到同样的颜色，听到相同的声音，但用的
方式不同。

西蒙娜·薇依
（Simone Weil）

满足秩序的需要

我以前和一个不用文件柜的人一起工作。他的书桌和书柜上
堆满了文件夹和文件。当我走进他的办公室时，我会感到不
知所措，不停地在脑海中评判他杂乱无章。然而我发现，不
管我要前一天、几个月前甚至几年前的文件，他都可以在几
分钟内直接在一堆文件里找到。多次之后，我彻底相信他是
有秩序的。一段时间之后，我相信他能找到我想要的任何文
件。他的秩序管理方式与我的完全不同。我的文件柜是满
的，不仅每个文件抽屉外都贴了文件标签，而且每个文件也
都有标签。不过，我们俩都能满足对秩序的需要。我们只是
选择了不同的方法。如果别人满足对秩序的需要的策略与你
不同，不要认为他们是杂乱无章的。

 今日练习
今天，留意人们满足对秩序的需要的各种方式。

4 月 19 日

倾听你自己。如果你能倾听内在的自我，你就会找到真相。

迦比尔
（Kabir）

你并不过分

过去，如果我的需要出现而别人没有，我会为此感到内疚。我告诉自己，如果我想要亲密，而伴侣不想，那一定是我有问题。如果我想要乐趣，而伴侣想要休息，那我就太过分、太黏人或太自私了。我从来没有想过，每个人都需要亲密、乐趣和休息。只是有时，人们相同的需要出现的时间点不同。每个人的需要都一样，但是在不同环境下，人优先满足的需要不同。如果钱不够花，我可能需要更多的资源，所以会多工作几个小时。有时候，我的现金流比较充足，我最优先的需要是乐趣。某天，我对亲密的需要会变得强烈。也许又到了哪天，我更喜欢学习而不是亲密。

同样，我可能很想和某个朋友共度时光，所以我乐意和他一起尝试做各种事情。其他时候，我可能想锻炼身体，玩得开心，假如那时，朋友想做一些更安静的事情，比如看电影，那我可能就会打电话给其他人来安排晚上的活动。

如果你认为自己"要求太多"，看看和你一起玩的人，与其责怪他们无精打采，或者责备自己精力旺盛，不如找到其他方式来释放你的精力，比如滑冰、跳舞或徒步旅行。一旦你满足了自己的需要，你就更有可能喜欢和朋友相处。

今日练习

今天，提醒自己，每个人都有自己想优先满足的需要。

爱所有的生物，你会快乐……

关注我们共同的地方

非暴力沟通相信，人们无论采用什么样的方式，都是要满足同样的需要。你能想象用极端暴力的方式解决问题的人，他们想要满足的需要是什么吗？有些人可能觉得不可思议，这些采用极端暴力的人也是在满足需要。但是想想看。你不觉得他们这么做可能是为了满足他们对主权、自治和安全的需要吗？每个人都有这些需要。人与人的分歧不在于需要，而在于满足需要的方式。认识到这个简单的事实，可以帮助你减少生活中的冲突和对他人的评判。

关注共通的需要，不要在策略上较劲。这种转变可以对你理解自己和他人产生深远的影响，并让你和他人团结。

 今日练习

今天，留意每个人都有相同的需要。

4月21日

不要啜泣，不要大发雷霆。要理解。

巴鲁赫·斯宾诺莎
（Baruch Spinoza）

听到"不"背后的"是"

坚持是指我们不断地与他人联结，积极地满足自己的需要。命令是指我们执意要求某人做某事，否则会惩罚他。比如，你让十几岁的儿子今天下午割草坪，他说："哦，妈妈！我想和朋友们一起打球。"通常，当面对这样的抗拒时，我们会想到两种反应——要么屈从于他的需要，不管草坪了，要么要求他必须修剪草坪。两种反应都不会让双方感觉良好。相反，听听他的言语中对什么说了"是"。你听到"是"了吗？我听到他对和朋友们一起打球说了"是"。而且我没有听到他断然拒绝修剪草坪。所以回应他的"是"："能和朋友们一起打球你很兴奋，是吧？""是的。我们整整一周都没打球。""这对你特别重要，因为你们这周都没有在一起打球。""是的。不能让别人来修剪草坪

吗？"这时，他可能会感到放松一点儿，因为你已经向他表明你理解他的处境。只要对方被理解了，他就愿意和你合作。所以你可以说："很不幸，没有其他人可以修剪草坪。听我说，我真的希望你今天有时间打球。我知道这对你很重要。但草坪也需要修剪一下。今天和你的朋友们一起打球，明天早上第一件事就是割草，你觉得怎么样？"再说一次，你要表现出对他的关心，让他意识到你愿意和他合作。

在现实中，他可能因为不想早起或有其他原因而犹豫不决。每次都要示意他，让他知道你理解他对什么说了"是"（比如睡个懒觉或做点别的事），并坚持一个兼顾双方需要的解决方案。这样的方法可以缓和局势，轻松解决冲突。

今日练习

今天，注意别人在对什么说"是"。

尊重是爱，心灵是爱，你也是。

斯瓦米·奇德维拉萨南达
（Swami Chidvilasananda）

4 月 22 日

改变的价值

我经常听到一些父母表达绝望：他们与十几岁孩子的关系永远不会改变了。他们已经试过了所有能想到的办法，但家里还是不安宁。如果你也有类似的情况，可以考虑从青少年的角度看问题。孩子在生活中想要满足自己的什么需要？这些需要与你想要得到满足的需要有什么相似或不同之处？假设你已经有好几个星期在督促你的儿子打扫他的房间，而结果只是带来了不断的争吵。那么想一想，他不打扫是为了满足什么需要？我猜是自主权、轻松和乐趣。你想满足的需要可能是公平、舒适和每个人都对家庭做贡献。那么，你可以做些什么，证明你同样重视他的需要？和他谈谈让你感到挫折的事情，也听听他的，怎么样？在双方都被理解之后，考虑讨论讨论所有的家务或看看你们是否能就如何分配达成一致。讨论时，可以具体说明家务活儿的范围、何时完成以及如何完成。然后约好下周碰头，看看事情进展如何。记住，青少年最主要的需要之一是自主权。他越是参与决策过程，就越不认为别人是在要求他，结果就越有可能积极主动。

 今日练习

今天，觉察他人的需要，同等重视自己和他人的需要。

有一个地方，由静默而生，心灵在此处低语。

鲁米
（Rumi）

我想要进一步联结，而不是证明我是对的

你最看重什么？我把联结看得比什么都重要。当我与人联结，所有人都更有可能满足自己的需要。还有另外一种满足需要的方式是赢了别人或力图保持正确，我以前很卖力地这么做。几年前，一位女士向我学习筹集资金的技巧。她提到她很害怕让别人捐款，我说："哦，这并不难。你只需要走出去，去做就行了。"我认为筹资很容易的观点是正确的，所以我想让她相信我是对的，而不是去理解她的感受和需要。我们以争论筹款容易还是困难结束了对话。如果我去理解她的感受和需要，对话就会完全不同："哦，所以你想学会这个，但又害怕会很难？"当我试图证明自己是对的，我就感觉不到平静。相反，联结可以让每个人的需要都更可能得到满足。考虑把沟通的目标设定为联结，而不是赢。我想你会对结果感到惊讶。这样简单的转变会给你带来丰富的人际关系和更多的希望。

今日练习

今天，至少提醒自己三次，你想要更多的联结，而不是想要赢。注意这给你带来什么感受。

站起来，奏响旋律。我可以改变。

鲁米
（Rumi）

支持你爱的人真诚地生活

终于有一天，你找到了真诚生活的方式。也就是说，你做事情更有可能是为了满足自己的需要，而不是因为你觉得别人希望你这样做。这让人松了一口气！你可能还会感到些许沮丧，因为别人仍然试图在逼你就范，而不是做出满足他们需要的决定。对他们来说，联结自己的需要并表达出来可能很难。这些时刻，提醒自己你只对自己的感受负责是很有帮助的，然后帮助你爱的人与他们的感受联结。

假设你下班回到家，你的朋友打电话说："嘿，今晚想一起吃晚饭吗？""当然。墨西哥菜怎么样？""哦，你确定要吃墨西哥菜吗？"这时，你可能会感到郁闷，你希望朋友说出想吃什么，而不是试图操纵你的选择。这时，你可以验证一下你的假设："嗯。你这么问是因为你想去别的地方吗？""是啊，我不想吃墨西哥菜，因为我昨天中午刚吃了墨西哥菜。""好吧，你想吃什么？""意大利菜怎么样？""当然！"

有时候，我们认识的人还没有能力满足自己的需要。如果我们愿意花时间帮助他们，就实现了双赢。

今日练习

今天，至少帮助一个人了解他的感受和需要。注意这是否加深了你们的关系。

4月25日

要说"是",你必须大汗淋漓，卷起袖子，全身心地投入生活。说"不"很容易，即使说"不"意味着死亡。

让·阿努伊
（Jean Anouilh）

带着遗憾继续生活

不久前，我应邀参加一个聚会。一开始我很兴奋，因为我想认识新的人，扩大朋友圈。然而，当聚会临近的时候，我越来越想待在家里，甚至到了开始为自己辩护的地步："嗯，还有一个小时呢，可能会下雨。毕竟，我根本不需要认识这些人。我的生活本来就很充实。他们不会注意到我去不去。这件事没什么大不了的。"我既需要安静的时间，又想扩大朋友圈，这两种需要看起来互相冲突。当时，我最需要的是休息，因此打算违背对自己和邀请者的承诺。

你曾经这样做过吗？你十分想要某样东西，却又不去拿？有时候说"不"更容易。我们不是必须要学习任何新东西，也不是非得在不熟悉的环境中感到不舒服，我们可以持续告诉自己，得不到想要的东西是因为这个世界上没有。说"是"意味着允许自己抛头露面，接纳到来的一切。说"是"意味着仅仅是我们的出现就创造了改变的可能性。

我去参加了聚会，玩得很开心。我认识了一些和我有相同价值观的人，我与一个致力于世界和平的新群体建立了联结。对我来说，这场聚会多么丰盛！如果我待在家里，我就会看电视。嗯……你会选择怎么做呢？

 今日练习

今天，留意对促进你个人成长的机会说"是"。

对我而言，光明与黑暗的每一个小时都是奇迹，
每一寸空间都是奇迹。

沃尔特·惠特曼
（Walt Whitman）

庆祝你的进步

你是否曾经发现自己被那些想做而没做的事情压得喘不过气来，而不是庆祝你已经完成的事情？我最近开始慢跑。第一天，我慢跑两分钟，步行四分钟，然后重复四次。为了保持心率稳定，我慢跑的速度必须比我走路的速度还要慢！三天之内，我慢跑的速度就超过了走路的速度。我只用三天就看到了可量化的变化。当我们尝试改变那些从五岁开始就表现出来的想法或行为时，如果能如此轻易地看到进步，不是很好吗？这是我的建议。花点时间思考一下你在努力改变什么。注意它是行为还是想法。考虑一下，当你第一次决定改变时，你处在什么状况，现在你改变了多少。比如，我想停止评判他人，转而与他们联结，所以我专注于改变思维方式。开始的时候，似乎没有发生什么，但我跟上了进度。三个月过去了，我发现自己比以前评判得少了。每周的变化似乎不那么明显，但与开始时相比，我的变化是巨大的。四个月后，我注意到我的思维方式发生了更大的变化。

庆祝你的进步，因为这会鼓励你不断尝试。你不会期待第一次跳上跑步机就能慢跑 3 英里[⊖]。同时，情绪健康也非一蹴而就！

今日练习

今天，庆祝你的进步，因为它会激励你继续努力。

⊖ 约为 5 千米。

4 月 27 日

只有长时间看不到海岸，才会发现新大陆。

安德烈·纪德
（André Gide）

离开走廊

当我第一次考虑离开家乡时，我兴奋地想要马上行动。我想要改变，我确信自己会在一个没有人期待我是谁的新城市"找到我自己"。我所有的精力都集中在搬家上。虽然我还不知道要去哪里，但我已经蠢蠢欲动。这就是我所谓的生活走廊。因为想要冒险，所以我已经放弃了旧生活，但我还没有建立新生活。换句话说，我从一个房间搬到了走廊上，但还没有进入新房间。改变行为有时也是这种感觉。我们知道自己不喜欢现在做事情的方式，但害怕改变，因为不确定会发生什么，不确定如何采取行动。以下是我的建议。如果你对某件事不满意，就先下定决心去改变。只要下定决心，就会开始改变。然后试着做一件事来向前推进一小步。你可以同理倾听他人或自己（倾听感受和需要），看看当地大学的课程表，打电话给医生，或者问问朋友有什么建议。改变的第一步是承认自己当下的需要以及你想要改变的行为或情况。第二步是采取行动——不管什么行动，马上开始做一些和以往不同的事情。

今日练习
今天，采取一个能够帮助你实现想要的改变的行动。

怨恨某人，就像把毒药倒进对方的杯子，然后自己理智地喝下去一样！

佚名

放下怨恨

怨恨他人的同时，也在伤害自己的情感健康。几年前，我和男朋友分手了。我很生他的气，无法忍受见到他，一说起他，话语里就充满了怨恨。这种情况持续了六个月。我特别渴望得到解脱。一个朋友建议我亲自去见他，告诉他我为自己在两人相处时的行为感到遗憾。她建议说，如果我为自己的部分负责，就能放下怨恨。这听起来很牵强，但我非常想消除怨恨，所以决定试一下。我邀请他去喝茶。我告诉他，我感到很失望，因为我发现在我们的关系中，我没有做到完全坦诚，有时也没

有耐心，不能放下怨恨。见面持续了十分钟。他向我道谢，分手时我们拥抱在一起。这简单得让我震惊。两周后我碰巧看见了他，此时心里一丝怨恨都没有了，我微笑着挥了挥手。几个小时后，我意识到这是多么重要。这真的是一件有趣的事情：我们承认某个不舒服的情形中自己要承担的部分，就释放了痛苦。我放下了怨恨，因为这使我得到了解脱。承认遗憾，能疗愈自己。这不是责备，而是诚实。这样的诚实可以发挥惊人的疗愈作用。

今日练习

今天，想想你有什么无法释怀的怨恨，你是否愿意承认自己要承担的责任，努力为自己的幸福做贡献。

4月 29日

每个人都把自己视野的局限当成世界的极限。

亚瑟·叔本华

（Arthur Schopenhauer）

不要假设

你是否曾经确信其他人也像你一样看待事情，结果却发现并非如此？你是否曾在会议中感到无聊，且确信其他人也一样，却发现一些人是完全投入会议中的？人们总是根据自己的经验和对世界的看法做出假设。几年前，我在一所大学工作时，副校长拿着我的一瓶无糖糖浆来到我的办公室。校长办公室有一个很小的冰箱，我们几个人都在用。我以为他嫌弃我的糖浆在冰箱里太占地方，所以要把它拿给我。于是，我用讽刺的语气说："怎么了，我的糖浆太占地方了吗？"他看起来很震惊，说："不！我把它给你，是因为我知道这是你的特制糖浆，我担心如果你又忘了，别人就吃掉了。我想，如果明天早上它不见了，你会很失望的。"啊！我压根没有想到他会为我着想。我只相信自己认为的"事实"。下次，如果有人做了你不喜欢的事情或说了你不喜欢听的话，问清楚他们的真相，而不是随意揣测。

今日练习

今天，至少和两个人澄清你的假设。

每个人都有权利在他最好的时刻受到重视。

拉尔夫·沃尔多·爱默生
（Ralph Waldo Emerson）

保留我们对某件事的观点

我的一个客户最近告诉我一件她办公室里发生的事。她刚好在公司完成了第三个年头的工作。她前两年的年度评价都堪称模范。几周前，她犯了一个错误，导致公司亏损，受到了严厉的训斥。她的主管说他们会密切监视她。我的客户感到受伤、愤怒和失望。她三年的模范服务怎么会因为一个错误这么快就被遗忘了？她对被尊重、被照顾、被重视和被理解的需要没有得到满足。难道我们不是都想满足这些需要吗？难道我们不希望自己被重视，即使犯了错也能被爱吗？难道我们不想也这样对待自己吗？慈悲是看到每个人的人性，包括我们自己的。展现慈悲的一种方式是记住你和某人的整体关系，而不是专注于一个令人失望的事件。

 今日练习

今天，即使当下的情形让你痛苦，也要觉察一直以来你对某人的爱并与他联结。

5

月
冥
想

非 暴 力 沟 通
366 天平和生活冥想手册

5月1日

那些自称崇尚自由却贬低骚动的人，是只想下雨却不要雷电的人。

弗雷德里克·道格拉斯
（Frederick Douglass）

考虑所有人的需要会带来和平

当我们愿意看见别人的需要和自己的需要，衡量并尽力重视每个人的需要时，我们就会感到自由。这听起来很容易。一开始，我也是这么觉得的。然而，在情绪高涨的时候，重视他人的需要可能有很大困难。

假设一个员工想在早上 8:30 上班，而不是 8:00，而你喜欢所有员工都 8:00 到岗，因为它满足了你对可预见性、秩序和自在的需要。你会怎么做？仅仅因为担心自己的需要得不到满足而对他说"不"吗？还是说你和他讨论这种情况，尽力衡量每个人的需要？通常，与某人建立联结只需要几分钟。"嗯，我喜欢大家 8:00 上班的可预见性和自在，但我愿意和你讨论一下，鲍勃。你能告诉我，调整你的时间表、从 8:30 开始上班对你有什么好处吗？这又会对整个部门产生什么影响？"花点时间和某人进行这样的讨论，每个人都会从你重视他们和你的需要中受益。

今日练习

今天，花点时间证明你重视每个人的需要，就像重视自己的需要一样。

明天的生活太迟了，活在当下。

马提亚尔
（Martial）

开始

今天就迈出第一步，不要等到明天。你想在生活中拥有更多的爱？无论谁在你面前，此刻你心里都充满爱。你想存更多的钱？现在就去拿钱包，拿出一些钱存起来。存多少或多久存一次都不重要。回报就在于迈出第一步，然后是第二步和第三步，直到你达到目标。不要只盯着最终结果——那可能会让你崩溃。只关注今天。今天你可以做些什么，以开始实现你的目标？

我一直想成为一名慢跑者，但我有太多的借口来解释我为什么不开始：我太胖了，我的体型太不匀称，我的膝盖不够强壮……有一天，我向朋友借了一本关于慢跑的书，这是第一步。第二步是读这本书。第三步是开始慢跑。按照这本书的建议，我开始慢跑两分钟，然后步行四分钟，重复四次。如果按照计划去做，10 周后我就可以持续慢跑 30 分钟。每天只做一点点。我将在 10 周内实现目标！

你的目标是什么？今天你能迈出哪一小步来实现它？

 今日练习

今天，确定一个目标，并向实现它迈出一小步。

5 月 3 日

我们生活在极其复杂的社会里，它能提供大量的物质，这是好事。但人们开始怀疑，我们为物质的富足付出了高昂的精神代价。

尤尔·吉本斯
（Euell Gibbons）

活出看重的价值

有时，我希望其他人允许我轻松地活出我自己的价值观。如果他们这么做，我的生活就容易多了。你有同感吗？但真相是这样的：我支持世界和平，这意味着我想要平和地生活。这就是我看重的价值，没人强迫我紧抓不放。我拥有它，因为它对我很重要。这意味着，即使有人在我面前尖叫，或做一些我认为刻薄的事情，我也想平和地生活。我这么做，是因为这对我很重要，而不是因为这对他们很重要。

最近，我的租户告诉我，他想退租，如果我不让他退，他就会起诉我。我很想找个律师，跟租户较量一番。我脑海里出现了自己举起双拳准备打架的样子。然后，我问自己："玛莉，什么对你来说是重要的？"答案就是要践行自己的价值观。我决定满足他提出的一切，这样他的生活就会更快乐。我也更开心，因为我避开了潜在的冲突。最重要的是对自己真实，不为了赢，不为了正确，当然也不是为了成为最强大的人，更不想成为最吝啬的人。

今日练习

今天，明确你最看重的价值是什么。然后，在生活中践行。
注意心灵愈合的感觉即使刚这样度过一天。

你必须记住，人是高尚的，人是崇高的，人是神圣的，人可以实现任何愿望。

穆克塔南达
（Muktananda）

瞄准梦想

你可以拥有一切想要的东西。没有什么被限制，不能到你这里来。非暴力沟通相信，宇宙中有足够的资源来满足我们的所有需要。大多数人被难住了，是因为他们只能看到一种满足需要的策略。例如，某人可能需要亲密。而在过去或现在的恋爱关系中他没有体验过亲密是什么样子，他就可能会认为亲密是不可得的。但如果他认为只能通过伴侣关系满足亲密的需要，就会错过从朋友和家人那里满足亲密的机会。当某个特定的策略不起作用时，不要停止追求满足自己的需要。再次关注你的需要，尝试其他方法。

 今日练习

今天，找出一个你想要进一步满足的需要，列出至少五种策略来满足它。

5 月 5 日

天下大同，和平共处。

露易丝 · L. 海
（Louise L. Hay）

宁静是一种意识

宁静并不意味着生活一帆风顺。这意味着无论发生什么事情，我们都坚信事情的发生都有其目的。宁静是一种选择。我曾经经历过情绪的高峰低谷。有一天，一个朋友对我说："你知道吗，我不能理解你。你说自己过着完整的精神生活，但又伤心欲绝、难以自拔，你的信心在哪里呢？"她的话一箭穿心，她说得对。现在，我选择坚持自己的信念：我相信宇宙万物都是美好的，无论它在我生命中出现时是什么样子。有时，我把一些东西看得很好，然后我发现它们是有害的。有时，我认为某件事是坏事，但随后发现自己从中受益匪浅。我尽量不去评判任何事。某事是好是坏，不是由我来决定的。我要做的是决定自己对它的感受，以及它能不能满足我的需要。剩下的就交给宇宙吧。

今日练习

今天，无论发生什么事情，选择相信宇宙万物都是美好的。
选择宁静。
然后，采取行动，解决让你感到不愉快的事情。

有一种生命，或称为生命动力、能量、鲜活的东西，通过你的行为表现出来，因为只有一个你，表现出来的东西是独一无二的。而且，如果你阻止它，它将永远不会通过任何其他媒介存在，并将丢失。

玛莎·葛兰姆
（Martha Graham）

让请求有价值

非暴力沟通的前三个要素阐明了观察、感受和需要。第四个要素是提出具体可行的请求。我们通过请求，明确说明我们希望从别人那里得到什么来满足我们的需要，进而完成沟通。如果没有请求，沟通就会令人困惑，很容易被视为要求。

假设你下班回家发现孩子在看电视，而客厅里到处都是脏盘子和脏衣服，你说："当我回家看到客厅里的脏盘子和脏衣服时，我感到很恼火，因为我重视相互尊重和整洁。"然后，你走出房间。现在，你的孩子必须思考你想要什么。你可能想要他现在就把房间收拾好，当他这么做了以后，你还会生气吗？或者他半小时后把房间收拾好，你是不是觉得也可以？又或者你有其他想法。如果你以一个请求结束你们的沟通，那么每个人都清楚你想要什么。试试这个："当我回到家，看到客厅里有脏盘子和脏衣服时，我感到很恼火，因为我重视相互尊重和整洁。你能在 30 分钟内收拾好客厅吗？"你们可能仍然需要讨论什么时候收拾房间，但别人很清楚你想要什么。当人们知道你想要什么时，你的需要更可能得到满足。

今日练习

今天，向人们提出清晰的请求，并注意它能否帮助你更成功地满足需要。

5月7日

事实上，活出需要也就是活出真正的自己。

凯瑟琳·卡登
（Catherine Cadden）

居杰
（Jesse Wiens Chu）

共通的需要

人人都有共通的需要。例如，我们都需要支持，但可以选择
不同的方法得到支持。当面对最后期限的紧迫感时，我更喜
欢安静的、不受打扰的空间来完成任务。这时，如果人们允
许我拥有安静的空间，我对支持的需要就得到了满足。我们
都需要陪伴，但会选择不同的人做我们的朋友和爱人。我们
都需要食物，但喜欢不同种类的食物。我们都呼吸着同样的
空气。我们都会爱，都会哭和悲伤。

今日练习

今天，注意你与他人共通的需要。

我们必须意识到世界的真正问题。

然后，带着正念，我们就会知道为了解决问题，什么该做，什么不该做。

释一行
（Thich Nhat Hanh）

不要假设你知道别人的需要

我们必须深入倾听他人，努力了解他们的需要。没有深入倾听时，不要自以为你知道别人的问题和需要是什么。它们要通过深入倾听才能得知。你是否曾在听别人说话时，发现自己变得不耐烦？这时，你可能没有在倾听，而是开始提供解决问题的建议，哪怕别人说所有建议都不可行，你还是会提下去。

通常，我们对别人的痛苦感到不舒服时，会想要替对方解决问题。我们想帮助他解决问题，这样我们会感觉好一些。有时，我们还会欺骗自己，让自己相信我们这么做是为了让对方感觉好一点，但实际上是我们自己不舒服，想要感觉好一点。当一个人向愿意倾听自己的人说出遇到的问题时，倾听者相信他有能力解决问题对他来说是非常有益的。

如果有人来找你说他的问题，试着认真倾听。一旦人们知道自己被听到，他们就会自然而然地想到解决方案。告诉自己，你的任务不是解决他的问题，而是倾听他。你全身心的倾听可以给双方带来解脱，并提供额外的疗愈机会。

今日练习

今天，如果有朋友向你倾诉他遇到的问题，只是专心地听，不要试图去解决它。一旦他被听到，解决方案就会自然而然地出现。

5月9日

笑到癫狂时，宇宙被抛进了充满各种新可能的万花筒中。

琼·休斯敦
（Jean Houston）

你只需要笑一笑

多年前，我和一个妹妹从北华盛顿到北加利福尼亚旅行。出发前，我把车送去检修。我知道离合器容易打滑，所以打算换掉它。但机修工告诉我，回来以后再换也完全没问题。我们到了俄勒冈州的山上，四档和三档相继失灵。我们开着二档的车在高速公路上穿过了山脉，然后二档也失灵了！我们在路肩上开着车，车速慢得连骑自行车的人都超过了我们。我们计划继续往前开，直至到达下一个城镇。我妹妹一度跳下行驶中的车，在车旁跟着走，因为我们认为减轻重量可能会有帮助。起初我们很担心，但后来形势变得很搞笑。她走在车旁，累了就跳上车，我们笑得歇斯底里。当骑自行车的人向我们挥手时，我们又笑了。没有讨论，也没有计划，我们决定享受我们的处境。毕竟，我们在度假，而且有彼此的陪伴。这虽然不在计划之中，但并不意味着我们不能玩得开心。

过了一会儿，一对开着货车的父子把车开到路边，提出把我们的车拖到 10 英里⊖外的下一个小镇去。他把一根绳子系在我们的车上，绳子短得我都看不到他的后保险杠。他承诺会慢慢开。但很快，我们就被他带到了一家汽车修理厂，当时的车速竟达到了 50 英里/时⊜。我们和机修工确认车能被修好时，他也一直陪着我们，之后还为我们提供了一个过夜的地方。结果，我们发现自己被困在了俄勒冈州的佛罗伦萨。我们在这个古朴典雅的小镇上度过了美好的一天，意想不到地得到了很多关爱。有时候，你就是不知道事情为什么会发生或者它的意义是什么；但如果你能轻松一点，你可能会享受到回报。我建议微笑着面对一切。

今日练习

今天，留心可以幽默的时刻。

⊖ 约为 16 千米。
⊜ 约为 80 千米/时。

当下充满快乐和幸福。你如果留心，就会看到。

释一行
（Thich Nhat Hanh）

看到当下的美

你生活的当下充满了美。环顾四周。看到了吗？现在就找出八个满足你美的需要的东西。从自己身上开始寻找！还有其他事物能满足对美的需要，可能是我的猫和兔子安静地睡觉、变化莫测的天空、花园、一个微笑、某些物品的质地等。呼……有时候，看世界需要戴一副不同的眼镜。

今日练习

今天，注意你生活中的美。这种觉察是否改变了你对美的看法？

5月 11日

自信地朝着梦想的方向前进吧！过你想要的生活。
当你简化生活时，需要遵循的宇宙法则也会更简单。

亨利 · 戴维 · 梭罗
（ Henry David Thoreau ）

成为你想在这个世界上看到的改变

这很简单，真的。如果你想要联结，那就去联结。如果你想
要平静地生活，就平静地生活。不要等到猴年马月再开始。
从小事做起。当你感谢收银员的时候，记得看着他的眼睛。
真诚感谢快递员为你和你的家人所做的一切。跟你的邻居热
情地打招呼。或者只是花时间和自己联结。你所有与自己和
他人联结的努力都会带来成果。任何努力都不会白费。

今日练习

今天，致力于平静地生活，无论是和自己还是和他人沟通。

悲伤和快乐不是要解决的问题，也不是要承受的负担——
它们是我们活着的证明，是我们作为人类的自然表达。

凯瑟琳·卡登
（Catherine Cadden）

居杰
（Jesse Wiens Chu）

为自己庆祝

庆祝你的每一个进步。我从 1986 年开始了自我探索之旅。
很多时候，我感到迷茫，觉得自己不会有任何进展。我经常
感到灰心丧气，想要放弃。但我没有放弃——因为不想过这
种无望的生活。现在，我的生活基本上是平和与喜悦的。现
在我明白了，我为改变生命所做的每一次努力都促成了现在
的生命状态。我感激每一个错误、每一个胜利、每一个困惑
的时刻，是无数个这种时刻引领我达到了现在的状态。

每个人都有成长的起点。如果你刚刚起步，我为你欢呼。如
果你已经这样做了一段时间，我恭喜你。无论你处在什么阶
段，你都取得了进步。为你自己和取得的进步庆祝！

 今日练习
今天，至少为你的进步庆祝一次。

5月 13日

心灵是美的源泉，每个慷慨的行为都在展示你心灵的某个方向。

弗朗西斯·夸尔斯
（Francis Quarles）

在困难情形下建立联结

在培训时，经常有人问我："我能为化解冲突所做的最重要的一件事情是什么？"我的回答总是一样的："倾听当事人的感受和需要。"无论有可能发生的是肢体暴力还是情感暴力，我发现，化解冲突最有效的方法都是深入倾听冲突中当事人的潜在需要，没有什么比这更迅速、更直接、更疗愈了。

想象一下，如果你的伴侣告诉你，她邀请她的家人在你们放假时来看望你们一周，你会做何感想。你可能会对她大发雷霆，因为你想用其他方式度过假期。比如说，你在一年中只有两周的假期，你真的很想休息一下。因此，你恼怒地对她说："你怎么敢不跟我商量就邀请你的家人来和我们一起度假！你有没有考虑过我的需要，或者和我商量一下这件事？！"她回答说："听起来你很生气，因为你想在假期做别的事情，你想一起做决定。""是的！你怎么能不跟我商量就做出一个对我的生

活有如此重大影响的决定呢？！""所以，除了对我邀请他们感到生气之外，你还对我为什么这么做感到困惑。""是的。我感到困惑和沮丧。"你开始平静下来，因为你知道她已经听到了你的需要。然后，她问："你是不是感到有点受伤，因为你只想和我单独相处？""是的。我真的很想休息一下。我想和你独处一段时间。我非常期待。"现在你的伴侣认为你已经被充分地理解了，她开始分享此刻内心的感受："我感到非常难过。我不知道你这么需要休息。我知道你喜欢我的家人，所以当妈妈问我她是否可以来的时候，我就说可以。现在，我知道你因为不能和我独处而有多难过了，我会重新考虑一下。如果我们能想到两个人都喜欢的度假方式，我愿意改变计划。你愿意和我讨论一下这个事情吗？""当然。"就这么一会儿工夫，愤怒被化解了，你们有机会找到重视双方需要的解决方案。这就是奇迹。

 今日练习

觉察通过反馈对方的感受和需要来化解冲突的时刻。

理性地理解对方，会妨碍同理心。

马歇尔 · 卢森堡
（Marshall Rosenberg）

5 月 14 日

如何得知一个人被听到了

经常有人问我，怎样才能知道对方是否被真正倾听到了。很多时候，被倾听到的人能感觉到自己紧张的身体松弛下来了。其他时候，你可能会注意到对方用平静的语气回答了几个字，比如"是"或"嗯"。他两分钟前说的话比现在多很多，或者此前语气强烈。还有对方的肢体语言，人们生气时经常会坐得更直或站得更紧绷，看起来他们的身体好像膨胀了。一旦他们被听到，你可能会发现他们的肩膀或下巴是放松的；也许他们会松开交叉的双臂，或者眼眶湿润。从根本上说，当人们被充分倾听时，他们的外表、行为和声音往往会变得更柔和。如果你不确定某人是否已经被听到了，想要谨慎一点，可以问他："你还有什么想让我听到的吗？"无论何时，只要你试图在他觉得自己被倾听之前就跟他讲道理或教育他，他就很可能做出消极的反应。你可能会发现，当他被听到后才愿意听你说话并继续对话。

今日练习

今天，当有人在你被听到之前试图和你讲道理时，觉察你的感受。

5月 15日

不能原谅别人，就等于断了自己必须通过
的那座桥。

乔治·赫伯特
（George Herbert）

超越评判就可以联结

只要怀着对他人的恶意或评判进行沟通，我们就是问题的一部分。我们怎么可能一边认为另一个人是坏的、错误的、邪恶的，一边真正与他建立联结呢？记住这一点很重要，人们所有的行为都是为了满足需要，人并非天生邪恶。然而，有时候我们确实会评判别人，那该怎么办呢？我们要思考对方想要通过行动满足的需要是什么。例如，有人可能会对你说："我不想和你讨论这个了！"想象一下，他的感受和需要是什么呢？你可以说："根据我们过去交往的经验，你担心继续对话无法解决问题？""是的！你不听我说，讨论有什么意义呢？""因此你感到灰心，想知道这次我是否会真的听你说？""是的。"如果把注意力集中在认为对方有问题上，我们就陷入了问题或冲突中。但当我们停止评判，倾听他们的需要时，我们就开始寻找解决方案。把注意力放在能带来期待中的结果的地方。

 今日练习

觉察那些有意识地把注意力引向想要的结果的时刻。

逆境使人认识自我。

佚名

当我无法放下评判

有时，你会想感叹一声"老天"。当我想和某人联结，我的大脑却不停地告诉我这个人是坏的或错的，"老天"就会出现。前两天，一位女士打电话投诉我们之间的一次沟通，我当时就在脑海中说："老天！"我让她讲了大约10分钟。她告诉我，我的咨询很差劲，我撒谎了，不关心她和她的家庭。在我看来，这都不是真的。事实上，我已经竭尽全力帮助她和她的家庭满足所有需要。然而，她在电话里充满了愤怒和失望。最初，我对她充满评判，觉得她很自恋、刻薄，完全不讲道理。

然后，我发现自己在评判她。我问自己："玛莉，你看重什么？"答案一如既往："联结！"在这次谈话中，我能够与我未被满足的需要联结——尊重、体谅、联结和诚实。一旦我联结到自己的需要，我几乎同时联结到这个女人对公平和体贴的需要。那时，我可以放下对她的评判，看到她的人性，并开始倾听她。有时候，如果我们不先与自己建立联结，就很难与他人建立联结。不管你是先倾听自己还是先倾听别人，只要做到了倾听，最终你就会建立联结。

今日练习

今天，觉察你评判某人的时刻。同时，觉察自己的需要，以改善与他们的联结。

5 月 17 日

让我来告诉你指引我实现目标的秘密，我的力量完全来自韧性。

路易斯·巴斯德
（Louis Pasteur）

从遗憾中学习

从关注要赢和自己是对的，转变为关注联结，这是思维方式的转变。开始一定会犯错误，这可能会让我们不舒服。想想你没有以自己希望的方式回应别人的时候，你还能用其他方法处理这种情况吗？怎么做能更好地满足你的需要？不评判自己的行为，要从中学习。每多审视一次自己的行为，你就离理想更近一步。

在我刚开始学习非暴力沟通时，我会回忆自己和别人的互动。我会把新闻播音员的话、杂货店收银员的话、我妈妈的话甚至我的猫的行为都翻译成感受和需要。我从每一次回忆中都学到了一些东西，对新技能也更熟练了一点。习惯是一件神奇的事情——我们养成的习惯要么对我们有利，要么对我们不利。我决定采用新的思维方式，使其更好地服务于我的生活。通过养成把评判翻译成感受和需要的习惯，我做到了这一点。你也可以。

今日练习
今天，只要有机会，就把人们说的话翻译成感受和需要。

生活的智慧在于剔除不必要的东西。

林语堂

创建更高效的会议

我经常听到人们对开会表示不满，他们认为会议时间长、效率低。根据我的经验，当与会者不清楚他们的需要或他们想从会议中得到什么时，会议就会没有效率。如果五个人开会，但他们都只表达了观点，却没有提及需要，或没有告诉大家自己的愿望，那么这个会议就不够清晰。

假设业主委员会召开会议，讨论是否应该允许人们在自己的房子周围建造围栏。第一个说话的人说："我认为应该允许大家建围栏。"第二个人说："我们应该可以建1.8 米左右或更低的围栏。"另一些人说："我们应该只允许建白围栏。"另一个人认为大家根本不应该建围栏。没有一个人表达过需要或提出过请求，对话可能就会重复，却没有找到解决方案的希望。

如果第一个人把他的话改成："好吧，我希望大家能建围栏，因为这有助于保护我们的宠物。有人反对吗？"请注意，他表达了他的需要——保护宠物，而且他提出了直接的请求——有人反对吗？另一个人举手说："我喜欢用围栏保护宠物的想法，但我希望围栏的高度能低于 1.8 米，这样就不会挡住我们的视线。有人反对吗？"再次，他表达了他的需要——保护宠物和不挡视线，以及一个请求——有人反对吗？

当与会者专注于表达需要和提出明确的请求时，会议就会变得更加高效和愉快。如果与会者不清楚如何表达需要和提出请求，在场的其他人可以问清楚他的需要，以及他想得到什么回应。这样，这位与会者就可以帮助所有人理解他的需要和请求，共创富有成效和愉快的会议。

今日练习

今天，注意在团队讨论时阐明需要和请求的机会，让会议过程变得有效和有趣。

5月19日

身体的智慧是我们的思想难以企及的。我们给它下达命令毫无意义。

亨利·米勒
（Henry Miller）

从身体开始平和地生活

我有很多年都在酗酒、抽烟、胡吃海塞。现在我相信，如果不能与身体和平相处，我就无法平静地生活。我已经十二年没有抽过烟，七年没有喝过酒了，我在尽力照料我的身体。我确信，选择那些不利于身体健康的食物，是因为我需要安全感、可预测性和缓解压力。为了满足这些需要，我在寻找新的策略，比如限制糖等碳水化合物的摄入量，以及每天大大增加蔬菜的摄入量等，这些策略同时也激发我内外一致、滋养和爱的需要。人体是一个美妙而复杂的系统。无论我们对它做什么，它都会支持我们。它爱我们，不管我们怎么看待它。请和我一起，与我们的身体和谐相处。如果你能像早上刷牙或整理床铺一样自然地爱自己的身体，你就能获得更深层次的平静的生活。

今日练习

今天，留意身体支持你的生命的所有方式。

满足好奇心是生命快乐的最大的原因之一。

莱纳斯·鲍林
（Linus Pauling）

激发你的好奇心

试着好奇而非评判。如果有个人做了你无法理解的事情，不要暗自猜测或指责，要问问他是怎么回事："他在想什么呢？"如果你十几岁的儿子同意每周修剪一次草坪，但总是不去做，不要把注意力放在自己的愤怒上，问问他是什么使他不能履行承诺。如果一个朋友经常打断你的话，问问他是否担心没有足够的时间和你分享。

培养自己的好奇心。不要害怕提问题，你可能会对答案感到惊讶。

今日练习

今天，采取好奇的态度，多问问题！

5 月 21 日

如果你总是评判别人，那么你就没有精力去爱他们了。

特蕾莎修女
（ Mother Teresa ）

放下评判

想想这样的情况：你的母亲给你打电话，随着对话的进行，你变得越来越烦躁。你心想，再也不给她打电话了，至少一个月都不打。因为你确信无论你怎么做，都无法与她建立联结。如果你知道还有其他建立联结的方法，可能会松一口气。无论何时，当你感到沮丧、焦虑，产生评判或批评时，去倾听对方的感受和需要，都会带来让你感到惊讶的结果。

如果妈妈批评你妹妹让你感到不安，你可以说："妈妈，你担心贝丝是因为你希望她开心吗？"每次与另一个人的感受和需要联结时，我们都可能会不自觉地放下评判和批评，这叫作同理倾听。能做到不评判，转而同理倾听别人，如此巨大的转变听起来可能很简单，但说实话，这并非易事。当我们专注于感受和需要时，我们对他人和自己的感觉就会改善，我们的观点就会改变，我们给出同理心的能力也会增强。这是简单的、具有变革意义的、深刻的真理。

今日练习

今天，至少同理倾听一个人，而不是评判他。注意你的感受是否有变化。

当一个人跟随内心指引时，就会展现出一种真正的坚忍不拔、所向无敌，这时，整个世界都会争着为其让路。

桑妮亚·乔凯特
（Sonia Choquette）

设定你的意念

前不久，一个朋友和我说，他想和另外一个朋友达成一项双赢的解决方案，但是他又觉得这不太可能。他想给对方打电话，同时又觉得对方会听不进去。这是典型的意念预设。在行动之前，他已经预设自己不可能成功。如果我们带着这样负面的意念开启一次对话，其实一开始就在为成功拖后腿。一旦在开始谈话之前就有"谈判将非常艰难"的意念，我们就会在潜意识里积聚负面能量。所有带着负面意念开启的谈话，鲜有成功的。当我们带着正面意念的时候，谈话则更容易取得成功。

今日练习

今天，在说话之前觉察自己的意念。

5月23日

争取双赢的解决方案

非暴力沟通力求让人们找到双赢的解决方案。这意味着没有人会输。而不是多数人做决定就意味着少数人输了。妥协与此类似。事实上，妥协时，双方均可能对解决方案感到不满，因为有人让步了。

另一种选择是内心的转变：双方都与自己想满足的需要联结，一个人内心发生转变，会心甘情愿地满足对方的需要。例如，最近有一位年轻女士想上我的一门课，让我给她打折。一开始我很不情愿，因为我已经给了很大折扣了。但她告诉我，她是多么想上这门课，多么想学习新的工具来与她的孩子沟通。她的钱不多，因为她是一个单亲母亲，挣的钱还不够养活自己和儿子。她的热情和真诚像灯塔一样闪耀着光芒。看到这一点，我改变了心意，同意让她免费上这门课。我对这个决定没有感到不满，我很高兴做了这件事：尽管我仍然需要经济保障，但我也需要为那些想要学习有效的亲子沟通方法的年轻父母做贡献。我最重视的需要从最初的经济安全转变为对她和她的家庭做出贡献。我的决定也满足了我和她双方的需要。

今日练习

今天，觉察自己为了给别人的生活做贡献，需要发生转变的时刻。

150

如果你能真正倾听自己，你就能疗愈自己。

西昂娜·德罗汉
（Ceanna DeRohan）

自我同理：疗愈自己的直接途径

的确，只有了解自己，才能充分了解别人。多年来，我一直试图逃避这一点。我告诉人们我是一个有爱心的人，但心里却体会不到什么是慈悲。我被愤怒、怨恨和一种压倒一切的信念所吞噬，那样我永远不会幸福。直到我看到内心深处对自己的指责，我才开始得到疗愈。我得到的疗愈越多，我对他人的同情心就越强：这个结果呈指数级增长。内心的平和，创造外在的和平。

我通过自我同理获得了很多疗愈。我花了几个月的时间专注于这个过程，直到我体验到自己态度上的明显变化和内心的平和。这让我的生活发生了巨大的转变，我现在每天都能感受到幸福与平静。

自我同理有四个步骤：

享受内心对自己的指责。 承认豺狗所说的话，不要审查或评判。

承认你的感受。 你对这种情况有什么感受？列出你所有的感受。

承认你的需要。 你需要什么——爱、支持、善良、尊严还是其他什么？

向自己和他人提出请求。 仅仅通过承认你的感受和需要，就感觉好一些吗？或者你想对自己或他人提出一个请求来改变现状？

今日练习

今天，至少练习一次自我同理。

5月25日

如果保护峡谷让它们免于暴风的侵袭，那你就永远看不到它们被雕刻的美。

伊丽莎白·库伯勒-罗斯
（Elisabeth Kübler-Ross）

哀悼失去的东西

你是否曾经告诉自己不应该感到难过，事情还不算太糟，别人的情况更糟，或者你还能继续坚持？当我们告诉自己，我们的难过和悲痛不值得哀悼时，我们就切断了潜在的被疗愈的可能性，与生命断开了联结。在非暴力沟通中，哀悼让我们体会到生活中需要未被满足的痛苦。也就是说，我们承认自己未被满足的需要引发的深切悲伤。如果认为自己不应该体会悲伤，我们就不允许自己悲伤。当然，我们的悲痛程度会视情况而定。无论我们的悲伤有多深，哀悼都能疗愈伤痛，让我们清楚地知道如何满足当下的需要。

非暴力沟通的哀悼包括四个步骤：
确定你未被满足的需要所引发的感受，如悲伤、失望、担心。
确定需要，如支持、乐趣、友谊、亲密。
想象一下，如果你的需要得到满足，**你会有什么感受。**
寻找其他策略来满足需要。

今日练习

今天，留意你感受到的悲伤、失望或受伤，花点时间哀悼你未被满足的需要。

这就是一个人可能发生的变化：一只"虫子"沉迷于啃食葡萄叶。突然间，他觉悟了，有什么东西——恩典或其他什么东西——唤醒了他。他就不再是一只"虫子"了，他是整个葡萄园甚至整个果园。无论是果实还是树干，成长的智慧和快乐都让他不再需要啃食。

鲁米
（Rumi）

维护我们的世界

人类正在以惊人的速度消耗资源。这种天文数字的消耗速度超过了资源再生的速度。这是一种暴力，不重视每个人的需要。我无法接受自己的需要得到了满足，而其他国家的人甚至是隔壁的人却没有足够的钱养活自己。当然，突然改变现有的生活方式可能让人无所适从，因此我建议仅仅改变自己过度消费的习惯。想想如何改变你的生活方式，使用地球上更少的资源，让再生资源变得更多。尊重所有的生命。考虑如何支持他人和自己的生活。思考如何为地球的繁荣做出贡献。积少成多。从今天开始。

今日练习

今天，采取行动，更好地支持地球的可持续发展。

5 月 27 日

朋友，心灵之间有一扇窗，可以打开，也可以关闭……

鲁米
（Rumi）

让我们保持开放的心态

让人关闭心门最快的方式，就是批判或评判他人。评判别人时，我们不可能向他敞开心扉。而平和生活的目标是用开放的心态处理我们的关系。几年前，我请另一位非暴力沟通培训师帮我想一个请求，满足我在关系中对亲密的需要。我想让他帮我练习如何对话可以帮助我满足需要。这位培训师说："玛莉，我希望你是带着与伴侣联结的愿望进行对话的。你的目标是与他人建立联结，而不单纯是按自己的方式行事。"在那一刻，我意识到，我与人对话的目的几乎从来都不是与人们建立联结或相互理解，而是得到我想要的。难怪那么多人认为我善于操纵别人，质疑我的动机。

现在，当我想和某人讨论可能会让人情绪激动的事情时，我先设定联结的意图，并希望找到重视双方需要的方法。我试着敞开心扉，接受所有可以做到这一点的方法。事实是此前的多年间，我一直在训练自己封闭自己的心。现在，我正在练习新的行为，以保持心态开放。我从新的思维方式中获得了巨大的快乐。

今日练习

今天，带着与他人建立联结的意图开始对话。

154

在非暴力沟通中，倾听他人意味着放下已有的想
法和判断，一心一意地体会他人。

马歇尔·卢森堡
（Marshall Rosenberg）

同理心的力量

人们在非常痛苦的时候往往需要同理心。这时，他们可能会
说出批评和评判的话语。要记住他们所说或所做的一切都是
为了满足他们的需要，这一点很重要。人们在感到痛苦时用
来满足自己需要的方法有时是无效的，并且对别人有害的。
在紧张的时候尝试同理心，我们可能会得到一份联结的礼
物——真正理解对方。这样，同理倾听处于痛苦中的人，是
我们为他们和自己所能做的最能疗愈伤痛的事情之一。

 今日练习

今天，意识到那些可以同理倾听处于情感痛苦中的人的时刻。

5_月 29 _日

要想成功，首先要热爱你的工作。

玛丽·劳蕾塔
（Mary Lauretta）

活在喜悦之中

每天都有一些看起来并不有趣的事情。对我来说，这样的事情包括烹饪、生火和清理猫窝。多年来，我一直在抱怨这些事情，我从这些事情中找不到任何乐趣，直到我开始联结到每件事情所试图满足的需要。几个月来的每天早上，当我听到内心的评论家在抱怨烹饪时，我就会说："烹饪是因为我重视营养。"生火的时候，我会说："生火是因为我重视可持续性发展和温暖。"当我清理猫厕所时，我会对自己说："我在清理猫厕所，因为我想让猫有快乐和干净的居所。"然后，我会问自己是否还想完成这个任务。有些早晨，我决定出去吃早餐，或者决定今天不清理猫厕所，明天再做，或者再多穿一件衣服就可以不开暖气。每天我都先联结到我想要满足的需要，再决定我是否想要做某件事情。这个简单的过程只花几分钟，并且教会了我——我有选择，没有什么是我必须做的。我选择做一些事情是因为它们满足了我的需要。抛掉做这些事情的命令，而是与其可以满足的需要联结，我感到更加有力量和快乐。

今日练习

今天，把要做的日常任务与你看重的价值或需要联系起来。

除非能与真实的自己和平相处，否则你永远不会
对自己已拥有的感到满足。

多丽丝·莫特曼
（Doris Mortman）

明确我们看重的价值

清楚地、有意识地决定什么是你看重的价值，基于此，开始
你的生活。我曾经努力争取别人的喜欢，我以别人的看法来
衡量我的成功。多年来，这种策略一直让我很痛苦。如果有
人不喜欢我，我就会感觉很糟糕，并努力成为他们希望的样
子。如果有人不想和我相处，我就会认为那是因为我不是个
讨人喜欢的人。我从未想过要厘清自己看重的价值，并在生
活中体现出来。例如，我重视真实性，所以当有些事情对我
来说很重要的时候，我会大声说出来，而不是为了让人们喜
欢我而保持沉默。自从我真正明白了什么对我来说是重要
的，我就开始平和地生活了。有时，人们仍然不喜欢我，但
我知道，如果我的行为与自己看重的价值一致，我就可以在
冲突面前保持平静。

 今日练习
今天，按照你的价值观生活吧。

5月 31日

可怕的是把二流装作一流，在需要爱的时候假装不需要；明知道自己能做更好的工作，却假装喜欢现在的工作。

多丽丝·莱辛
（Doris Lessing）

否认我们的需要

整天做虚假的自己很痛苦。多年来，我一直努力克制自己的激情，因为我觉得我的激情会让人厌烦。我尽量表现得不激情四射，因为我觉得这样对别人来说"太过分了"。多年来，我都好像每天都把自己困在狭小的空间里。有时，我无法在生活中充分地释放自我，认为充分释放自我同时还能被爱是不可能的。最后，在大约 35 岁的时候，我开始打破我在自己周围建立的围墙，说出我真实的感受和需要，选择和不同的人分享我的激情。我解放了自己，又能充分地呼吸了。

我们都有需要，都有感受。隐藏或否认我们的需要对任何人都没有好处。如果我们不快乐，这个世界就不会变得更好。最有可能实现和平的方式是每个人都注意到自己需要什么，并积极地满足需要。仅这一点就能大大减少世界上的挫折、愤怒、评判和暴力。

今日练习
今天，决定做自己，满足自己真正的需要。

6

月
冥
想

非 暴 力 沟 通
366 天平和生活冥想手册

6月1日

如果完全沉浸在自己的世界里，那就太过分了。

凯特·霍尔沃森
（Kate Halverson）

考虑他人的需要

如果你只专注于自己想要的，那你只成功了一半。非暴力沟通的基本原则之一是兼顾每个人的需要。记住，需要是我们做事情的根本原因。你去商店买食物来养活你的家人，你的需要是让家人吃饭，而你的策略是去商店。如果今晚没有足够的食物给家人吃，你愿意自己吃饱而让其他人挨饿吗？或者，你愿意找到一种策略来满足每个人对食物的需要吗？我们大多数人都会想办法让家里的每一个人都有东西吃。虽然我们无法总能满足每个人的需要，但肯定要重视它们。如果我们以牺牲自己为代价去关注别人的需要，我们就过于关注别人了。如果以牺牲他人为代价来满足自己的需要，我们就过于关注自己了。我们追求的是平等地重视每个人的需要。当我们意识到有很多有创造性的策略可以同时满足大家的需要时，我们就能体会到这种意识的力量。事实上，只要我们愿意面对所有的需要，宇宙中就有丰富的资源可以满足它们。

今日练习

今天，注意一下，什么时候你可以很容易地重视每个人的需要，什么时候你很难做到。

身体不会说谎。

玛莎 · 葛兰姆
（ Martha Graham ）

满足对休息的需要

我惊讶地发现，我的一个朋友恢复活力的方式是和他人在一起。她和别人在一起时比独处时感觉更放松。与她相反，我用安静地独处来满足自己对休息的需要。我的大部分工作时间都花在倾听和与人交谈上，我也非常喜欢我的工作。然而，当一天结束时，我需要给自己一点安静的时间。我需要多少安静的时间，我的朋友需要多少与他人相处的时间，这些取决于我们当时的疲惫程度。我们都有不同的方式满足自己对休息的需要。重要的是留心我们什么时候需要休息。当你发现自己在电话里厉声斥责对方、厉声斥责你的猫或者忽视你的伴侣时，你可能就知道自己需要休息了。与其做一些可能让自己后悔的事情，不如做一些有助于你休息的事情。这样，你生命中的每个人都会受益。

今日练习
今天，注意需要休息的时刻，并做一些事情来帮助你满足它。

161

6_月3_日

因纽特人给雪起了 52 个名字，因为雪对他们很重要。爱也应该有这么多个名字。

玛格丽特·阿特伍德
（Margaret Atwood）

注意力放在爱上

我们乐于谈论对自己来说很重要的事情或者经常经历的事情。我以前经常谈论自己遭遇的不公平。它是我生活的重心。后来，我开始谈论其他东西，比如慈悲、爱与和平。随着注意力转移，我的生活中出现了很多的慈悲、爱与和平，而不是暴力。把注意力放在你想要的积极的事情上。如果你想要更多的爱，把注意力从抱怨你有多孤独转移到感觉到被爱的事情上。在理想中的爱得以实现的时候，你对此表达感激。一开始，可能零星出现几次感激的瞬间，但我相信，随着我们持续地练习这么做，感激的次数会越来越多。

今日练习

今天，把注意力集中在希望更多出现的让你愉快的事情上。

真挚的感情值得付出任何代价。

梅·萨顿
（May Sarton）

敞开心扉去感受

如果有人不小心踩到你的手指，你会很疼，对吧？你可能会感觉到疼痛并说出来。我们中很少有人会因为觉得自己不应该抱怨，而忍受疼痛也不让别人把脚拿开。疼就是疼，它没有好坏之分，它只是我们的感受。也许那个人并非有意，但他确实造成了你的疼痛。情感上的痛苦也是类似的。如果有人对我们说的一些话引发了我们的痛苦，承认它是可以的，即使对方不是有意要伤害我们。我们不需要评判或隐藏自己的感受，或者假装它们不存在，或者对它们感到尴尬。做一个有感受的人是可以的，事实上，这是令人兴奋的。

 今日练习

今天，向自己和他人坦然地承认你的感受，让自己更有活力。

6月5日

留意重要的东西

一天早上醒来，我意识到我在高等教育领域有一份收入丰厚的工作。我的薪水很高，时间自由，也有良好的声誉。可我朋友很少，很少和家人联系，也没有什么重要的关系。我的大部分生命都奉献给了事业。然后，我想："就这样吗？这就足够了？"我决心不要这样了。事业的发展并不能让我在夜晚睡在温暖的床上，也不能在我不知所措的时候给我依靠。它从来没有给过我拥抱或爱，虽然它确实挖掘了我愿意向世界展示的智慧。然而，人际关系触动了我的心，即使我不愿向自己或他人表露出来。那是五年前的事了。现在，我有很多朋友，我和我的家人关系很亲密，我的生活充满了爱和欢乐。现在，当我问自己："就这样吗？这足够吗？"答案是："是的。"

今日练习

今天，注意你生活的重心是什么，如果不满意，就转移重心。

与人的每一次接触都那么罕见、那么珍贵。
人们应该保护它。

阿娜伊斯·宁
（Anaïs Nin）

看到每个人身上的光芒

每个生命都是宝贵的。没有一个人是错误地来到这个世界
的。某种更伟大的事物决定了我们在地球上的地位。你只需
要把精力放在你觉得最快乐的地方，并知道宇宙会照顾剩下
的方面。这么做时不要评判他人，你就向世界和平又迈进了
一步。

今日练习
今天，觉察你的价值和你在地球上的地位。

6月7日

一个人只要用爱、友谊和慈悲为他人的生命赋予价值，他的生命就有了价值。

西蒙娜·德·波伏瓦
（Simone de Beauvoir）

重视整个团体

只得到我想要的还不够，我也重视我所在的团体和世界的需要。我不希望以牺牲他人为代价来满足我的需要。我不想经常光顾那些以虐待员工而闻名的大型连锁商店。我不想从污染过海洋的公司购买汽油。我并不是在抗议或反抗它们。相反，我做出的选择符合我对内外一致的需要，同时也重视国际社会的需要。我既重视自己的需要，也重视世界的需要。

思考你的行为如何体现对国际社会需要的重视。

今日练习

今天，找到不冒犯他人需要的方式来满足自己的需要。

我想，在这个世界上，没有什么比有一个自己的孩子
更令人激动的了，而这个孩子却神秘地成了陌生人。

阿加莎·克里斯蒂
（Agatha Christie）

热爱作为父母的角色

为人父母很矛盾。如果你做得好，你的孩子就会真正做到不
再依赖你。我曾经遇到一位英国妇女，她告诉我，她儿子在
生命最初的 24 小时里，是她的孩子。她很享受和他在一起
的第一天，知道他完全属于她。第二天早上，她开始了帮助
他真正独立的过程。为人父母可能是痛苦的。我们希望孩子
爱我们，但我们知道最终不得不让他走自己的路。我们希望
他得到最好的，希望他快乐、健康、安全，人人都爱他。在
培养他的同时，我们也教他如何生活，如何独立，如何身心
健康地离开我们。记住，养育孩子的终极需要是培养他们独
立生活的能力。

今日练习

今天，把重点放在你养育孩子所要满足的各种看似矛盾的需
要上，比如，帮助孩子培养独立生活的能力。

6月9日

在努力给我们所爱的年轻提问者一个良好的、令人安慰的答案时，我们自己往往也会得到一个良好的、令人安慰的答案。

露丝·古德
（Ruth Goode）

己所欲，施于人

在你感到不知所措、绝望或悲伤时，同理倾听他人会让你马上感觉好多了。这似乎有点矛盾，但与他人的联结可以成为与自己联结的催化剂。之前有很多次，在我自己的生活一团乱麻时，一位朋友打电话来诉说她的挣扎。我的第一反应是告诉她："我现在不方便说话。我过几个小时再打给你可以吗？"我想让自己在和她交谈之前，有时间处理自己的超负荷。然而我发现，经常深入了解别人的挣扎有助于我了解自己的挣扎。给予别人爱，可以帮助我记得对我来说最重要的是与人联结，并平和地生活。如果你想要更多的钱，就给别人捐款吧。如果你想要更多的爱，就把你的爱给另一个人。如果你渴望和平，就给别人和平。如果你想要得到理解，就花点时间去理解别人。把你想要的送人，你会得到三倍的回报。

今日练习

今天，确定你最想要什么，然后承诺把它送给至少一个人。

如果想被倾听，你就要花时间倾听。

玛吉·皮尔西
（Marge Piercy）

跳出自我

我的大部分时间都在为自己和自己的需要心神不宁。我认为自己是有爱心的人，但我很少为别人的生活做出贡献，除非我感到很方便。曾经有一位导师告诉我，我花了太多时间考虑自己的舒适，而没有花足够的时间考虑别人的感受。当时，我正在参加一系列会议。我每天都感到不舒服，所以我不和别人说话，也不太能投入到会议中。我的导师建议我去找一些人，因为他们可能也感到不舒服。这是一个启示。当我感到不舒服的时候，我从来没有想过要去接触别人。我的导师安排我每天去开会，打招呼，和至少两个人聊天。在短短的几个星期里，我认识了几个人，我觉得和大家交往是很舒服的事，甚至开始喜欢上做这件事了。

如果你在某种情形下感到不舒服，考虑去接触其他人。你可能会惊讶地发现，这个简单的行为可以改变你的体验，让你感觉到更多联结。

今日练习

今天，考虑去接触其他人，尤其是在你不舒服的时候。

6 月 11 日

即使是健康强壮的人也会在需要的时候寻求帮助，
或许他的膝盖长了脓包，或许他的灵魂长了脓包。

罗娜·巴雷特
（Rona Barrett）

提出请求，丰盈生命

与普遍的看法相反，当你向某人提出请求时，你并没有破坏
你们的关系，反而增进了它。想要寻找那种你不用说他就知
道你想要什么的完美人士，是耗神费力、令人沮丧并徒劳无
功的。然而，简单地提出请求却可以立即缓解压力。如果你
想在爱情中拥有更多的亲密，那么对方具体能做些什么来帮
助你满足这一需要呢？你可以说："亲爱的，我最近感觉有
点孤独，我真的希望我们能更加亲密。你愿不愿意在这个星
期安排一个时间，不看电视，也放下电话，我们在一起度过
一个晚上？"如果她拒绝了这个请求，考虑头脑风暴一个能
满足你们双方需要的策略。阐明你想要什么，并不是软弱的
表现，它可以帮助你获得完整和快乐的生活！

今日练习

今天，觉察你向伴侣或其他人阐明请求的时刻。

仅仅是活着的感觉，就已经足够让人快乐了。

艾米莉·狄金森
（Emily Dickinson）

活在当下

活在当下。当你忧虑时，你在关注未来。当你后悔时，你在沉湎于过去。当下正在发生什么？你现在有足够的食物、朋友和爱吗？如果有，好好庆祝一下吧！如果没有，你能做些什么来改变现状？明天很快就会到来。试着享受活在当下。

今日练习

今天，每当你发现自己在担心或后悔时，问问自己是否可以做些什么。如果不能做什么，那就庆祝此刻你所拥有的一切。如果有什么可以做的，立即采取行动。

6 月 13 日

与自己在关系中的需要联结

很多人根据对方的感受，来评估双方关系的好坏。我也这样做了很多年。我会根据我的伴侣是否享受这段感情，来判断两人关系的好坏。这让我感到不安和困惑。评估感情的更有效的方法，是查看自己的感受和需要。当你和某人在一起时，你的感觉如何？你的哪些需要得到了满足？你觉得快乐、自由和放松吗？或者你总是感到担心、困惑或惴惴不安？一旦你与自己的感受和需要相联结，就可以知道这段关系是否适合你。如果不适合，就具体了解哪些需要没有得到满足。注意你能做些什么满足你的需要。

 今日练习

今天，联结自己在一段关系中的感受和需要。

寻找悲伤的旅程和寻找快乐的旅程是一样的。

尤多拉·韦尔蒂
（Eudora Welty）

改变对事物的感知，改变体验

最近，我帮一位朋友调解了一个冲突。事后我俩说起此事，我满脑子想的都是我对这个结果有多么满意，在场的人有多么开放和诚实，我对他们未来的关系抱有很大的希望。但我的朋友告诉我，她对哪些方面感到不舒服，某些事情如何惹恼她，以及她感到的不信任。我们参加的是同一项活动，我们甚至连发生的事情都记得一模一样，然而我们的看法却不同。我们中有谁对谁错吗？并没有。每个人都有自己的体验。

你通常是如何体验生活中的各种事情的？你的经历让你感到高兴还是绝望？要想改变体验，考虑改变你的感知。可以先问问别人是如何体验你们共同经历过的事情的。当你听到他们的看法并了解他们有不同体验时，你就可能改变自己的看法。用一颗快乐的心，从不同的角度来看待你的生活。

今日练习

今天，选择喜悦地改变对事物的感知，以此来改变你的体验。

6月 15日

玩火者必自焚。

阿比盖尔·范·布伦
（Abigail Van Buren）

平和生活

尽管这样做让人胆战心惊，但还是请放下你的拳头，停止战斗。放弃对"正确"和"赢"的渴望，在剑拔弩张的时候，保持真诚和诚实，重视每个人的需要，满足对公平的需要。当我们以强制强时，就会制造人与人之间的不和谐、沮丧和隔阂。你想让生活中出现更多这种情况吗？试着和平。你只能控制你自己，你在别人面前的表现是你最宝贵的资产。不管别人怎么做，如果你对自己在事情中扮演的角色感觉良好，你就成功了。虽然最后你可能得不到你想要的东西，但是你更有可能满足自己对内外一致、重视生命和解脱的需要。

今日练习

今天，觉察想要使用蛮力来得到想要的东西的时刻，选择诚实和真诚。

把愤怒当成灯塔

我曾经害怕自己的愤怒，因为我不知道如何表达它。我内心的恐惧是，一旦我打开愤怒的盖子，我就会吓到自己和别人。因此，我很少审视自己的愤怒。后来，我开始感激它，因为它会告诉我有事情发生了。在某种意义上，它像是为我们服务的一座灯塔。当某些东西使我们产生痛苦时，不管我们愿不愿意，愤怒都像灯塔一样亮起来，它警示我们有一个未被满足的需要。你的爱人把车库装满了旧物品，你没有足够的空间停车，怎么办？当他开始这么做的时候，你可能会觉得有点恼火，随着时间的推移，你会变得更生气，但你不想承认。然后，有一天，他的旧打字机出现在车库里，不知怎么的，这把你逼疯了。如果在第一个旧物盒子出现在车库时，你就简单地查看自己的感受，会怎样？如果在当时就说出自己的感受，你就会在更佳的时机，更轻松地解决问题，而不会在几个星期或几个月里让自己隐忍着不满和恼火了。第一时间承认我们的感受，就可以迅速处理好它们，不会做出事后后悔的反应。

今日练习

试着留意你感到生气的最初时刻。然后，在回应对方之前，花点时间承认你的愤怒和引发你愤怒的情形中未被满足的需要。

6月 17日

享受这个过程

非暴力沟通让我们尽量不评判情况和人。相反，我们关注的是自己的感受以及自己的需要是否得到了满足。例如，如果爱人不能满足我们对亲密的需要，我们会告诉对方自己的感受和需要，而不会责备他冷漠无情。如果我们关注的是如何满足自己和对方对亲密的需要，我们可能会说："亲爱的，我注意到我们已经三个星期没有一起出去吃顿大餐了，对此，我感到失望和困惑。我想念我们的亲密。你呢？"请注意，我们表达自己的需要（亲密）时并不责怪谁。这个请求（你也想念它吗？）开启了对话，有助于听到对方的需要。当我们不带先入为主的想法来处理问题，并花时间与他人沟通时，我们就增加了以互惠互利的方式解决问题的机会。

今日练习

今天，关注你的感受和需要，而不是评判别人。

当别人在争论世界是在一声巨响中毁灭还是在一声呜咽中终结时，我只想确保我的世界不会结束。

芭芭拉·戈登
（Barbara Gordon）

享受生活

最可靠的享受生活的方法，就是做满足需要的事情。如果我们不喜欢某项活动，那就考虑一下我们希望通过参加这项活动来满足自己的什么需要。最近，我有许多项目迫在眉睫，需要尽快完成，我感到压力很大，手忙脚乱。我告诉自己："我必须把这些事情做完！"然后，我发现我不再喜欢做这些项目了，因为我把它们当成了排除万难都要完成的任务。我花了几分钟时间思考每个项目想要满足的需要。我和需要联结，对每一个项目，我都会问自己这个问题："如果我推迟完成这个项目，我会有什么感受？"我发现我有强烈的愿望想继续推进其中的许多项目，同时决定推后完成其他一些。

这个简单的练习，让我有两点收获：一是有机会尝试与每个项目想要满足的需要联结，从而联结到我在每个项目中的快乐；二是有机会根据我目前对轻松自在的需要重新调整优先级。你喜欢现在的工作吗？如果不喜欢，考虑一下你想要满足的需要以及是否想继续。我曾经听过一首诗，讲的是一个人看着一块墓碑，上面一个人的出生日期后跟着一个破折号以及他的死亡日期。这首诗问的是亡者的"破折号"是如何度过的。我们都会出生和死亡，挑战在于中间的过程如何享受生命。当我们带着对需要的重视生活时，我们就有更多的机会享受我们的"破折号"。

今日练习

今天，注意你是如何度过你的"破折号"的。

6月19日

我希望生活中充满慈悲，人与人之间由衷地给予，情意相通。

马歇尔·卢森堡
（Marshall Rosenberg）

丰富生命

非暴力沟通相信，丰富生命是一切行动最令人满意的动机。如果你的动机是恐惧、内疚、责备或羞愧，那么你可能只是为了避免承受不做某件事的后果而采取行动。要获得持久的、终生的改变，最好的方法是关注当你做出某个改变时，你的生活将如何被改善。例如，如果你能与健康和美丽的需要联结，你就有可能成功减肥并保持减肥效果。相比你因为超重产生的羞愧或自责而减肥，这提供了更强大的动力。

今日练习

今天，留意那些你试图用内疚、责备或羞愧来激励自己和他人的时刻，然后寻找能丰富生活的时机。

178

当我们只是为了避免惩罚而顺从地做某件事时，就很难把注意力放在行为本身的价值上……如果员工好好工作是因为害怕惩罚，那么工作虽然完成了，但士气受到了影响，生产效率早晚会下降。

马歇尔·卢森堡
（Marshall Rosenberg）

保护性强制力和惩罚性强制力

我们的社会花了大量的时间来惩罚恶行，这被称为惩罚性强制力。这源于一种信念，即人们做某些恶行是因为他们是坏人或邪恶的人，他们需要受到惩罚以纠正他们的行为。

假设你看到你的孩子跑进一条车水马龙的街道。如果你把他从街道上拖走，斥责他的粗心大意，你就是在使用惩罚性强制力。你的重点是评判他的行为。相反，保护性强制力源于另外一种信念，即人们的行为是因为他们不知道更好的做法。它代表着防止伤害或不公的愿望。它注重保护人们的权利和福祉，而不是评判他们的行为。如果你使用保护性强制力，你还是会拖走你的孩子，但不是因为你认为他是坏人，而是因为你想保护他。当我们惩罚他人时，专注于避免行为的后果，而不是专注于他们的价值观与行为之间的关系。专注于避免后果，不太可能促进改变。

今日练习

今天，意识到人们有时会做一些带来痛苦的事情，是因为他们不知道更好的做法，把你的注意力放在保护性强制力上。

6月 21日

很明显，我现在的任何花言巧语和指责都不能解决任何问题。

佚名

为自己的选择负责

有时候，把自己的选择归咎于他人似乎更容易。我们认为，如果把责任推给别人，我们就不会看起来那么一无是处，背后的主要动机可能是希望被接纳和得到重视。然而，这是令人尴尬的策略。如果我们不为自己的行为负责，别人就不会再信任我们。

我们都有选择。你可能认为自己必须遵守工作规则。不，你选择了遵守规则，你也可以选择辞职、与体制对抗或者推翻它。对比其他选项，你选择遵守规则，以满足你对放松、经济安全或保有职位的需要。无论如何，这是你的选择。一旦我们开始为自己的选择负责，我们就会赋予自己力量，重新获得别人的信任，并增强我们维持令人满意的关系的能力。

今日练习

觉察不为自己的选择承担责任的时刻，然后留意你拥有的选择。

我特别希望帮助众多父母实现与自己、伴侣和孩子更深层地联结的渴望，也想帮助他们实现在养育子女的过程中为促进世界和平做出贡献的愿望。

因巴勒·喀什坦
（Inbal Kashtan）

关注长期的目标

父母常常试图用强壮的体格、激烈的情感和比孩子更多的经验，来强迫孩子做父母期待的事情。这一策略可能会满足父母当前对轻松的需要，但长远来看可能会适得其反。

如果你发现自己强迫孩子做某事，问自己两个问题："我想让我的孩子做什么？"以及"我希望我的孩子做这件事的理由是什么？"通常，父母希望孩子有自驱力，但当父母强迫他们做不想做的事情时，父母限制了他们发展自驱力。

当孩子们受到内疚、恐惧或羞愧的驱动时，失去了与自己的联结，因为他们关注的是父母的反应，而不是自己的需要。当这种情况发生时，他们创造了一种思维方式，即只要不被抓住，就可以做某些想做的事情。以这种思维方式生活，他们就不再与自己对归属感的需要或为家庭或社群做贡献的需要联结。他们失去了与自我的联结。

今日练习

今天，觉察你强迫或强制孩子做事情的时刻，然后考虑其他能够帮助孩子联结到做这些事情的内在动机的方式。

6月 23日

同理倾听孩子

非暴力沟通的同理倾听是指倾听他人的感受和需要。不仅可以倾听成人，也可以倾听儿童。假设你的孩子不吃晚饭。你可以理解他的感受和需要，而不是强迫他吃。他可能玩得很开心，不想停下来吃饭，或者他不喜欢你做的饭，又或者他胃痛。考虑这样倾听他："你感到失望是因为你想继续玩吗？"或者"你生气是因为你不喜欢吃意大利面吗？"这样回应会增加孩子的感受词汇量，也让孩子知道你重视他的需要。当你发现了他的感受和需要，试着找到一个兼顾双方需要的策略。避免在你希望的特定策略上较劲，比如，必须在六点前吃晚餐。你越了解孩子的需要，就越能化解经常发生在父母和孩子之间的权力斗争，也就越能建立信任。

今日练习

今天，觉察同理倾听孩子的机会。

我真心希望能够教给下一代学生非暴力沟通的技能。我敢肯定，如果我们这么做了，他们就会有比暴力更能解决分歧的方法了。

贝尔格莱德的一名教师

展现出你希望他人对待你的行为

我们与孩子互动的方式塑造了他们与别人互动的方式。我们的行为提升或减弱了孩子理解自己和他人行为的能力。当我们花时间去体会他们的感受和需要时，我们展示了体贴、富有慈悲和有效的生命方式。我们的孩子把我们当作学习的榜样，并选择最能满足自己和其他人需要的策略来更好地处理生活中的问题。这样，我们所有人都将享有一个更加和平的世界。

 今日练习

今天，觉察你的行为如何影响孩子给予他人慈悲、宽容和爱。

勇气是生命为了和平付出的代价。

阿梅莉亚·埃尔哈特
（Amelia Earhart）

与价值观不同的人沟通

非暴力沟通对每个人都有效，即使是那些不熟悉它或不认同联结和同理心的价值的人。事实上，当我们坚持非暴力沟通的原则时，慈悲就会自动开花结果。我们不会试图说服任何人按照我们的方式行动，或者重视我们所重视的价值观。我们只关注我们重视的东西：慈悲和重视每个人的需要。

前段时间，我在非常困难和具有挑战的情形下与一位房地产经纪人合作。我一度担心他会在事情解决前撒手不管，我害怕自己独自处理这件事，所以我对他说："你一定感到难以承受，不知道自己是怎么陷入这种混乱的，是吗？""是的！我问过自己很多次这个问题。这对夫妇太过分了，我担心我会被卷进一场官司。""是的，这真的让人难以承受，是吧？""是的。""如果你选择退出，我当然能理解。但一想到你要退出，我要独自处理这件事，我就感到害怕。你觉得我能做些什么事情，让你更有兴趣解决完这件事情呢？""你知道吗，玛莉，我还在处理这件事情的唯一原因就是你。所以你唯一需要做的就是继续做你正在做的事。虽然情况很糟糕，但和你一起工作很愉快。"

过去，我可能会坚持要求房地产经纪人遵守合约，强迫他留下来。这一次，我承认了他未被满足的需要，表达了我自己的恐惧，并问他我怎样做才能让他坚持下去。如果他想要解除合约，我可以马上照做。尽管局面越来越紧张，但他又支持了我两个多月，直到问题得到解决。无论我们面对什么，无论以强制强的诱惑有多大，我们都努力在不影响他人的情况下满足自己的需要。这样做，使我们更有可能满足自己的需要，更能够平和地生活。

今日练习

今天，觉察你的需要，并找到和谐的方式来满足它们。

观察！很少有什么比这更重要、更有意义。

弗雷德里克·比克纳

（Frederick Buechner）

观察事实

有多少次，我们看到一些事情后，就开始给它编造一个完整的故事？我母亲对此很擅长。如果她透过车窗看到一个女人在做一些事，不管什么事，她都会编造一个关于这个女人以及她的生活的完整故事。她每天都会这样做。这是给生活带来痛苦的方式之一。

例如，你的伴侣约会时迟到了两个小时。你会做什么？你可以编造关于他为什么迟到的故事。你可能会认为他不体贴，或者他遇到了意外，又或者他更重视工作而不是和你在一起。这样的故事让我们痛苦，而我们真的不知道它们是否真实。

这里是另一个策略。只要观察一下你看到的——他比约定的时间晚了两个小时。在此基础上，根据具体情况决定什么最能满足你的需要。你可以打电话问他发生了什么事，可以决定去看电影并给他发个信息，或者你可以打电话给一个朋友倾诉你的情况。你有很多选择。相比编造故事，这些选择都不太可能让你痛苦。那么，我们为什么要花那么多时间用不一定会发生的事情来折磨自己呢？相反，你只观察事实，然后做出可能会给自己带来解脱和快乐的决定，而不是编造会给自己带来痛苦的故事。

今日练习

今天，觉察你用编造故事来解释事情为什么发生的时刻。然后，让自己回到观察事实上来。

6月 27日

我从未见过愚蠢的孩子

我见过有个孩子有时做的事

我不理解

或不按我的吩咐做事情

但他不是愚蠢的孩子

请在你说他愚蠢之前

想一想

他是个愚蠢的孩子

还是

他懂的事情与你不一样

鲁思·贝本梅尔
（Ruth Bebermeyer）

区分评价和观察

很多时候，我们会混淆评价和观察（一种情况的事实）。举个例子，假设你的弟弟花了整个周六帮一个朋友盖新屋顶。混杂着评价的观察听起来像这样："你会把自己累坏的！"不带评价的观察是这样的："我看到你周六一整天都在给朋友盖屋顶，并且我知道你上周工作得很辛苦，我担心你可能会把自己累坏了。"

在第一个例子中，说话者在评价弟弟的行为：他要把自己累坏了。在第二个例子中，说话者承认了事实——弟弟周六帮一个朋友盖屋顶——他也承认自己担心这可能会影响弟弟的生活。两种表达方式差别很细微，但结果却不一样。常常混淆评价和观察会强化他人的防御心理。如果我们能够将两者区分开，更有可能促进双方就关心的问题开诚布公地对话。

今日练习

今天，觉察你的评价和观察。试着将两者区分开，创造更多开诚布公地对话的机会。

众所周知，有创造力的头脑能够经受住任何糟糕的训练。

安娜·弗洛伊德
（Anna Freud）

关注我们的感受

很多人很少或根本没有接受过表达感受方面的训练。我们被教导要更多地考虑他人而不是自己。我们不留心自己在关系中的感受，而是把注意力放在怀疑对方是否享受这段关系上。我们不关注自己对工作表现的感觉，而关注老板是怎么看的。对自己感受的忽视往往会让我们与自己失去联结，并造成困惑。当我们把注意力转移到自己的感受和需要上时，就会和自己联结，并清楚地知道要在当下感到快乐，我们需要什么。

今日练习

今天，觉察你把注意力放在别人感受上的时刻，然后把注意力转移到自己的感受上。

要让灯一直亮着，就要不停地往灯里加油。

特蕾莎修女
（Mother Teresa）

满足对锻炼的需要

以前我常常在早上上班前去爬山。我可以在一个半小时内走完 6 英里[⊖]的崎岖山路。接着，我很快冲个澡，开始一天的工作。现在，我每周有 4~5 个早晨步行或慢跑 30 分钟，或做 30 分钟的瑜伽。这两种方式都让我对锻炼的需要很好地得到了满足。年轻时，挑战身体极限，让我感到很有力量，很有趣。现在，轻柔的运动让我感觉很好。

对于锻炼和运动，我们都有不同的策略和不同的耐力。当我按照专家建议的方式锻炼时，我感到不知所措，很难坚持下去。当我把注意力放在满足身体健康、锻炼和宁静的需要上时，我喜欢早晨的锻炼。你满足自己对锻炼的需要了吗？找到那些能帮助你满足身心健康和乐趣的需要的运动，而不是听从专家的意见。

今日练习

今天，觉察你对锻炼的需要是否得到了满足，以及是否想要调整计划。

_____

⊖ 约为 9.7 千米。

幸运的是，分析并不是解决内心冲突的唯一方法。生活本身一直是非常有效的治疗师。

卡伦·霍妮
（Karen Horney）

建立感受词汇表

很多年前，我几乎完全断开了与自己的联结，以至于我很难识别或表达我的感受。当时，我去咨询一位治疗师，她花时间教了我一些感受的词汇。我会告诉她发生了什么，她会帮助我与这种情况下产生的感受联结。当时，我觉得我们在这上面浪费了很多宝贵的时间。真的，她知道我的感受不是更重要吗？为什么我知道自己的感受对我那么重要？很多年过去了，我很感激她花了那么多时间帮助我了解自己的感受。现在我知道，除非我了解自己的感受，否则我无法活在当下，无法照顾自己，无法做出明智的决定。起初，我必须依赖治疗师才能了解自己的感受。从我离开她办公室的那一刻起，我就和自己断开了联结。今天，我很容易能做到与自己的感受联结，所以我知道，任何人都可以建立他们的感受词汇表。在本书的开头，有一张"感受与需要列表"。如果你很难识别自己的感受并表达出来，可以用这个列表来增加你的感受词汇量。

今日练习

今天，觉察你的感受，并给它们命名。

7
月
冥
想

非 暴 力 沟 通
366 天平和生活冥想手册

7月1日

承担责任的能力是衡量人的标准。

罗伊·L.史密斯
（Roy L. Smith）

为我们的感受负责

有一天，当我们终于明白别人不需要对我们的感受负责时，我们会多么欣慰。我曾以为这是陈词滥调，根本没有道理。现在，我明白感受是内在需要的结果。假设你十几岁的女儿事先没有征得你的同意，邀请一位朋友来家里吃饭。有时，你会高兴，你享受在家里聚会的乐趣，因为它满足了你对乐趣和多样性的需要，也因为这能满足女儿的需要。有时，你会感到非常疲劳和不知所措，因为你需要放松和休息，不喜欢有一位客人坐在你的餐桌旁边。在这两种情况下，刺激因素是一样的——你的女儿邀请了一个朋友来家里吃饭，而没有事先征求你的同意。然而，你

对这种刺激的反应会根据它如何满足你当时的需要，而有很大不同。

一旦我们知道别人不会对我们的感受负责，就可以停止责备他们，并开始接纳自己真正的需要了。这种思维方式的转变可以产生巨大的影响，改善你的生活质量和人际关系。例如，你需要休息和放松，回到家却忽然发现女儿邀请了一位客人。你可以先为孩子们订个比萨，然后独自在房间里度过整个晚上；你也可以邀请女儿的朋友改天再来家里做客。你有很多选择。但如果你的选择仅限于责备你的女儿，你会在和女儿的关系中感受到受伤和紧张。

今日练习

今天，觉察那些导致你的感受的需要。

洞察生活——不要只是看着它。

安妮·巴克斯特
（Anne Baxter）

与人性联结

想想地球上的每个人都有相同的基本需要——我们都需要爱、住所、食物、水、联结、满足和被重视。在不同的家庭、文化或国家中，人们满足这些需要的策略可能不同，但需要是相同的。

我需要家人，所以每周都和他们联系，每年看望他们一两次。在某些文化中，人们与大家族住在一起来满足这一需要。而在另外一些国家，年迈的父母搬去和成年子女住在一起。我们都在以这样或那样的方式满足我们对家庭的需要。同样，我们都需要居所，但我们可能住在房子、帐篷、小屋或城堡里。虽然我们的策略不同，但需要是相同的。需要，把不同文化和生活方式的人们联结在一起。当你陷入冲突，认为其他人并不关心你所做的事情时，考虑一下其他人的行为可能是为了满足他们的什么需要。你可能会惊讶地发现，你们虽然选择了不同的策略，但都是为了满足相同的需要。

 今日练习

今天，思考人们的行为在努力满足什么需要。

7月3日

站在路中间是很危险的，你会被两边的车辆撞倒。

撒切尔夫人
（Margaret Thatcher）

当难以表达需要时

我第一次发现自己有需要时，把这个发现告诉了所有愿意倾听我的人。在生命的前40年里，我没有觉察到这些需要，为此我感到非常悲伤。于是，我设定了一项个人使命：觉察我的需要，并努力去满足它们。那时，我的需要常常被人认为是一种要求或批评。"嗯，你知道我昨晚工作到9点，今天又忙了一整天，所以你……怎么样？"我试着满足我对支持的需要，但我的请求听起来就像命令，让人很不愿意照我说的做。

我逐渐释放了因为多年来未曾留意过的需要而感到的悲伤，同时我越来越相信我的需要会得到满足，所以，我的请求里不再含有太多强烈的情绪。我不后悔在最初学习这些概念时提出情绪强烈的请求，因为它们促成了我最终的成功。改变我们的思维方式是一件很有挑战的事，但是之后所体验到的平静是值得我们为之付出努力的。

今日练习

今天，注意如何表达你的需要。

只要不断探索，就会得到答案。

琼·贝兹
（Joan Baez）

个人成长的阶段

很多人在开始个人成长的第一个阶段中认为要对每个人的感受负责，并努力让每个人开心。在这个阶段，我们害怕在人际关系中失去自我，也可能认为自己受到了虐待。在个人成长的第二个阶段，我们开始明白，我们不需要为别人的感受负责，别人也不需要为我们的感受负责。在这个阶段，我们会感到混合的情绪：为有能力让自己快乐而感到高兴，为知道自己不必非要让别人快乐而感到宽慰，还有为发现这一点之前所经历的痛苦而感到悲伤。第三阶段是情感成熟阶段，我们对自己的行为负责。这种意识允许我们在解决问题时发挥创造力，也允许我们拥有前所未有的亲密感。在第四阶段，我们学会平等地看待每个人的需要。

今日练习

觉察自己现在处于个人成长的哪个阶段。

7 月 5 日

第一次遭遇的微不足道的小事件，可能会成为伟大启示的契机。

玛戈特·芳婷
（Margot Fonteyn）

提请求的小技巧

很多人很少通过提请求来满足自己的需要，这里有一些关于如何提请求的小技巧。

技巧一：说出想要什么，而不是不想要什么。有一次，我和两个小男孩坐在一辆车里。哥哥踢了他的弟弟，我说："杰克，当你踢你弟弟的时候，我很难过，因为我重视每个人的安全。所以，请不要踢你弟弟。"他说："好吧。"然后，他就动手打了弟弟！有一次，我在高速公路上开了好长一段距离都看不到限速标志。终于，一个标志出现了，上面写着："不再是 45 英里 / 时⊖的限速区。"我突然大笑起来。我知道现在车速可以超出 45 英里 / 时了，但我还是不知道应该把车速控制在多少以下。

技巧二：要具体。如果你想在 30 分钟内把房子打扫干净，就说出来。否则，你就

会陷入沮丧和失望之中。人们对"很快"可能有不同的解释。你可能已经体验过这一点了。对自己有信心，你能做到说得具体。

技巧三：让请求可行。不要请求别人做一些他们根本做不到的事情，比如让一个人在一个晚上写一份 30 页的报告，或者要求伴侣在他不在家的时候把垃圾桶拿进来。当双方的关系充满慈悲，无论是谁在提出请求时，都会平等地考虑和重视每个人的需要。

最后一个小技巧：养成提出请求的习惯。每个人都想由衷地给予和接纳。难道你不喜欢为别人的生活做贡献吗？他们也想对你有所贡献。把你的请求当作礼物送给他们。最坏的情况也就是他们会说"不"而已。

 今日练习

今天，至少向两个人提出具体可行的请求。

⊖ 约为 72 千米 / 时。

真正的发现之旅不在于寻找新的风景，而在于有新的眼光。

马赛尔·普鲁斯特
（Marcel Proust）

自行决定如何生活

很多人认为自主权（或称为自由选择）是一种需要。也就是说，这些人相信每个人都需要快乐的生活。在我看来，自主权更多是指我们已经做出的选择。让我们想象一下，你的一个朋友的老板想让她在早上 7 点开始工作。她经常陪孩子们一起熬夜到很晚，所以她更愿意 8 点半开始工作。她可能会抱怨说："我必须七点上班。"通过这种表达，她选择了不自主地生活——她认为自己对什么时候去上班没有选择。事实上，她可以辞掉工作，另找一份工作，或者跟孩子们谈谈早点上床睡觉。也许她想要继续这份工作，因为它提供医疗保险，满足她对经济保障的需要，或者短途通勤满足她对放松的需要。不管她的理由是什么，她选择继续做这份工作，即使这个选择没有满足她的某些需要，比如休息。我们在生活中总是有选择的。有时某些选项不够有吸引力，但我们仍然选择它。我们越是认识到可以自行决定如何生活，就越会感受到快乐和力量。

今日练习

今天，觉察你说自己"必须"做某件事的时刻，并承认选择做这件事满足的需要。

7 月 7 日

当今世界存在的问题，不能用造成这些问题的思维方式来解决。

阿尔伯特·爱因斯坦
（Albert Einstein）

生活是一场歌舞表演

不要做任何没有乐趣的事情。学会做出清晰的选择，只做让你满意的事情。这听起来是不可能的吗？我发现给我的生活带来快乐的最好方法，是做某事时与其背后的需要联结。似乎很难想象，清理猫厕所或告诉某人我对双方的关系不满意，会有什么快乐可言。然而，一旦我与做每件事情背后想要服务的需要联系起来，我就能重拾乐趣。虽然清理猫厕所对我来说并不是什么有趣的事情，但显而易见的是，我很开心能为猫有一个清洁的环境做出贡献。虽然我不喜欢告诉某人我对双方的关系不满意，但这样做满足了我对诚实和内外一致的需要，我也可以做出改变，以满足双方的需要。快乐并不总意味着有趣。有时，快乐来自我们知道自己对他人的生活有贡献，或者我们满足了自己对内外一致的需要。如果你没有意愿做某件事情，找找它可以满足的需要。找到后，问问自己：这件事值得你去做吗？如果值得，就以这种理解放手去做吧。如果对你来说不值得，就考虑其他方法让它更有趣。一旦联结到行为背后满足的需要，就会更愉快地做这件事。

今日练习

今天，明确你做的事情能够满足什么需要。

爱将理解和误解奇特而深不可测地结合在一起。

黛安·阿勃丝
（Diane Arbus）

确定被听到了

人们目睹同一件事，却有不同的解读，这多么令人惊讶啊！
过去，我常常对此觉得不可思议，会认为别人听错了而为此
争吵，或者认为对方不诚实而感到愤怒。现在，我承认每个
人都会过滤别人说的话，正因为如此，我们有时会错过别人
想要告诉我们的内容。出于这个原因，我经常会和对方确认
我说的内容，以确保对方听到了我的话。我用各种方法来
确认。有时，我可能会简单地问："你明白吗？"或"清楚
了吗？"其他时候，我想要更多信息的话，我会说："我真
的想确保我说得很清楚，那么你能告诉我你听到我说了什么
吗？"如果对方听到的不是我想传递给他的内容，我会说：
"谢谢你告诉我你听到的。那不是我想表达的内容。"然后，
我再试着说一次。在情绪激烈的情况下，这样请求反馈是至
关重要的，因为我们经常会发现，自己也在痛苦中时，很难
做到倾听别人。当人们花时间思考他们听到的内容时，可能
会意识到自己根本不知道对方的真实意思。这个简单的过程
可以帮助双方保持联结，友好地解决分歧。

今日练习

今天，注意问别人他们听到了什么，以满足自己对清晰和被
倾听的需要。

7月9日

在恋爱关系中，没有一方……应该感到必须放弃自身的某个重要部分来维持关系。

梅·萨顿
（May Sarton）

下一步：倾听

我们常常在努力让别人倾听我们的时候，忘记倾听对方。想确保别人听到我们的话，可以让对方反馈他们听到了什么。之后，轮到我们倾听他们。我们可能会问："你对我说的话有什么感受？"或者"这个话题对你有什么影响？"这两个问题都为对方提供了表达感受的机会。如果对话很有挑战性，你可能想要向他反馈你听到他说什么，以确保你听到的正是对方想要传递的。重要的是要记住，只有双方都被倾听了，对话才算完整。事实上，只有当你听到你所说的话如何影响了别人时，你想被倾听的需要才会完全得到满足。

今日练习

今天，向别人反馈你听到他说了什么，确保你听到的是他想表达的。

我认为我学到的教训是，没有什么可以替代专注。

黛安·索耶
（Diane Sawyer）

创建高效的团体会议

有多少次，我们在参加工作会议或私人聚会时，感到无所适从、绝望和烦恼？只要我们学会明确自己的需要，就能创造出高效和成功的会议。几年前，我参加了一个60人的培训。一天上午，在全体会议上，一个男人请求在那天就一个特定的主题举行一个小组会议。另一个人回应说，他不想在下午三点参加会议，因为那个时间他想做点别的事。第三个人说，他认为我们根本不应该在这个话题上花时间，还有一个人建议把这个话题和另一个话题一起讨论，于是又有人说这样不合适他。短短的时间内就有10个人发言了，我们仍然没有找到解决办法。我们甚至可能花几个小时讨论各种想法。当我问"这里有多少人对这个话题感兴趣"时，我们找到了解决方案。两个人举起了手。然后我问提出小组会议请求的先生："当你看到只有两个人对这个话题感兴趣时，你还想继续下去吗？"他说"不"。

在一个高效的团体会议或团队协作的过程中，清晰是关键。为了提高清晰度，试着只在你清楚自己想从团队中得到什么时再发言，然后，一定要明确地告诉大家你想要什么，这样别人就不用替你想了。团队中的任何一个人都可以用一点时间帮助大家了解自己的诉求。如果一个人说了些什么，而你不确定他想得到什么样的回应，试着这样说："我很困惑，你想从我们这里得到什么？你能清楚地告诉我们，你想要什么样的回应吗？"

 今日练习

今天，觉察自己在任何团体会议中提出的不清晰的请求。

7月11日

传递光有两种方式：成为蜡烛或成为镜子。

伊迪丝·华顿
（Edith Wharton）

放下评判

非暴力沟通的一个核心，是将评判转化为感受和需要。我们在对某人抱有评判的时候，不可能重视他的需要和保持关爱。然而，放下评判是一项艰巨的任务。开始这样做时，我的大脑似乎每秒钟就会做出一次评判，试图将事物分成好的或坏的。我的评判是这样的：这件衣服漂亮而那件不漂亮，这个人开车开得好而那个人开得不好，这个院子打理得好而那个不好，这条路状况很差，这个人是个坏老板……如此持续不断。那时，最小的细节都会被我判断并分类。

后来，我愿意改变这种行为。我开始把评判转化为承认某些事情是如何影响我的。

所以，当我发现自己在想"这条路真糟糕"时，我会把它翻译成"这条路比我习惯的要凹凸不平得多，我有点儿担心我的轮胎"。我会把"一个脾气太差的妈妈"翻译成"当我看到那个女人用那种方式和她的孩子说话时，我感到难过，因为我更看重耐心"。或者有时我会同理倾听我对那位妈妈的评判："我敢打赌，这位妈妈感到抓狂，她需要休息。"一旦我养成了这样的习惯，我的评判就开始急剧减少。爱一个人、同理倾听一个人变得很容易，我体验到一种前所未有的自由。这种转变需要专注和承诺，但回报颇丰。

今日练习

今天，觉察你的评判，将它转换成事情如何影响你的需要。

我有个简单的哲学：把空的填满，把满的倒空，
抓痒的地方。

爱丽丝·罗斯福·朗沃斯
（Alice Roosevelt Longworth）

为我们的请求负责

你是否曾想过，你的需要经常得不到满足
的原因与你自己有关？我过去常常会思
考这一点，但我会安慰自己说，"不是我
的问题"。不知何故，责备别人不能满足
我的需要，但似乎让我感觉更舒服些。然
后，我发现，即使人们完全听话照做，我
的需要仍然没有得到满足。在我不满足的
情感慢慢复苏的阶段，我开始敏锐地意识
到，为满足特定需要而提出明确的请求是
多么重要。有一次，我想确保我的话被听
到，所以我问我的朋友他对我说的话有什
么感觉。这是一个明确的请求，但它没有
满足我被倾听的需要。更有效的请求，应
该是让他告诉我他听到我说了什么。还有
一次，我请一个朋友看电影，那天晚上我
回家时感到很不满意，然后我意识到我真
正需要的是和他聊天，然而这在电影院
是不可能实现的。在你向某人提出请求之
前，注意你正在考虑的策略能否满足你的
需要。如果不能，尝试提出一个更能让你
满意的不同的请求。

今日练习

今天，觉察你提出的请求，并注意它们能否满足你的需要。

7月 13日

若一志，无听之以耳而听之以心，无听之以心而听之以气。听止于耳，心止于符。气也者，虚而待物者也。唯道集虚。虚者，心斋也。

庄子

在当下深入倾听他人

在非暴力沟通中，同理倾听是指带着尊重地理解他人当下的体验。这并不意味着认同或者要和他人有相同的经历。这是一个过程，在这个过程中，我们承认和理解他人的体验，而不评判或提起我们自己的经历。在这个时刻，我们与对方同处当下，为他们的生活做出贡献，满足自己对贡献和联结的需要。同理倾听是无价的、强大的、疗愈的。它可以在几秒钟内化解暴力，更清晰、更深入地理解别人。这是大多数人所渴望的，但鲜少有人知道如何做到。

这个过程很简单——倾听对方的感受和需要。如果伴侣因为你约会迟到了一个小时而对你大吼大叫，同理倾听意味着倾听她的感受和需要，而不把自己的解读添加进来："听起来你很生气，也许你也很害怕，因为你重视承诺和尊重。"就是这样。简单地倾听对方潜在的感受和需要，并把它反映给对方。你会惊讶地发现，当一个人生气时能够得到深刻的理解是多么抚慰人心。倾听别人时只需说几句话，就可以移走痛苦的大山。一旦理解了对方的感受和需要，就轮到你表达了。

今日练习

今天，觉察那些带着尊重去理解他人体验的机会。

生活不是待解决的问题，而是待体验的现实。

瑟伦·克尔凯郭尔
（Søren Kierkegaard）

我们不需要修正别人

在同理倾听别人时，我们倾听他的感受和需要，不试图为他解决问题。在同理倾听的过程中，我们全身心地处在当下，给对方空间，让他在不受我们评判的情况下诉说遇到的问题。深入地被倾听能获得极大的抚慰，足以让大多数人自然地找到创造性的方法来解决自己的问题。依靠这个过程，你将不再苦思冥想如何替别人解决问题。你会学着信任别人解决问题的能力。你所需要做的就是处在当下，并且渴望听到他们的感受和需要。这很神奇！

今日练习

今天，觉察倾听别人的机会，而不要试图解决别人的问题。

7 月 15 日

越忠实地倾听内心的声音，越能更好地听到外面发生的事情。

达格·哈马舍尔德
（Dag Hammarskjöld）

内心痛苦时无法同理倾听他人

飞机起飞时，空乘人员建议：如果机舱失压，乘客应该先把自己的氧气面罩戴好，然后再帮助孩子戴好。这是因为死于窒息的成年人对孩子毫无帮助。同理倾听也是如此。有时，我们自己也很痛苦，以至于无法同理倾听他人。这通常意味着我们自己也需要被同理倾听。在这种情况下，考虑告诉与你谈话的人："我注意到自己现在很痛苦，无法全然处在当下。你能不能先同理倾听我一会儿，让我更能处在当下？"如果这个人不愿意，或者如果你不愿意提出这样的请求，那就考虑离开现场，直到你能装满自己的同理心"水箱"。在试图帮助别人装满他们的同理心"水箱"之前，先花时间去装满自己的同理心"水箱"是很重要的。假装处在当下，对任何人都没有好处。

今日练习

今天，觉察你挣扎着想要和他人处在当下的时刻，并采取措施加满自己的同理心"水箱"。

"我认为耐心就是爱，"他说，"因为没有耐心，怎么能爱一个人呢？"

简·霍华德
（Jane Howard）

7
月 16 日

把主题转回需要

你急匆匆地走进同事的办公室，跟他打了个招呼，问他现在几点了。结果，他就时钟如何工作长篇大论了一番。你以为你可以在他不注意时走出去，但在内心深处你尊重他，想保持亲密的关系。另外，你真的不关心时钟是怎么工作的，你只想知道现在几点了。你会做什么？你对这个话题不感兴趣，但你对自己和同事的关系感兴趣。那么，和他想要被满足的需要联结，并提出一个可以帮助你满足自己需要的请求。你可能会说："鲍勃，我知道你对钟表如何运行这个话题很感兴趣。我感谢你希望以这种方式为我做出贡献，我希望你满足我更紧迫的需要，那就是，告诉我现在几点了。你愿意告诉我现在几点了吗？然后，我再看看有没有时间听你讲钟表。"当你表现出你理解为什么谈论钟表如何工作对他来说很重要，并重申你想要得到满足的需要时，你就表明了自己重视双方的需要，也更有可能满足它们。

 今日练习

今天，觉察重申自己的需要的机会，同时也重视别人的需要。

7月17日

通过倾听沉默背后的感受和需要，来同理倾听沉默。

马歇尔·卢森堡
（Marshall Rosenberg）

同理倾听沉默者

有时，一个人在谈话时会变得沉默。这种情况发生时，我们也许会出现各种猜测（他怎么了），或者评判他。如果对方不表达自己的想法，我们可能会感到恼火，并对解决问题感到绝望。与其胡乱猜测，或者对他生气，不如考虑同理倾听他。也就是说，思考他的感受和需要可能是什么，你可能会说："在你沉默的时候，我想知道你是不是在生气，想要一些关照。"或者"当你沉默时，我想知道你是否感到受伤，想知道我是否像关心自己的需要一样关心你的需要。"或者"你是否担心你一开口就会说出一些让自己事后后悔的话？"如果一个人已经很痛苦了，他可能需要更多的同理倾听，也可能需要一些空间来厘清自己的想法。试着考虑他和你自己的需要，并提出能同时满足你们双方需要的解决方案。

今日练习

今天，觉察同理倾听沉默者的机会。

在我看来，生命太短暂了，不能浪费在怨恨或记恨上。

夏洛蒂·勃朗特
（Charlotte Brontë）

刺激或原因

使用暴力是因为我们认为别人造成了我们的痛苦，他们应该受到惩罚。在这种思维方式主导下，我们相信自己的愤怒是合理的。

想一想"路怒症"。如果一个司机觉得旁边车的司机开车技术很糟糕，或者对方是在故意激怒自己，他也许就会紧跟在对方的车后面，做出一些侮辱性的手势，甚至谩骂对方。在愤怒时，他会觉得自己这样是正当的。然而，两周前他在同一条路上开车，却没有表现出暴力行为。为什么？也许是因为他那天的工作轻松一点，或者他提早下班，有更多的时间回家，又或者因为那天是他的结婚周年纪念日，所以他对即将到来的晚上感到兴奋。刺激因素是相同的——某条道路上的车况——但他的感受却因他的需要不同而大相径庭。

感受的根源是当下的需要，发生的事情只是刺激。为了在生活中保持平静，理解这一点很重要。

今日练习

今天，觉察自己想把感受归咎于他人的时刻，并试着发现自己未被满足的需要。

7月 19日

当你付出你的财产时，你给予的其实很少。当你奉献自己时，你做的才是真正的奉献。

哈利勒·纪伯伦
（Kahlil Gibran）

保护性强制力

多数情况下，如果双方的需要都被听到了，和平解决问题是可以实现的。然而，有时情况紧急、危险迫在眉睫，双方几乎没有时间进行对话，或者其中一个人可能不愿意沟通。如果有可能造成某人身体上的伤害，那就有必要采取保护性强制力，即使用强制力来约束某人。当我们这么做时，重要的是要意识到我们不是在惩罚谁，只是在保护他们或其他人的安全。

例如，假设你在一家医院工作，当你看到一名医护人员工作失误，使用危及生命的药物，你可能需要采取保护性强制力。类似地，如果你的孩子跑到街上，迎面驶来很多汽车，你强行把他抱走也是在使用保护性强制力。在这两种情况下，重要的是要保持这样的意识：你采取行动是为了保护生命，而不是惩罚不良行为。这种意识是基于这样一种信念：人们做出对自己和他人都有危险的行动是出于无知，而不是明知故犯。我们渴望为生命服务，并因此而行动。

今日练习

今天，对于那些做了对自己或他人有危险的事情的人，你的态度如何？做出在紧急情况下服务于生命的决定，而不去评判他人。

为自己着想，让别人也有同样的权力。

伏尔泰
（Voltaire）

惩罚性强制力

惩罚别人是因为我们认为别人的行为是坏的或错误的，而改变他们行为的唯一方法是让他们感到羞愧或害怕，不敢再这样做，这就是在使用惩罚性强制力。这种意识源于这样一种信念：因为某人是坏人，所以他会做对自己或他人有害的事情。它还假定我们有能力决定好与坏，有权力强迫别人按自己的观点行事。

例如，当你为了惩罚爱人晚回家而拒绝做饭时，你就是在使用惩罚性强制力，惩罚你认为有不良行为的人。如果你因为孩子们饿了而带他们出去吃饭，对爱人的迟到没有任何评判，你就是在使用保护性强制力，因为你专注于支持你的孩子，而不是惩罚爱人。这种意识为生命服务，没有评判和指责。

 今日练习

今天，觉察你使用惩罚性强制力的时刻。

7月 21日

如果你害怕某件事，就会让自己反复经历它。

格罗丽娅·卡宾斯基
（ Gloria Karpinski ）

聚焦你想要的东西

非暴力沟通告诉我们，关注我们想要什么，比关注我们没有什么或不喜欢什么更有成效、更令人满意。例如，你的伴侣打了五岁孩子的屁股，而你强烈认为打屁股对孩子有害。面对这种情况，一些人可能会把注意力集中在指责伴侣伤害了孩子，或者指责这样做如何伤害了孩子的情感和身体健康。而我建议你把注意力集中在你想要什么，而不是你不想要或不喜欢什么。什么能帮助你扭转当下的局面？下次遇到类似的情况时，你希望伴侣怎么做？现在，什么能帮助你的孩子？通过直接关注想要的东西，我们消除了很多因责备自己或他人而造成的情感痛苦。

此时，你的关注点在哪里？如果关注在自己的生活出了什么问题，那么花点时间转而关注你想要的东西。

今日练习

今天，觉察你把注意力集中在自己不想要什么的时刻，然后转向把注意力集中在你想要什么。

赠人玫瑰，手有余香。

谚语

用服务生命的方式表达感激

"你真是个好姑娘。""你太棒了。""你那个项目做得很好。"
这些语句是为了表达感激之情，但同时也传达出讲话者对他
人的评价。这听起来可能有些极端，但每当我们评判别人的
时候，我们都表现得像个法官。一种不带评判的感激方式是
陈述他们做了什么，你对他们做的事情有什么感受，以及他
们的行为满足了你哪些需要。例如，你的父亲帮你铺了新的
厨房地板。你想要不带任何评判地表达感激之情，那么你可
以说："爸爸，你知道吗，当你放弃周末，来帮我铺地板，
用我能理解的方式向我解释每一步时，我感到非常感激。我
对支持、轻松和完成事情的需要得到了很好的满足。谢谢你
今天帮我铺地板。"请注意，讲话者陈述了观察——"当你
放弃周末，来帮我铺地板，你用我能理解的方式向我解释每
一步时"，感受——"我感到非常感激"，以及自己的需要得
到了满足——"支持、轻松和完成事情"。这种表达感激的方
式清楚地说明了讲话者的生活是如何因为对方的支持而丰富
的，而不是以任何方式评判他。

今日练习

今天，觉察不带评判地表达你的感激之情的机会。

213

7月 23 日

永远不要低头，要把头抬得高高的，直面这个世界。

海伦·凯勒
（Helen Keller）

优雅地接受感激

我们中的很多人很难接受别人的感激。要么贬低自我，说出"哦，这没什么大不了的"之类的话；要么自我膨胀，认为自己比别人好。有时，自我膨胀还会用"是的，这些人真的需要我们，不是吗？"等说法表现出来。不管怎样，我们都错过了重点。更令人满意的接受感激的方式是要联结到他人而不仅是自己，也就是说，要与我们对他人的生活所做的贡献联系起来。这种模式下的回应可能是："哦，听到我的演讲燃起了你们的希望，我感到很兴奋。"注意，接受感激的人反映了对方被满足的需要——希望。即使有一半的听众喜欢我的演讲，而另一半不喜欢，我还是同一个自己，我不会变好或变差。然而，听到人们的生活因我的演讲而改变，我感到非常高兴。

今日练习

今天，找到机会用你的行动满足对方的需要，以此来获得对方的感激。

我们在生活中互相帮助，因此我们是伙伴关系。

休·普拉瑟
（Hugh Prather）

对感激的渴望

很多人在收到他人的感激时，往往感到不自在，或许也正因为如此，我们又都渴望得到感激。这是一个两难境地。如果你是这样的，可以考虑问这个问题："你能不能告诉我你喜欢和我在一起工作的三个具体原因（或者你喜欢和我在一起的三个原因）？"尽量提出具体的请求。如果对方的回答是："哦，你知道我爱你。我就是喜欢和你在一起。"或者"你是什么意思？你是我最喜欢的员工之一！"那么，这种回答并没有告诉你太多具体信息。虽然这些评价意在表示支持，但它们透露的信息很少。如果你收到这样的回答，而你又不满意，就再问一个问题："真的吗？你能告诉我，我做了什么，满足了你什么需要，让我成为你最喜欢的员工之一？"这种联结对你们俩都很有启发。很多人不会停下来思考为什么他们喜欢某人的陪伴，或者他们喜欢一个员工的潜在原因是什么。这样的问答可以加深你们的联结，同时帮助你满足自己对感激的需要。

今日练习

今天，问一个你认识的人，他喜欢你什么。

7月 25 日

超越评判

你是否有时会对自己和他人的评判感到不知所措？有一次，我开车时注意到一个女人走在街上。一开始，我并没有觉察到自己在想："嗯，她穿的衣服特别难看。"几分钟后，我发现自己在想："谁会开那样的车？"我开始意识到我对别人的评判是多么迅速和无情。我对自己发誓，要从这种模式中解脱，觉察自己的评判。此后，每当我发现自己在评判时，无论是说出来还是心里想，我都会立即进行翻译。当我发现自己在想："嗯，那是一件特别丑的衣服。"我会把它翻译成："当我看到橙配红时，我觉得很气恼，因为它不能满足我对美的需要。"后来，我开始把它缩短为："橙色配红色不能满足我对美的需要。"通过这种方式，我承认了自己的感受和需要，而没有评判或责备别人。学会这样做需要时间，但过了一段时间后，我开始注意到我不再那么武断，善意也增长了。

今日练习

今天，觉察你对自己和他人有多少评判，并开始将这些评判翻译为感受和需要。

难道不是只有爱才能帮我们成功地洞见一个生命的本质吗？

伊戈尔·斯特拉文斯基
（Igor Stravinsky）

7 月 26 日

调解冲突

当使用非暴力沟通来调解冲突时，我专注于建立高品质的联结，专注于信任以及和平解决问题的真诚愿望。我倾听每个人想要被满足的需要，我反映他们的感受和需要，直到他们感到被理解。

"所以，你对你的邻居很生气，因为他建了一个很高的篱笆挡住了你的视线？""是的，而且他说过他不会这么做的！""你生气也是因为你对信任的需要没有得到满足？""是的。"

对另一方说："你能告诉我，你的邻居表达了什么需要吗？""他说我撒谎。""嗯。谢谢你的反馈。我听他说他认为你同意不建高篱笆挡住他的视线，而你这么做并没有满足他对信任的需要。你能告诉我，你听到了什么需要吗？""他似乎被挡住了视线，他恼火是因为他需要相信人们会遵守约定。""是的，我想就是这样。你对此有什么问题吗？"这个人说："几个月来，我一直想让他把前面草坪上那些破汽车处理

掉。我讨厌看他的垃圾。""那么，你希望居住的环境更美观？""嗯，是的。""我家隔壁看起来就像个垃圾场！""你想保持你的形象吗？""是的。"

对第一方说："你能告诉我，你的邻居说了什么需要吗？""他生气了，因为他认为我的车让环境看起来很邋遢，他想维护自己的形象。""好的，谢谢。"

满足每个人的需要可能要几个小时。不过，这样的时间很有价值，因为一旦建立了这种高品质的联结，就可以很快制订出兼顾双方需要的策略。使用非暴力沟通，各方可能都会对结果感到满意。

我避免了犯从解决方案开启讨论的错误。我意识到，在各方建立一定程度的信任之前，专注于解决问题是徒劳的。你卷入或调解任何纠纷时，首先要设定联结的意图，在建立了联结后，就可以开始制订策略了。

今日练习

今天，如果你发现自己处于冲突中，首先设定联结的意图，然后再制订解决问题的策略。

7月27日

为了共同利益而处理冲突，让人们不再认为同事傲慢、不值得信任，而是将同事视为值得信赖的人。

狄恩·乔斯佛德
（Dean Tjosvold）

玛丽·乔斯佛德
（Mary Tjosvold）

解决冲突的方案

当出现冲突时，人们很有可能围绕某一特定策略展开争论。当我们关注每个人的需要时，找到重视每个人需要的和平解决问题的机会就会大得多。例如，如果一对夫妇为他们是乘火车还是坐飞机去度假而争吵，他们就是在争论策略。你认为他们两个人的需要是什么？我想，乘火车可以满足人们对冒险和乐趣的需要，而坐飞机可以满足人们对更多的假期时间的需要。这样看，你认为这对夫妇能做些什么来满足他们的需要吗？乘火车去、坐飞机回怎么样？还是部分旅程乘火车，其余旅程坐飞机？或者延长旅行的时间怎么样？这样，既有时间坐火车，也有充足的时间去度假了。当我们从需要而不是策略的角度来看待冲突，我们就为找到满足每个人需要的创造性解决方案提供了可能性。

今日练习

今天，觉察把关注点从策略转移到满足需要的时刻。

218

谦逊，就是对自己做出正确评价。

查尔斯·哈顿·司布真
（Charles Haddon Spurgeon）

自我同理

有时候，我们的行为无法满足自己最重要的需要。比如说，你渴望与他人建立深入的联结，但又感到害怕，所以你把别人推远了。然后，你跟自己说："没人喜欢我。"结果，你往往感到沮丧、孤独，还会自我批评。自我同理可以帮助我们更清楚地了解我们真正想要的是什么，并帮助我们以更有可能满足自己需要的方式行事。自我同理还鼓励我们关注自己渴望的东西，而不是关注他人或自己的问题。假设你的关节非常酸痛，与其因为你之前做了什么或没做什么而批评自己，不如把注意力放在现在让你的关节感觉更好的事情上。那么，你关注的重点就不是哪里出了问题，而是你需要做些什么来改变现状。

自我同理有四个步骤。

享受豺狗秀：给你的豺狗表达的机会。不要试图压抑或审查它，因为你可能会错过它为你提供的全部智慧和疗愈。

明确你的感受：注意与刺激相关的感受。

明确你的需要：确定你未被满足的需要。

提出请求：一旦你确定了自己未被满足的需要，就提出一个可以帮助你满足这些需要的请求。

如果你不能放弃自己的评判，无法认清自己的感受和需要，你就不太可能得到渴望的解脱和疗愈。

 今日练习

今天，觉察自我同理的机会，了解自己的感受和需要。

7月 29日

我发现，真正的伟大不在于你站在这个世界的什么位置，而在于你朝什么方向前进。

歌德
（Goethe）

调解团体冲突

当你调解团体冲突时，倾听需要的原则与调解一对一冲突时是一样的。调解开始时，告诉每个人你会先倾听他们各自的需要，然后再一起研究策略。

调解的第一个环节完全是倾听需要。首先，鼓励每个人说明他在冲突中的需要。很多人不了解自己的需要，所以经常表达出评判。作为调解人，你的角色是倾听以各种方式表达出来的需要。你先复述从第一个人那里听到的需要，然后让团体中的其他人反馈听到的需要。当第一个人觉得自己被倾听到时，接着请其他人表达自己的需要，你先反馈听到的需要，其他人再反馈。如果有人打断了这个过程，表达他的评判，请他把自己的想法保留到轮到他的时候。确保团体里的每个人都知道自己会有机会表达。一旦每个人都相信自己的需要被倾听了，你会注意到团体的气氛轻松了。

这时，开始头脑风暴出重视每个人需要的策略。一定要用积极可行的语言来表达。也就是说，让参与者专注于他们希望发生的事情，而不是他们不希望发生的事情。

花时间先倾听需要，对调解过程至关重要。只有当每个人的需要都被听到时，他们才会考虑重视每个人需要的策略。如果你怀疑这一点，想想以前你和某人努力想办法解决问题时，你对他感到恼火。当对方听不到你说话的时候，你是否愿意考虑一个满足双方需要的解决方案？无论你是在团队中还是一对一进行调解，原则都是一样的：当人们觉得自己没有被倾听时，很难达成一致。

今日练习

今天，觉察帮助人们发现他们行为背后的需要的时刻。

谦卑地认识自己，是比钻研科学更能通往真理的道路。

托马斯·阿·坎佩斯
（Thomas à Kempis）

正念

你现在有什么感受，有什么需要？花点儿时间探索一下这个问题。正念状态（mindfulness of being）是非暴力沟通的基础。这意味着我们尽量处在当下，关注当下正在发生的事情。正念倡导：无论你在做什么，目标都是活在当下，哪怕你只是在刷牙。大多数人都无法一直保持正念，但越是活在当下，我们就越有可能意识到自己的需要并满足它们，因此就有更多的机会获得快乐。你可能会惊讶于正念的作用。

 今日练习

今天，至少与你的感受和需要联结四次。觉察当你处在正念状态的时刻，以及你的一天会因此有多么不同。

7 月 31 日

我希望自己有足够的坚定和美德来保持我认为最令人羡慕的头衔——诚实的品格。

乔治·华盛顿
（George Washington）

你是一份礼物

我们每个人都是给到生命中遇见我们的人的一份礼物。但有多少次，当别人问我们过得怎么样时，我们会平淡地回答"很好"。这是诚实的回答吗？有时它是。但通常，我们过于习惯地告诉别人我们很好，却忘了觉察我们并不好！当我们和他人在一起时，全身心地处在当下是我们送给对方的礼物。而隐藏自己就像是"收起了"礼物。今天，打破桎梏。下次有人问你过得怎么样时，问问自己的内心，并给出诚实的回答。你不需要给对方讲一个15分钟的故事。你可以简单地说："嗯。事实上，正在做的这个项目让我感到有点累，有点沮丧。但我相信事情会自然而然地解决的，我现在只是有点担心。你怎么样？"如果你无法想象对别人诚实，那么至少对自己诚实。你是一份礼物，处在当下、了解自己的状态将帮助你承认并生活在这种意识里。

今日练习

今天，保持诚实，并在思考后回答每一个"你好吗"。

1 JAN

2 FEB

3 MAR

4 APR

5 MAY

6 JUN

8

月
冥
想

非 暴 力 沟 通
366 天平和生活冥想手册

7 JUL

8 AUG

9 SEP

10 OCT

11 NOV

12 DEC

8月1日

非暴力沟通真的来自于我对理解爱以及如何表达爱、践行爱的尝试。

马歇尔·卢森堡
（Marshall Rosenberg）

我看到了你内在的灵性

当我们将他人视为有灵性的存在时，我们就与他们的生命能量相连。多年来，我一直相信这一点。但在很多年里，一旦发生冲突，我就会忘记对方的灵性。知道一个人是灵性的存在，却认为他们是麻木不仁的懒虫或自私的讨厌鬼，这是矛盾的、不恰当的。现在，我知道自己可能并不总是喜欢某人的行为，但我不必去评判。我可以诚实地承认自己的感受，而不否认他人的灵性。事实上，坦诚自己的感受也是爱的表现。

最近，我用一种充满恼怒的语气对一个朋友说："我现在很沮丧，我真的很想知道我们能不能找到一个对双方都有效的解决办法。你愿意休息1小时，让我冷静一下吗？我想这会让我更愿意继续下去。"我表达了我的沮丧，但没有评判或责备他。当我们重新坐在一起对话时，我们解决了问题，深化了友谊。看到别人的灵性，并不意味着你永远不会生气，你仍然可以表达感受。如果你难以在对方身上看到灵性，关注他试图通过行为满足的需要。记住，每个行为的背后都有满足需要的渴望。

今日练习

今天，觉察你遇到的每一个人的灵性，包括你自己的。

我不在乎别人怎么看我，我只在乎自己怎么看我。我将丰富我自己，而不是借由他人。

米歇尔·德·蒙田
（Michel de Montaigne）

关于策略的另一件事

还记得我说过的，需要是共通的，策略是具体的吗？非暴力沟通也是一种策略。我试图通过活出和教授非暴力沟通来满足我对和谐、和平、乐趣、爱、安全、快乐，以及与我的生命联结更深入的需要。这些需要是共通的，我发现最能满足这些需要的策略是非暴力沟通。生活中有很多策略可以满足我们的需要，选择最适合自己的那些策略。创造性地满足这些需要的策略越开放，我们的生活和世界就会越和平。

今日练习

今天，觉察让自己平和生活的策略。注意它们是否有效，要不要考虑新的策略。

8 月 3 日

我的目标是一次改变一颗心，以此来改变世界。

玛莉·麦肯锡
（Mary Mackenzie）

促进社会变化

人们总是问我，怎样才能改变当前的社会形势。和平人士为此努力，社会变革者希望找到答案。很多人都在寻找大而全的答案。人们想要速战速决。如果你想寻求社会变化，你的行为要与追求的价值观相符。正如甘地所说："成为你期待看到的改变。"如果你想要和平，朝着和平努力，不要一起反对战争。在你把时间花在为和平努力的同时，不要对那些支持不同事业的人还存有敌人形象。不要回家打你的孩子或朝你的爱人吼叫，让自己成为和平。按照自己的价值观生活，并不意味着你是完美的。当你的行为方式与你看重的价值不相符时，勇敢地承认，下次尝试用不同的方式去行动。设定一个与你的价值观一致的方向，并尽你最大的努力朝着它前进。这就是社会性的变化。

今日练习

今天，有意识地尽量成为你想成为的人。

我们总希望事实符合先入之见。当别人做的和我们预设的先
入之见不同时，比起改变先入之见，我们更容易忽略事实。

杰萨明·韦斯特
（Jessamyn West）

一切都关于"请"和"谢谢"

如果我告诉你每次沟通都意味着"请"或"谢谢"，你会相信
吗？这对我来说，是一个巨大的启示。想想当一个邻居说：
"你要用什么办法才能不让你那只笨狗进我的院子呢？"我猜
他需要安静、尊重和体谅。如果狗在他的院子里大小便了，
他可能也需要干净。所以本质上，他是在说："请你帮我满足
我对安静、尊重、体贴和干净的需要，好吗？"

如果有人说"你真棒"，这听起来像是在感谢你。也许他想
说的是"谢谢你建了栅栏，好让狗待在你的院子里"，也可
能是"谢谢你满足了我对安静的需要"。有时候，人们用词
可能不太中听，听者可能会因为他们的话而感到恼火。我并
不是要我们忽然开始享受这些对话，只是要开始意识到，每
句话——无论是"请"还是"谢谢"——的背后都有满足
需要的渴望。通过这种方式，我们更能待人和善，与他人
联结。

今日练习

今天，觉察对话中的"请"或"谢谢"。

8月5日

我们可以问自己，我们关心的是加深与人的联结，还是以"标准的"非暴力沟通方式来说话。

马歇尔·卢森堡
（Marshall Rosenberg）

与他人联结

有时，你是否很难与人建立赤诚相待的联结？如果你发现某个关系让自己不满意，看看自己的行为。你做了什么来满足对联结的需要？你能做哪些改变吗？我曾经感到非常孤独和悲伤，因为我的人际关系并不尽如人意。然而，当看到自己在关系中扮演的角色时，我意识到我一直在保护自己。这意味着我一直想表现得不错。无论我感到多么悲痛、受伤或愤怒，我都能保持镇静，很少寻求支持。我并没有与他人赤诚以待，尽管我希望他们如此对我。我满足了自己对保护的需要，但同时又阻止自己满足对联结、支持和亲密的需要。

如果你在一段关系中纠结，看看自己的行为和需要，看看能否在策略上做出一些改变，这将对你的体验产生积极的影响。

今日练习

今天，看看你可以做些什么来积极地改变自己在关系中的体验。

当人们感到无聊时，他们主要是对自己感
到无聊。

埃里克·霍弗
（Eric Hoffer）

人在哪里，心在哪里

35岁之前，我过得很不开心，对生活很不满意。然后有一
天，我意识到在所有的不开心里，唯一的共通之处是我自己。
我不开心是因为我在那里！我很难想象我的不开心是自己造
成的，但我不能否认自己不开心时，我都在那里。我所能做
的就是表现出我好像明白这一点，并设定幸福生活的目标。
我试着慢慢用新的视角去看待事物。我试着变得更真实，碰
触我的感受和需要，生活得更符合我的价值观。实际上，我
必须先明确我的价值观的含义，然后才能与它们保持一致。

我们都是从某个地方开始的。有些人已经快要实现幸福生
活，其他人还有许多障碍要克服。无论你受了多大的打击，
一蹶不振，或是刚开始恢复精神，现在开始都不晚。如果你
厌倦了困境，那么花时间去和自己的感受和需要相处，并想
出新的策略和新的行为方式吧。

今日练习

今天，做一件不同的事情来促进生活的积极变化。

8月7日

当我们想要固化某个想法或思路时，问题就产生了。我们的思维总想要固化。我已经60岁了，如果我还坚持40岁的想法，那我就有麻烦了。

拉姆·达斯
（Ram Dass）

下决心非暴力沟通

有时，我听到有人说："我这周没有使用非暴力沟通。"或者"上周我和妻子吵架时，我尝试了非暴力沟通。"非暴力沟通不是一件要做的事情，也不是偶尔从兜里掏出的小把戏；非暴力沟通是一种重视每个人需要的意识，它重视人与人之间的联结，而不是正确、赢或保护自己。它是一种生活方式。的确，我们有时由于受到过去的经历或伤痛的影响，内心的批评者可能很喧哗，甚至不停地叫嚣，也许我们还会厉声斥责爱人、孩子或同事。然而，我们的目标是越来越多地培养非暴力沟通的意识，转变我们处理这些情况的方式。改变我们的世界观需要时间，我们每个人都有不同的学习过程。推荐你每天早上起床时设定意图，有意识地尽最大可能体验非暴力沟通。只要设定意图，就能活出自己期待的样子。

今日练习

今天，有意识地下定决心与人非暴力沟通。

230

如果没有意识到我们对自己的行为、想法和感受负有责任，我们就是危险的。

马歇尔·卢森堡
（Marshall Rosenberg）

为我们的行为负责

不久前，我去西雅图看望我的家人。当时，我开车向南行驶在5号州际公路上。交通状况比我预期的要差很多，我之前预计的1小时车程变成了2小时。我找不到交通如此缓慢的任何原因，所以责怪那些在快车道上开得很慢的人，认为是他们没有行驶在慢车道上，才使交通如此不顺畅（或没有我期待的顺畅）。我变得越来越恼怒，开始更猛烈地开车，比如换车道、插队和尾随。我一直告诉自己，如果其他人都开得好一点，我就不用开那么猛了。下了高速公路后，我进了一个加油站。当我下车时，一个年轻人走过来对我说："今天，高速公路上大家是在响应一则公益广告。"我说："什么？"他说："今天，大家是在履行一个公益的公共服务宣言——在高速公路上，超车和多次变道对每个人而言都是很危险的。"我瞬间当场僵住了。这个年轻人是跟着我下高速公路进加油站的，他想告诉我，他害怕我这样开车！而我当时想说的是，我必须这样开车，因为其他人不愿让出快车道，这都是他们的错。但我阻止了自己。我知道我之前已经不耐烦了，我想要在高速公路上更加放松，然而在处理这种情况的无数种方法中，我选择了疯狂驾驶。这个年轻人对我说的话让我很震惊，我也为自己的行为感到震惊，所以我只是说："你是对的。谢谢你提醒我。""不客气。"他边说边走开了。

即使我们能想到的所有策略都是不愉快的，我们也要为自己的行为负责，因为凡事都有选择的余地。

今日练习

今天，觉察你不为自己的行为负责的时刻，并承认你的责任。

8月9日

如果不知道自己要驶向哪个港口，那么无论风怎么刮都不会是顺风。

塞涅卡
（Seneca）

坦白与否

非暴力沟通倡导平等地重视每个人的需要。人们可能十分困惑，在痛苦被激发出来时，该如何做到平等地重视每个人的需要。假设你有过一段短暂的婚外情。你感到内疚，想告诉丈夫这件事。在说之前，考虑一下你的动机。换句话说，告诉他这件事能满足你什么需要。你想减轻自己的罪恶感吗？如果是这样，这能满足你对诚实或解脱的需要吗？你认为告诉他会对他有积极的帮助吗？

我们的目标是在不牺牲他人需要的前提下，努力满足自己的需要。在这种情况下，我建议你思考，你的诚实会满足你和他的哪些需要，尤其是当你说出的话可能会令对方十分痛苦的时候。我不是在建议你保守秘密，每个人的情况都不一样，我只是建议你在采取行动之前认真考虑每个人的需要，并且考虑一下是否有其他方法可以既满足你自己对解脱的需要，也能更好地重视你丈夫的需要。

今日练习

今天，觉察你有多少次没有考虑到每个人的需要。

我的全部目标是保持我的精神完整。如果没有成
功，现在这一切就都不值得。

朱厄尔
（Jewel）

诚实表达是一种联结方式

不久前，我在听唱诗班演唱。唱诗班的一位先生走到麦克风
前独唱了一小段。他时而走调，时而破音。我以为他很紧
张。我在想，我应该告诉他唱走调了吗？在我看来，这至少
是诚实的。但是我没有这样做，相反，我告诉他，我钦佩
他做所爱之事的勇气，是他的勇气让我敢于在公众场合唱
歌。这也是诚实的声明。他眼眶湿润了，告诉我，他一个人
在家的时候唱得很好，他真的很想在别人面前展现自己的歌
喉。我们都对彼此心存感激，离开时，我很感激这次交谈的
机会，满足了我的许多需要：诚实、联结、体谅、尊重和学
习。也让我明白，诚实是重要的工具，可以用来与他人联
结，而不是使他人痛苦。

 今日练习

今天，觉察诚实地与他人联结的机会。

8 月 11 日

权力凌驾和权力共享

权力凌驾，是指人们利用权力或权威得到自己想要的东西。例如，有公司领导利用权力，使公司制订有利于自己的规章制度；有父母用胁迫或惩罚，让子女按照自己希望的方式做事情；等等。通常，这种关系模式会形成少数人控制多数人的动态关系。

权力共享，是指权力服务于满足每个人的需要。例如，父母与孩子讨论度假计划，公司领导寻求所有员工参与决策，社区活动邀请全员参与。权力共享的团体重视受到决策影响的每个人的贡献和需要。人类所知的最强大的发展动力，源于内心深处对改变的强烈愿望。试图强迫人们因为害怕后果而做出改变，只会带来暂时的服从，却很少（如果曾经有过）促进长期的改变。

今日练习

如果你发现自己正在使用权力凌驾来达成某种结果，那么就把注意力转移到权力共享。觉察意识的转变是如何影响结果的。

最让人筋疲力尽的事是弄虚作假。

安妮·莫罗·林德伯格
（Anne Morrow Lindbergh）

真实让人解脱

有的人说，他们没有精力真诚，认为忽视看到的事实更容易维持和谐的关系。我很理解这种看法，因为多年来我也是这样。我认为，不审视自己，随波逐流，甚至对一切保持沉默，就可以让自己少浪费精力。现在我明白了，为了填补内心的空虚、需要、渴望和寻找真相，我每天都要花大量的精力。经年累月下来，我做到了可以不假思索地否认自己的需要。

我想改变这种习惯，但一开始很难，因为以前我不经常关注自己的感受和需要。我总是回到试图弄明白别人想要什么的老路上。我必须学习一套全新的词汇来表达自己的感受，并允许自己说出需要。我花了一些时间掌握这些技能，然后我发现了最令人惊奇的事情：这比填补内心的空虚花的精力少得多！现在，我感到很自由。以前用来否定自己所花费的精力，现在可以用来让我体验到快乐、爱、幸福和希望。这是我以前从未体验过的广阔世界，存在无穷无尽的可能性。

今日练习

注意你为了保持平和，多久审视自己一次。然后，表达你的真实感受和需要。

8月 13日

除非将怜悯之心扩展到所有生物，否则人类自己将无法找到安宁。

阿尔伯特·史怀哲

（Albert Schweitzer）

善意地表达强烈的情绪

有时，我们发现自己会时不时地感到极度沮丧、愤怒或恼火。对我来说，现在的不同之处在于，表达这些强烈的感受时，我不怪罪别人，而是承认自己是这些感受的主人。这也叫作"长颈鹿的哀鸣"。以前，我可能会生气地说："我真讨厌你！你只考虑自己，不为别人着想！"请注意，我的注意力在别人身上。现在，即使在剑拔弩张的情况下，我也会使用非暴力沟通的四个要素（观察、感受、需要、请求）。我可能会大声地说出它们，最终的结果也非常不同。听起来可能是："你知道吗，当我注意到你说了15分钟你的感受和需要，但却没问我此刻怎么样时，我感到烦恼和受伤，因为我想知道你在重视自己需要的同时也重视我的需要。你愿意听我说几分钟我内心的体验吗？"请注意，我提出了一个明确的请求——"听我说几分钟我内心的体验"。我并不是让对方对自己的需要置之不理，只是让他花几分钟时间关注我的需要。当我们只表达自己的沮丧而不责怪他人，并明确说明自己的需要和请求时，就降低了感情受伤和关系疏远的可能性。

今日练习

今天，如果你感到非常不安或生气，试试"长颈鹿的哀鸣"，而不要责备别人。

当心中有了这个叫爱的非凡的东西，并体会到它的深度、喜悦和狂喜时，你就会发现世界为你而改变了。

J. 克里希那穆提
（J. Krishnamurti）

爱是需要

非暴力沟通认为，爱是一种需要。需要是共通的，每个人都有一样的需要。我们都需要爱，但我们表达爱的方式却大相径庭。安静而专注地与他人交流，是我满足自己对爱的需要的常见方式。我约会过一些人，他们通过给我买东西来满足他们对爱的需要。这两种方法没有对错之分——它们只是不同而已。有些人通过性来表达爱，有些人更喜欢亲密的日常动作，比如拥抱、依偎和按摩。有些人会帮别人解决问题，或者帮助他们分析遇到的困境。我的一个朋友用旅行时给我读书的方式来表达她的爱。我喜欢这种滋养，但我只能清醒地听几分钟，因为她的声音是如此平静和抚慰人心！事实上，满足我们对爱的需要有无数种方法。你如何满足自己对爱的需要？

今日练习

今天，觉察你对爱的需要是否得到了满足。如果没有，思考你能满足它的方法。

8月 15日

凭着毅力，蜗牛爬上了方舟。

查尔斯·哈顿·司布真
（Charles Haddon Spurgeon）

坚持满足需要

你是否发现自己曾经陷入一场看似一筹莫展的争论中？想想下面这对夫妇的处境。丈夫喜欢把东西收起来，他喜欢整洁的家；妻子习惯把东西随意放置。他们的争吵通常包括丈夫指责妻子懒惰和冷漠，妻子指责丈夫太死板。他们能想到的只有两种策略：要么是丈夫收拾两人的东西，要么是妻子收拾自己的。但她通常坚持不了多长时间，争吵就会重新开始。有时，这种争吵会持续多年。

换个策略怎么样？让我们考虑一下需要。丈夫可能需要井井有条与合作，而妻子可能需要自发性和自主性。假设他对她说："你知道，当我回到家看到从客厅到卧室的地板上随处都有你的衣服时，我感到困惑和生气，因为昨天我听你说你要开始收拾你的东西了。我昨天没听错吧？""嗯，是啊，但是你知道，我回到家后冲了个澡。本想把衣服捡起来，但我开始看报纸，然后就忘了。""那么，你的目的原本是去收拾你的衣服，但随后你分心了？""是的，就是这样。""你知道，当我听到你这么说时，我很生气，因为我真的很想相信你会履行承诺。你是不是把我提出的收拾你的东西的请求当成了命令？""当然是命令。如果我不按我说的做，我就有麻烦了。""我知道你会这么想，因为这个问题已经困扰我很长时间了。但我希望你现在听到的是不一样的。我确实重视井井有条，但我也重视你对自主性和自发性的需要。我真心希望我们能找到一个能满足双方需要的解决方案。你愿意和我一起集思广益吗？"

你能想出解决这个持续冲突的新办法吗？人们情绪激动时，尤其难以发挥创造力。这里有一些建议：妻子可以花钱请人每周打扫房间；或者在门口放一个竹筐，用来装她脱下的所有衣服；再或者，妻子指定一个房间，可以想怎么乱就怎么乱，丈夫也有一间属于自己的房间，想把它收拾得多干净就收拾得多干净；又或者，丈夫继续为他们俩收拾房子，而妻子在家务清单上增加其他任务，比如洗衣服或打扫院子。关键是，有很多方法可以满足两个人的需要。诀窍在于，选择策略时要有创造性和灵活性。

 今日练习

今天，觉察你的需要，并有创造性地、灵活地满足它们。

我们知道，当人们学会有效沟通时，他们的生活和人际关系就会发生真正的改变。

托马斯·戈登
（Thomas Gordon）

提出清晰的请求来满足需要

想想这些常见的抱怨——"我丈夫从来不听我说话。""我妻子总是谈论她的感受，然后她想让我也谈论我的感受！"我们理解这些话语背后的沮丧，但如果你自己说了这些话，你具体想要什么？或者换句话说，为了满足你的需要，你的伴侣可以做些什么？如果你丈夫每周听你谈一次感受，够吗？还是一周三次才够？如果你的妻子只让你每周谈论两次你的感受，这能满足你的需要吗？还是你希望她永远不问你感受如何？什么是足够的？

我们的任务是厘清对自己和他人的请求。我们可以提出具体、可行和明确的请求。例如，妻子可以这样说："亲爱的，我今天真的很辛苦，我想让你听我说说话。你愿意听我说15分钟吗？只是听，不给我任何建议或试图替我解决问题。"丈夫也许说："你知道，当你问我感受如何时，我担心如果我不知道，或者我没有说对，你会生我的气。你愿意听我用自己的话表达我的感受，而不纠正我或评论我的用词吗？"在这些例子中，两个说话者都非常清晰地表明了想从对方那里得到什么。这样一来，双方都更可能满足自己的需要。

今日练习

今天，抓住向某人提出明确请求的机会。

8月 17日

当我们害怕惩罚时，我们关注的是行为的结果，而不是我们行为的价值。

马歇尔·卢森堡
（Marshall Rosenberg）

内部动机与外部动机

你行为的动机是出于对惩罚或不良后果的恐惧，还是内心真正的渴望？研究表明，当人们内心渴望改变时，持久的改变就会到来。外在动机是暂时的，通常只在你被别人看到的时候才会让行为持续（比如在有警察在场时限速驾驶）。你打电话给妈妈是因为你真的想和她交流，还是因为担心你不打她会难过？如果后者是你的动机，那么你可能不会经常打电话，也不太可能享受谈话。

当我为弗拉格斯塔夫爱的语言中心工作时，中心的工作人员告诉我，他们没有固定的工作时间，工资也不取决于每周工作的具体时间，我大吃一惊。第一年，我一直在思考如何衡量我的效率、效用和贡献。一开始，我认为自己工作得太努力了，转而将自己的日常工作安排与同事进行比较后，又觉得自己工作得还不够。为此苦恼了大约一年之后，我开始因为真的重视并喜欢这份工作而工作。现在，我的工作时间比以前在高等教育机构工作的时间还长，可我很少感到疲劳或工作过度，也不会一心想着自己做得是否足够。这次经历让我的动力从外在转变为内在，我在工作中也更加高效和平静。

今日练习

今天，觉察你的动机主要是内在的还是外在的。看到你的动机，自己有什么感受？

我们的信仰必须鲜活，像树一样不断生长。

释一行
（ Thich Nhat Hanh ）

宁静是一种选择

宁静是一种存在状态，是一种共通的需要，让人感到平和、平静、神清气朗。即使在灾难中，或者生活充满挑战时，又或者在感到害怕、受伤、生气或悲伤时，我们也能保持宁静。当我们能与最看重的价值联结，并在言行中体现出来时，宁静就会发生。在非暴力沟通中，很多人都抱有与他人联结的深层价值观。当我们敞开心扉，即使被激怒、生气、悲伤或受伤，我们也能保持宁静。

假设你在当地的救济站厨房当志愿者，救济站提供的食物质量以及它给到你所在团体的巨大支持都让你感到兴奋。你每周去那里工作时，有一名志愿者会用无法满足你对尊重和关心的需要的方式，和无家可归的人交谈。你可以选择在其他志愿者面前说他的闲话，见到他时不和他打招呼，或者忽略他，让内心失去宁静。然而，如果你选择了这些行为，你可能就会失去在志愿者工作中感受到的快乐和对救济站的尊重。还有一种方法可以让你保持宁静。当你见到这名志愿者时，你可以向他问好，诚实地告诉他你的感受，与他交流他的感受，关注自己每周在厨房工作想满足的需要。我们越关注我们自己的需要，就越能在日复一日的生活中享受到宁静。

今日练习

今天，即使生活中出现了挑战，你也下定决心宁静地生活。

眼睛追随阳光，你就不会看到阴影。

海伦·凯勒
（ Helen Keller ）

不带评判地观察

你在一家商店里见到一个很久没见的人。他从你身边走过，什么都没说。你想"真是个势利鬼"或者"他不喜欢我"。后来，你发现他没有认出你，或者他急着去药店给他妈妈买药。又一天，你打电话给同事寻求建议。他不回你的电话，所以你想："我给他打电话打得太多了。"或者"他太迟钝了。他应该知道这对我有多重要。"后来，你发现他出城两周了，或者他和妻子刚刚分居，非常难过。很多时候，发生的事情和我们脑海里的故事是不同的。每当我们编造关于一个某人行为的故事时，就给自己的生活制造了戏剧性和痛苦。

在你花时间编造一个关于某人行为的故事之前，停下来，弄清楚到底发生了什么。尽量不要加上你的评价或评判。例如，在第一个例子中，你在一家商店里，一个你认识的人从你身边走过，一句话也没说——你只知道这些。在第二个例子中，你只知道你给同事打了电话，而他没有回你。一旦你清楚到底发生了什么，考虑和这个人联结，了解他的情况。你会发现，不带评判和评价的观察越多，你就越能开放地倾听、与他人交流。

今日练习

今天，坚持事实，不要编造关于人们某种特定行为的故事。

没有实现和平的道路，和平本身就是道路。

A. J. 马斯特
（A. J. Muste）

改变适得其反的行为

你是否注意到，自己做的一些事情让同事、家人或自己的生活不再宁静？我们已经如此习惯于和人发生冲突，以至于都不知道如何不起冲突地处理一些情况。不久前，我参加了一个由非暴力沟通培训师组成的委员会。我告诉自己，我没有被倾听或被重视。然后，我想出了一个我确信委员会成员想听的主意。然而，我越琢磨这个主意，越清楚他们可能都不喜欢我的主意。事实上，它很可能会让大家产生不满情绪。在那一刻，我看到自己的行为无法满足自己的需要：当我想被倾听和被重视的需要没有得到满足时，我会做一些事情让自己的需要被看见，即使这会在委员会中引发冲突。这种行为永远不会帮助我满足自己被倾听和被重视的需要。所以，我没有分享我认为会引发冲突的主意，而是表达了我对被倾听和被重视的需要没有得到满足。然后，我请委员会里的每个人告诉我，我的参与如何满足了他们的需要。这个请求带来了清晰、温暖、支持和爱，同时满足了我被倾听和被重视的需要。

今日练习

今天，选择一个你想要改变的适得其反的行为。在采取行动之前，觉察你想要满足的需要。然后问问自己，你的行为能否达到预期的效果。

8月 21日

要想帮助，就必须理解。每个人都有痛苦，而我们倾向于压抑它，不希望它出现在我们家里。但最重要的是我们需要被理解。我们需要有人倾听我们，理解我们。这样，我们的痛苦就会减少。

释一行
（Thich Nhat Hanh）

面对冲突——不要后退

你有没有注意到，遇到冲突时，你会经常退缩？看到某人生气或情感痛苦时，常常想转身离开？你能想象自己在街上看到一个人受伤流血，却直接从他身边走过吗？我们可以随时准备帮助那些身体上遭遇痛苦的人，而在那些处于情感痛苦中的人面前，却经常望而却步。我建议我们开始重新训练自己，在别人情感痛苦时"前进"，而不是退缩。

我们举个例子说明一下。假如你的伴侣对你说："你从来不准时。从来不！"如果你和他争论，或者列出你的日程表，或者解释你迟到是因为交通堵塞，你就是在退缩。"前进"通常需要对联结有明确的渴望，有时也需要勇气。在这种情况下，你可以这样说："你生气是因为你想相信我会在约定的时间和你见面吗？"这是一个简单的过程，真的，其回报是可以获得亲密感、快乐、理解、联结和更紧密的关系。当我们退缩时，结果往往是愤怒、怨恨、受伤和断绝关系。这些感觉，类似于当你受伤了有人从你身边走过时的感觉，也类似于你从一个身体受伤的人身边走过时的感觉。设立目标：感受别人的情感痛苦，包括你自己的！

今日练习
今天，至少同理倾听一个人的情感痛苦，而不退缩。

没有你的同意，没有人能让你自卑。

埃莉诺·罗斯福
（Eleanor Roosevelt）

不必为别人的感受负责

我们听过多少次这句话了？我们可能听得耳朵都起茧子了，但这是真的！每个人的感受都是需要得到满足或未得到满足的结果。重要的是，我们要为自己的行为负责，承认我们的行为有时会刺激别人的痛苦。同样重要的是，我们要向自己承认，别人要对他们的感受负责。

假设你在讲一个你弟弟童年的故事，你认为这个故事很有趣，充分展示了他的机敏。但他感到受伤和尴尬，因为他想要尊重和体谅，尤其是在他女朋友来家里做客的时候。在这种情况下，你弟弟并不感激你在努力撮合他和女友的关系。你要对他的感受负责吗？绝对不。你是否应该承认是你的行为造成了他的痛苦，并表达你的遗憾？绝对是的。如果你能记住这个简单的哲学，你就更容易为自己的行为负责，而不是为别人的感受负责。这将增进和加深你的人际关系。

今日练习

今天，觉察你是否在为他人的感受负责，并意识到他们才是负责的人。

8 月 23 日

像真相、美和隐形眼镜一样，矫揉造作也在观察者的眼中。

劳伦斯·J. 彼得
（Laurence J. Peter）

进行比较

我们是不是常常这样想：她是如此美丽，真希望我也能像她一样。他是那么健壮，可我永远也做不到。她比他聪明得多，她真是家里的智多星。我比他更了解这份工作！你今天感觉快乐吗？想想看，如果把你的身材和超级名模比较，或者把你的专业技能和你所在领域的佼佼者比较，这样，你还会快乐吗？你肯定会心情黯淡，感到羞愧、内疚或失望。

每当我们拿自己和别人比较，或者把其他人相互比较时，我们就打开了痛苦和绝望的大门，造成了自己与他人的割裂。学会在没有比较的情况下，评估自己。例如，承认你的失望，因为你希望自己从事的项目更有深度，或者承认你很兴奋，因为你轻松完成了项目并得到认可。想想看，你是不是更愿意自己减重 20 磅[⊖]来满足你对美丽的需要？也就是说，别人体重增加并不能满足你对美丽的需要。做自己的感受和需要的主人，不要比较。相信我，你这个简单的改变会让周围的人和你相处时感到轻松。

 今日练习

觉察你和别人比较的次数，以及你做这件事时的感受。

⊖ 约为 9 公斤。

诚实是智慧之书的第一章。

托马斯·杰斐逊
（Thomas Jefferson）

当有人不感激我们的诚实

不是每个人都会开心地接受你的诚实表达。如果他们看起来不开心，这说明他们的需要没有得到满足，而不是你让他们不开心了。记住，感受是需要得到满足或未得到满足的结果；发生的事情只是刺激人们产生了感受，但不是他们感受的原因。当有人不感激你的诚实表达时，试着同理倾听他。如果你的伴侣的体味让你感到不快，怎么办？你可以对他说："亲爱的，当我靠近你时，我闻到你的体味，觉得有点反胃，就不想靠近你。你愿意用一用除味剂吗？"也许你的伴侣不喜欢听到这些话，所以他可能会说："哦，得了吧。不可能那么糟！"现在，你可以同理倾听他，"你是否感到受伤和尴尬，因为你看重包容？""嗯，是的。另外，你知道我不喜欢把人造的东西涂在身上！""那么，你真的想让我理解你不涂除味剂是因为你重视健康吗？""是啊！""你知道吗，我听到了你想尊重自己的身体，不给自己涂化学品。我也尊重这一点。与此同时，我很担心，因为你的体味太浓了，我不想靠近你。你愿意去健康食品店找一种更天然的除味剂吗？或者，你愿意每天洗澡换衣服吗？""嗯，是的，我想我可以去健康食品店，找一种天然的除味剂。我明天下班后去。我现在就去洗个澡。"

当我们隐瞒真相或撒谎时，我们会在关系中制造情感和身体上的距离。通过诚实表达，我们可以增进关系。

今日练习

今天，意识到你的行为刺激了别人的感受，但不是引发他们感受的原因。

8 月 25 日

我们都为爱而生。它是存在的原则，也是存在的唯一目的。

本杰明·迪斯雷利
（Benjamin Disraeli）

爱是感受和需要

非暴力沟通认为，爱既是一种需要也是一种感受。如果我们为了满足对爱的需要而做一些事情，比如读书给别人听、帮助别人做作业、依偎在一起，或者帮助年老的母亲梳头——对我们很多人来说，这些事情都能满足我们对爱的需要——此时，爱被视为一种需要。我们也可以把爱当作一种可以体验到的感受，就像温暖、喜爱和兴奋都是感受一样。当你听到孩子捧腹大笑、看到狗惬意地在地板上熟睡、接到离开一段时间的好朋友打来的电话时，或者当伴侣得知你心情不好专门租借录像带回家与你分享时，都有可能感受到爱。通常但不总是，我们能在感受到爱的同时，满足自己对爱的需要。

今日练习

今天，觉察你什么时候感受到爱，什么时候对爱的需要得到了满足，以及是什么促成了这一切。

我曾有过了一个奇妙的夜晚，但不是今夜。

格劳乔·马克思
（Groucho Marx）

满足爱的需要

有时，你可能发现自己对爱的需要得不到满足。也许你的伴侣用帮你解决问题来表达他的爱，但你真正想要的是他倾听你。你全心全意爱着的猫咪，刚刚在你昂贵的新地毯上呕吐了，还留下了污渍。这些时候，你对爱的需要都没有得到满足。

现在，你可以做什么？我建议你考虑找一个伙伴或朋友来满足你对爱的需要。确保你的请求是别人能做的事情。让你的伙伴倾听你 30 分钟时间，怎么样？让他明白，你不希望他来解决你的问题，你只是希望他倾听你。如果他连自己的感受都很难体会，那么避免让他体会你的感受！请求那些你认为他能做到的事情。现在，想想那只猫。你可以请求它不要吐在你最喜欢的地毯上，但它能做到吗？显然不能。你还不如让它依偎在你身旁。无论什么时候，我们都有责任厘清我们怎样才能满足自己对爱的需要，同时也考虑我们所爱的人是否拥有满足我们请求的能力。

今日练习

今天，至少向一个人提出请求，满足你对爱的需要。

8 月 27 日

如果人的言谈举止都带着纯粹的思想，幸福就像永远不会离开他的影子。

佛陀
（Buddha）

选择我们的回应

回应别人有四种选择，即使他们说了不中听的话。如果有人对你说："你不应该那样做，那是不合适的。"考虑以下四种选择。第一种选择是责备说话者："你知道什么是合适的吗？你是最不应该和我谈论合适不合适的人！"第二种选择是责备自己："噢，他是对的。我不应该那样做的。我在想什么？我总是做错事。"第三种选择是通过承认自己的感受和需要来同理自己："当我听到他这么说时，我感到受伤和愤怒，因为我需要理解和承认我为之付出的那么多努力。"第四种选择是同理倾听说话者的感受和需要："你担心，是因为你如此重视这个项目，想确保它能顺利进行吗？"这似乎很令人惊讶，但每次有人与我们交流时，我们都有四种回应方式可以选择。

根据你当时想要满足的需要，来选择你的回应方式。

今日练习

今天，当你回应某人时，意识到你有四种选择，并有意识地根据你想要满足的需要做出选择。

越是坦诚，我就越觉得自己有力量，因为我和当下真实的自己合二为一。真实是最有力量的。

佚名

诚实表达

你有话想对别人说，但又担心他们不喜欢听。这时，你会做什么呢？无论如何都会说出来，还是为了保持和谐的关系而不说出来？如果把话憋在心里，你会开始怨恨对方，所以诚实表达是维持关系的最好方法。考虑使用非暴力沟通的四个步骤来表达自己。

假设你想告诉你的爱人，他说的话超出了你期待的时长。

第一步，观察："亲爱的，当你说了这么长时间，"

第二步，表达一种感受："我感到不知所措，"

第三步，表达一种需要："因为我需要更多

的时间整合新的信息，我无法一次接收这么多信息，"

第四步，提出请求："你愿意让我告诉你到目前为止我听到你说了什么，以确保我明白你想让我知道的事情吗？"

这种交流简短、直接、有礼貌，会提升被倾听的机会。如果他不喜欢听你说这些，考虑同理倾听他的感受和需要。以下是一些提示：观察结果就是事实；避免添加你对事情的评判；谈你自己的感受，不谈论别人的感受；需要是共通的，每个人都有同样的需要；策略是具体的，请求某人采取具体行动来帮助你满足自己的需要。

今日练习

觉察使用非暴力沟通的四要素来诚实表达的机会。

很少有人会责怪自己，直到他们对其他可能性感到筋疲力尽。

佚名

诚实面对愤怒

我生气，很可能是因为我得不到我觉得自己应该得到的东西，而即将脱口而出的话更会让我得不到它。当责怪别人的时候，我们就把自己置于一种危险的境地——无法满足自己的需要。相反，深呼吸，什么也别说。在深呼吸的同时，默默地承认自己当下未被满足的需要和感受。在你了解了自己的感受和需要后，再考虑和对方说话。

我们来看看如何做到。假设你的老板刚刚告诉你："我完全不能接受这个提案。给你半小时改正！"深呼吸，在心里对自己说："啊。我恨死他了。因为他提供的信息很模糊，但要求很高，无论我做什么都不可能让他满意。"然后，联结到这些评判背后的感受和需要："我真的感到恼火，因为我想弄清楚他具体想要什么。"然后，对老板说："您知道吗，我在听到您说的话时感到很沮丧，因为我是根据您的具体要求写的提案。我需要清楚你的希望。您能告诉我哪些部分是您不能接受的吗？"这样的沟通更有可能满足你对清晰、被尊重和被重视的需要。

今日练习

今天，觉察在对别人生气之前练习和自己联结的机会。

幸福本身就是一种感恩。

约瑟夫·伍德·克鲁奇
（Joseph Wood Krutch）

你感受如何

此时此刻，你感受如何？当你的需要被满足时，你可以用下面这些词来描述你的感受：爱意满满、快乐、满意、满足、兴奋、快乐、和平、自信、兴高采烈、充满活力、高兴、愉快、有希望。如果你的需要没有得到满足，你可能会有以下感受：害怕、担心、痛苦、困惑、恼怒、沮丧、生气、怒气冲天、疲倦、困倦、尴尬、迷失、恼火、不耐烦、怨恨。记住，你的感受是你的需要是否得到满足的结果。觉察我们的感受，发现我们潜在的需要，对我们很有帮助。这样做时，我们就能更好地、快乐地生活。

今日练习

今天，觉察你的感受是如何与你的需要联系在一起的。

8月31日

憎恨别人，就像为了除掉一只老鼠而烧掉自己的房子。

哈里·爱默生·福斯迪克
（Harry Emerson Fosdick）

自以为是的愤怒

你是否注意到自己的一些行为导致你对平和与解脱的需要得不到满足？以评判为例，评判越多，就越难感到安宁和快乐。怨恨和愤怒也是如此。当你心中充满怨恨和愤怒时，不觉得心情很糟糕吗？这些感受如何满足你对平和与解脱的需要？有时我认为，自以为是的愤怒是在诱导我们，但那是一种空洞的诱导、一种海市蜃楼，不能满足任何共通的需要。事实上，自以为是的愤怒根本不是解决方案，因为它会造成痛苦，让我们没有机会满足需要。关注你试图满足的需要，然后选择有助于满足这些需要的行为。并不是说评判、怨恨和愤怒是错误的，而是说它们不会支持你满足需要。让它们带着爱离开吧，选择一种不同的行为。

今日练习

今天，觉察放下评判、愤怒和怨恨的机会，更好地满足你的需要。

9

月
冥
想

非 暴 力 沟 通
366 天平和生活冥想手册

9 月 1 日

关注联结

我觉得我很早时结识的朋友们都有惊人的毅力。因为那时的我给自己筑起了高高的心墙，他们只有把它凿开才能与我建立联结。我非常感谢他们努力与我联结，但现在，和我打交道的人不再需要这样做了。因为我关注与人的联结，也得到了期待的联结。看到别人痛苦时，我会主动帮助他们；当我在店里看到认识的人时，我会特意去和他打招呼；当别人对我的生活做出贡献时，我向他表达感激；当我希望事情有所不同时，我会让对方知道。我活在当下，充满爱心，愿意与人建立联结，不是因为我认为别人想要（尽管我相信他们想要），而是因为我希望如此。我想生活在一个人们互相关心的世界里，所以我积极地创造了那个世界。如果你想了解一个人，就让他了解你。如果你想让别人和你联结，那就和他联结。迈出第一步，你将改变人生。

 今日练习

今天，觉察活出你想要的品质的机会，创造你想要的。

256

狂热，就是在忘记目标时加倍努力。

乔治·桑塔亚纳
（George Santayana）

关注需要，丰盈生命

策略是指满足需要的方法。很多人受困于某些很少奏效的策略，不能成功地满足自己的需要。也许我们太专注于得到某个职位或晋升的机会，而忽略了这样做想要满足的需要。这时，得到某个职位或晋升就是策略，需要是什么？它是财务安全、挑战、属于不同的团体，还是轻松？新职位能满足我们的需要吗？还有别的办法可以满足需要吗？

在高等教育部门工作时，我为加薪和升职而努力，我认为我的目标是赚更多的钱。现在，我认为我最深层的需要是让公司相信我是有价值的，我做出了改变。现在，我挣的钱少了，但我的经济状况更好了，我更快乐了，我知道我在公司里是受重视的。如果我一直只关注我的薪酬，就永远不会发现满足自己被重视的需要的乐趣，我也不会知道有很多方法可以满足自己对财务安全的需要。

与其关注你的策略，不如关注你希望满足的需要。你可能会发现一个以前从未想到过的策略，只要它能帮助你满足需要，那就去做吧，然后感受以满足需要的方式生活的乐趣。

今日练习

今天，专注于你的需要，而不是你的策略。这可能会带来新的改变。

9_{月 3 日}

做不同的事情

就是这样。今天是向别人敞开心扉的日子。也许脆弱让人害怕，但还有其他更好的选项吗？坚持做同样的事情，你会得到同样的结果。现在就做出改变，做些不同的事情。你现在最大的需要是什么？是爱、支持、同理倾听、财务保障、希望、家庭、友谊、住所、食物，还是其他我没有提到的东西？说出一件你现在可以做的事情，让你离满足需要更近一步。今天做，不要拖延。这是你的生命。

今日练习

今天，下决心做一件事，离满足需要更近一步。

如果我们请求他人不要做什么，对方也许会感到困惑，不知道我们到底想要什么。

马歇尔·卢森堡
（Marshall Rosenberg）

聚焦有效的方面

现在，生活中哪些方面进展顺利，让你感到称心如意？想一想，你之前做过什么带来了现在的成功？你能总结经验，用来改变生活中的其他方面吗？如果某个策略有效，记录下来，然后再实施一次。很多时候，我们关注的都是无效的做法。注意什么是有效的以及为什么有效，很有智慧。觉察有效性有两个目的：第一，它让我们清楚目前是如何满足需要的；第二，让我们对生活中喜欢的方面心怀感激。这么做让我们改变对成功和庆祝的态度，同时体验到放松和快乐。

今日练习

觉察在你的生活中，什么是起作用的，哪些东西证明你成功了。然后，想办法利用这些信息来创造更多的快乐。

9 月 5 日

有人总抱怨玫瑰有刺，而我感谢刺里有玫瑰。

阿方斯·卡尔
（Alphonse Karr）

表达我们的爱

我们关注什么，就会使什么成真。如果你关注消极的东西，生活中就会出现消极的东西。如果你专注于成功的事情，就会获得成功。在某种程度上，专注于我们所爱的东西是一种肯定。

多年前，我学习了使用肯定，每天花三分钟来肯定我的生活充满了爱。但我觉得这样做很傻，因为我不相信。我的生活并没有充满爱，撒谎有什么用呢？这种肯定对我无效。现在，我肯定自己的需要和价值观。即使没有得到我喜欢的东西，我也可以诚实地说我喜欢它。例如，即使我和某人有矛盾，我也肯定"我喜欢轻松、善意和彼此坦诚的关系"。我可能没有体验到这些，但我肯定了我爱的东西。通过这样做，我告诉世界我想要什么样的生活。

你想在你的生活中体现什么需要和价值观？告诉自己你爱这些，然后允许它们出现。

今日练习

今天，说出你爱什么，然后让它找到你。

仅仅为了活着让人很痛苦。真正有趣的是生命本身，以及生命的走向。

盖伊 · 佛瑞哥特
（ Guy Frégault ）

热爱生命

在我生命的前 35 年里，我大部分时间都在勉强度日。我没有感到多少快乐，我没有很多朋友，我没有感受到激情。我只是熬过了每一天。从本质上说，我把时间都花在了感知别人的感受和需要上，而没有与自己的感受和需要保持联结。现在，我明白了活着的有趣之处在于活着的过程。如果我只是过日子，没有联结到我的感受和需要，我就不能完整地体验生活。这是生活在黑与白的世界还是五彩缤纷的世界之间的区别。如果你能体验到鲜活的生命色彩，为什么要勉强度日呢？要觉察。让自己活力四射！这是你的生命。让它为你工作。

 今日练习
今天，全身心地投入生活，时时刻刻觉察自己的感受和需要。

9月7日

我们必须经常改变、更新，使自己充满活力，否则我们会僵化。

歌德
（Goethe）

改变发生

我曾经认为人们应该少体会情绪，也不要表现情绪。我也是这么做的，甚至贯彻得更彻底。我认为实现这一目标的最佳方式是"稳定"，对我来说，这意味着死气沉沉。我对事物的喜悦只会持续很短一段时间。我怀疑自己是否会幸福，是否难以开心。我从未想过尝试新事物，也没有发现喜欢或不喜欢都是生命体验的一部分。的确，死气沉沉就是限制生命。生命是变化的。谢天谢地！去尝试新事物，并享受它们。觉察每个行为让哪些需要得到了满足、哪些需要未得到满足。以满足需要的方式与生活保持联结，有意识地采取对你最有利的策略，你就会在生活中找到更多的乐趣和兴趣。这是肯定的。

今日练习

今天，心胸开阔地改变策略，用最好的策略满足需要。

人生最大的错误就是不断担心自己会犯错。

阿尔伯特·哈伯德
（Elbert Hubbard）

大胆尝试

向前进。迈出这一步，能发生的最坏的事是什么？我们常常不愿意做出改变，因为我们需要可预测性。我们或许不喜欢现在的生活方式，但起码知道会发生什么。然而，如果不尝试那些能帮助我们满足需要的新事物，我们就会错过享受快乐、爱和乐趣的机会。我们对可预测性的需要似乎与享受生活的需要相冲突。

但我们的需要从来不会冲突，精心选择策略来满足我们的各种需要，是有可能的。你是否曾经有一个梦想，却认为永远不可能实现？想一件你今天可以做的事情，朝着实现你的梦想的方向，同时仍然满足你对可预测性的需要。你愿意迈出第一步吗？如果不，为什么？同理倾听自己——发现阻碍你实现梦想的因素。一旦你在同理倾听自己的过程中感到解脱，就迈出第一步吧。

 今日练习

今天，确定你的梦想，并朝着实现它的方向迈出一步。

9月9日

我们的行为影响他人

你有没有注意到我们都呼吸着同样的空气？事实上，呼气时，我们呼出的气体都给了这个世界。它去了哪里？你邻居的房子、犹他州，还是中国？迟早，它可能会传播到所有这些地方。同样，我们采取的每一个行动都会对世界产生影响。有时，我们的行为影响他人的方式是显而易见的，但通常就像我们的呼吸在无形地传播一样，虽然没有看到我们的行为对他人的影响，但影响确实存在。忘记这一点是危险的，因为我们会忘记自己在创造世界和平中所扮演的角色。

假设你度过了令人沮丧的一天，回家后对孩子大喊大叫，或随意踢你的狗。你的孩子学习和模仿你的行为，当他们感到沮丧时也会对别人大喊大叫。有些人在感到沮丧或愤怒时，或许会厉声斥责银行职员或商店收银员，而这些被斥责的人或许也会回家责骂他们的孩子。我们都在不知不觉地影响其他人。重要的是我们要意识到这一点，并选择与我们想要的结果相一致的方式来行事。

今日练习

今天，思考你和周围人的行为将如何影响整个世界。

给别人他要的东西，很好。但通过你的了解，给
别人还未开口要的，更好。

纪伯伦
（Kahil Gibran）

理解是一份礼物

所有人都渴望被理解。给予理解是一件很容易的事，但我们
很少注意它对让心灵宁静的重要性。假设你刚刚听说你的男
朋友在和你的一个朋友约会。你打电话告诉另一个朋友这件
事，她说："你一定很受伤，因为你想相信他们会对你诚实。"
当有人只是简单地反映了我们的感受和需要，而没有把情况
说得更糟糕时，我们会立刻感到轻松，因为他"GET 到"了
我们。我宁愿被"弄懂"，也不愿有人可怜我。可怜我听起
来像："哦，天哪！我真不敢相信。他们两个是多么冷酷无
情，多么不为别人着想啊。这种背叛太可恨了！"这听起来
很有帮助，但却会对问题产生影响，引发更多的痛苦。另
外，当我们给予他人理解时，我们得到了联结的礼物。每个
人都赢了。

今日练习

今天，觉察自己同情他人的时刻，看看能否将其转化为同理
倾听他人。

9月11日

世界上最伟大的事情，就是知道如何做自己。

米歇尔·德·蒙田
（Michel de Montaigne）

找到真实的自我

多年前，我的自尊心跌到了冰点，当时我真的认为我不值得被爱。我意识到自己一直在逃避这个想法，我通过努力争取更多的晋升机会和认可，来隐藏自己是一个毫无价值的人的深层恐惧，我害怕被"发现"。然后，有一天我决定勇敢地面对恐惧。如果我真的是一个毫无价值的人，那么我就会接受这个事实，并想办法在这个事实中生活。或者，如果我是一个有价值的人，我想知道这一点，这样我就可以停止那些不断在我脑海中出现的自己毫无价值的想法。在某种意义上，我渴望知道我是谁，而不是我告诉自己我是谁。从那天起，我开始诚实地面对自己，开始了一段发现自己的感受、需要和价值观的旅程。我明白了每个人都是有价值的、可爱的，对世界的发展都很重要。现在，我更关心如何与我的需要和价值观和谐相处，活出真我。

今日练习

今天，意识到你的价值，并采取相应的行动。

想要在这个世界上有尊严地生活，最迅速和最可靠的方式就是在现实中做我们想做的人。

苏格拉底
（Socrates）

真诚地生活

你听过这样的评论吗？"我不知道你生气了！""真的吗？你在派对上玩得很开心？"在别人认定了你就是有某种感受的时候，考验我们是否能真诚生活的时刻就到了！人们需要勇气、诚实和处在当下的能力，才能保持真诚。对很多人来说，不承认真实的自己和真实的感受是很自然的。假设一个你心仪的女人打电话约你去滑雪。你可能会说"哦，当然，我喜欢滑雪"，但实际上你不喜欢，而且从几年前开始你就不再滑雪了。你告诉自己，如果她发现你不喜欢滑雪，她就会不喜欢你，所以你用撒谎来满足自己对被接纳和被爱的需要。同时，你否认了自己对真实、诚实和乐趣的需要。

真实让人解脱。不再躲藏，不再编造借口，不再对别人撒谎。这感觉就像胸口的重负被卸下了。想象只是做你自己，而不用担心别人会怎么看待你。

 今日练习

今天，觉察对人诚实的机会，因为你渴望真诚地生活。

9
月 13 日

你可能会在自己身上看到最讨厌的敌人或最喜欢的朋友。

谚语

认识自己

问题不在于别人怎么看你，而在于你怎么看自己。你到底是谁？通常，我们不会花时间去思考我们重视的东西。我们觉得自己知道自己的价值观，但发生的行为往往与自己的价值观相反。我们渴望被听到，所以喊得更大声。然而，如果我们仔细想想，就会发现叫喊并不是一种有效的被听到的方式。我们可能会得到关注，但很少有人倾听或欣赏我们。你最大的需要是什么？也许是被接纳、被理解、爱、联结，或者被倾听。你在做什么来使这些需要得到满足？思考你的行为是否有助于满足你的需要。当你的行为与需要一致时，你就更有可能感到快乐。

今日练习

今天，觉察你的行为是否与内心深处的价值观一致。

我总是问自己，在这个非凡的时刻，我们能想到
的最重要的事情是什么？

R. 巴克敏斯特·富勒
（R. Buckminster Fuller）

处在当下

你是否注意到，你经常思绪万千，却对此时此刻漫不经心？
你在洗碗时，却为明天的任务焦虑不安；或者一边为那天早
些时候说的话而烦恼，一边给孩子换尿布。你也可能正和朋
友聊天，心里却担心着下周的旅行。当你读这篇冥想时，你
的注意力在哪里？花点时间和自己联结。明天还没到来，昨
天已经发生，现在是你生活的时刻。怎样才能以你最喜欢的
方式度过这一刻呢？有意识地、尽可能地活在当下，你会在
所有做的事情中感受到更多的联结和快乐。

今日练习
今天，尽可能地处在当下。

9 月 15 日

请不要牺牲

如果我的成功建立在别人的煎熬之上，那么我们都是输家。这是反成功。在输赢的世界里，每个人都是输家。我的目标是生活在这样一个世界里——获得成功而没有痛苦，没有人的需要被牺牲。宇宙中有足够的爱、空间和时间来满足每个人的需要。很多怀疑论者告诉我，同理倾听、倾听他人的感受和需要太浪费时间了。事实上，这通常只需要几分钟，之后可以迅速而简单地获得解决方案。不做同理倾听与对方联结的情况下，如果对方非常不同意，我们还要努力说服他按照我们的方式做事，这也会非常耗时。如果对方让步了，我们就需要更多的时间来鼓励、激励和推动他坚持我们的方针。相比之下，花点儿时间去联结，获得共识，并鼓励大家接受，我们的生活将会更顺利、更轻松。

今日练习

今天，觉察可以获得共识的机会。

爱，始于让我们所爱的人真正做自己，而不是扭曲他们以符合我们想象的样子。否则，我们爱的只是我们投射在他们身上的自己的影子。

托马斯·默顿
（Thomas Merton）

感知现实

通常，开始一段新关系时，我们会扭曲事实来满足自己的需要。我们喜欢新女友的大部分方面，假装她不停地抱怨和打嗝是有趣的品质，证明她真实地活着。或者我们刚刚接受了一次重要的晋升，所以倾向于忽略老板在公共场合轻视我们的事实。我们选择性地认为现实并没有那么糟糕。当我们为了满足自己的需要（不管是爱、人际关系还是经济保障）而试图让另一个人适应现实时，每个人都会遭殃。相反，把注意力放在自己身上。当你和别人在一起的时候，注意哪些需要得到了满足，哪些没有得到满足。不要评判他们，只关注你的感受和需要。然后，看看继续这种关系能否满足需要。

 今日练习

今天，对生活中的人和事诚实。

有人在烦我……我想那人就是我自己。

迪伦·托马斯
（Dylan Thomas）

创造体验

我们很容易脱口而出："真是个无聊的演讲者。"每当评判别人，而不承认自己的感受，我们就会错失和需要联结的良机。评判另一个人不会让我们的体验更有趣。事实上，它让我们无能为力。从无聊转变为好奇的最佳机会是专注于未被满足的需要。也许我们厌倦了，很难对这个话题感兴趣，或者我们不明白它和我们生活的关系。一旦意识到自己未被满足的需要，我们就能找到满足它的方法。我们可以走出会场或打个盹儿来满足自己对休息的需要，这些有助于我们处在当下。或者我们可以问问演讲者这个话题和我们的生活有什么关系，这样我们就能保持自己的兴趣。或者，我们可以决定离开。只有意识到自己未被满足的需要时，我们才能做出明智的决定，从而改变我们的体验。

今日练习

今天，如果你感到无聊，那么先与自己未被满足的需要联结，再寻找能够满足它们的策略。

一切都不同，并不意味着一切都变了。

艾琳·彼得
（Irene Peter）

改变视角

很多年前，我租了一套房租低得离谱的房子。我在这所房子里住了很多年，房东从来没有涨房租。然后有一天，他告诉我，我们当地的公共事业公司愿意给他三倍于我所付的租金的价格租他的房子。他不停地道歉，告诉我他不能错过这个机会。一开始我很沮丧，担心自己租不起类似质量的房子，所以我祈祷能找到解决这个困境的办法。与此同时，我回复了无数租房广告。我发现，即使是很一般的房子，租金也会翻倍。每个和我谈过这件事的人都说："你应该考虑买自己的房子。"每次我都说："哦，我做不到！"然后我会回到家，再次祈祷找到解决办法。大约两周后，我开始生上帝的气了，我的祈祷变成

了要求："嘿！我需要帮助。你难道看不到吗？"过了几天，一个念头掠过我的脑海："玛莉，也许你应该买一套房子！"啊，也许这就是我祈祷的办法！虽然我认为这是不可能实现的，但我找到了一个办法，在我不得不搬出租住的房子之前，我买了自己的第一套房子。我的房贷比房租还少，而且我为自己的未来做了一项投资。

很多时候，我们有自己需要的东西，只是不认识它。你不需要总是改变自己的处境，但有时候，改变对事物的看法是你所需要的。

今日练习

关注生活中你不喜欢的部分，试着用不同的眼光去看待它，以改变你的体验。

9 月 19 日

联结当下的需要

你现在感受如何，需要什么？不要为明天担忧，也不要为昨天烦恼，就处在这一刻。与自己的需要同处当下，按照自己的价值观行事，其他的一切都会水到渠成。生活就像一首交响乐，只要每个音符都与乐谱协调一致，音乐就会是美妙的。这是必然的。

今日练习

今天，注意你是否处在当下。如果没有，觉察你的感受和需要。这会帮助你活在当下。

悲剧不在于人们遭受了什么，而在于人们
错过了什么。

托马斯·卡莱尔
（Thomas Carlyle）

采取行动改变我们的体验

有时候，虽然我们对生活的某一方面不满意，但改变似乎太
痛苦了，所以我们会维持现状。持续不开心是自己不作为的
结果。高中时，我非常害羞，和人在一起很不自在，所以我
和人保持距离。这满足了我对保护和轻松的需要。我结交了
一些亲密的朋友，但我不善于与人交往或交谈。30 多岁时，
我开始意识到，在高中时不去处理自己的羞怯是如何让我远
离人群的。高中毕业后，我的孤独和与人相处的不适持续了
10 多年，这是因为我没有在高中时冒险克服它们。后来，我
对亲密感、乐趣和联结的需要变得比我对保护和轻松的需要
更迫切，所以我开始制订策略来帮助自己学习如何与人联结
并保护自己。

反思生活里刺激你痛苦的一个方面。痛苦是由正在发生的事
情引起的，还是由你自己的不作为引起的？不要评判你自己
或你做的决定，思考一下，现在是否是采取行动改变的好的
时机。

今日练习

今天，反思生活中不开心的一个方面。思考造成它的原因是
你的行动还是你的不作为。

9 月 21 日

在这个世界上，我唯一能接受的暴君就是内心那微弱的声音。

甘地
（Gandhi）

承认内心的批评

非暴力沟通把我们头脑中批评的声音称为豺狗。豺狗说你应该或不应该做某事；它评判你和其他人；当你做出改变时，它最容易感到害怕。我曾经为我的豺狗感到尴尬，因为我认为自己应该更多慈悲，更少评判，所以我尽量忽略它的声音。但这只会让它嚎叫得更响亮。多年之后，我学会了爱上它的声音，因为当它嚎叫时，我知道我有一个未被满足的需要。

我可能并不总是喜欢豺狗提醒我的方式。有一次，我给 45 名军人进行了一次培训，他们明确表示，他们对非暴力沟通不感兴趣。在培训进行到一半的时候，我内心的豺狗开始说："你必须离开这里！这些人对你要说什么不感兴趣。这是在浪费你的时间！"如果我忽视了这个声音，我相信它会叫得更响亮，我继续投入培训的能力就会受到严重限制。我在内心这样同理倾听

这个声音："你是否因为无法为受训者的生活做出贡献而感到尴尬和绝望？你需要轻松和尊重吗？"一旦能够联结到这些需要，我意识到，现场不是每个人都能满足我的这些需要。也就是说，我的需要在作为集体的他们那里，根本得不到满足，但或许在其中的一两个人那里，是可以的。我开始寻找可能喜欢这场培训的人，我发现了的确有几个人喜欢这场培训。事实上，在同理倾听了豺狗之后，我注意到大多数受训者似乎都很开心。但在与豺狗的声音联结之前，我把注意力只集中在了少数几个不想待在现场的人身上。

如果我们愿意倾听，内心的豺狗就会与我们分享智慧。当我们承认豺狗存在的价值并同理倾听它的需要时，我们就能洞察自己，为解决问题扫清道路。

 今日练习

今天，觉察你的豺狗，思考它试图与你分享的智慧。

我们阅读敌人的秘密历史，会发现每个人的生命中
都有足够多的悲伤和痛苦，足以消除所有的敌意。

亨利·沃兹沃思·朗费罗
（Henry Wadsworth Longfellow）

与人们共同的地方联结

人类基本上是一样的。我们都需要爱、支持、食物、水、感激和关心我们的家庭成员。我们都会遭受折磨。我们都会欢笑。我们都会快乐。我们都会悲伤。我们都会流血。所爱的人受伤或痛苦时，我们会悲伤。处于危险中时，我们会害怕。找不到安全的生活方式时，我们会绝望。和人发生冲突时，试着忘记你们之间的差别，联结你们的相似之处——你们共通的需要以及作为人类共同的地方。当我们与他人共同的地方联结时，我们就能消除暴力。

今日练习

今天，觉察你与他人共同的地方。

9月 23日

重新看待享受

人生的目的不是到达哪里，而是享受过程。我过去的生活就是"熬过去"。大部分时间我都很痛苦，但我不断告诉自己，总有一天我会幸福的。我强迫自己接受不喜欢的工作，和那些不能满足我对被尊重的需要的男人约会，和不喜欢的人维持友谊，我认为这样做会让我最终受益。但问题是，"最终"从没到来。我从未感到快乐，因为我所做的事情并没有给我带来快乐。有一天，我意识到，如果我此刻不享受生活，以后也不会。今天是你拥有的。想想你能做什么来享受当下。

今日练习

今天，做一些你喜欢的事情。没有什么比这一刻更珍贵。

生活给我们获得尊重的机会，这是最让人感到幸福的地方。

塞缪尔·约翰逊
（Samuel Johnson）

忘掉"做好人"

非暴力沟通并不教人总是表现得很友善。它给人赋能，让人们以更有可能被倾听和被尊重的方式提出他们的请求。我的脑海里曾经有表现友善的画面：咬着后槽牙说"好"。以前，友善对我来说意味着牺牲自己，做别人希望的事。但我认为自己应该对人友善一点。事实上，我甚至觉得如果我不把别人的需要看得比自己的需要更重要，那我就是自私的。现在我认为，不考虑自己的需要是自私的。如果我不重视自己，我就不重视我的人际关系。如果两个人中有一个人很痛苦，那么他们都不可能享受这段关系。所以，别再想着要友善了。考虑关系中每个人的需要，并与之联结。这样做是为了满足你自己对尊重、爱、联结和亲密的需要。

今日练习

今天，觉察你没有处在当下时，你的人际关系会受到怎样的影响。

知道黎明将至，我打开每一扇门。

艾米莉·狄金森
（Emily Dickinson）

东西没坏就别修

你听说过"东西没坏就别修"这句话吗？沟通也是如此。人们总是不愿意调整自己的沟通和行为，只要它们曾经有效。然而，如果你在人际关系中纠结，那么你的沟通方式很有可能是造成问题的一部分因素，它甚至可能是最大的那部分因素。

我曾经认为，沟通就是我与人交谈的方式。因此，聪明伶俐的我认为自己不需要学习更多的知识。这是多么错误的想法啊！经过几年非暴力沟通的学习和教学，我现在知道，沟通是我们如何表达自己的全部，它包括我们对语言的运用、我们内心的声音、我们的肢体语言、我们的态度，以及我们看待生活的方式。所有这些都会影响我们的交流，以及我们与他人和自己互动的状态。我们在沟通上的任何改变，都会影响我们表达自己的方式和别人对我们的看法。

如果你想了解更多沟通的知识，考虑学习非暴力沟通。这种沟通方式也是生活方式，对全世界成千上万的人产生了巨大的影响。

今日练习

今天，觉察你与自己和他人的交流是否令人满意。

嫉妒总是用放大镜看事情，把小事情放大，把怀疑变成真相。

塞万提斯
（Miguel de Cervantes）

丢掉你的假设

我们能不能别再假设了？当足够多的人停止假设时，世界上的暴力就会显著减少。每一个人的生命都是这个人经历的总和。我们的每一次经历都塑造了我们当下的现实。如果你在一个和平、充满爱的家庭中长大，而另一个人在一个暴力司空见惯的家庭中长大，你们的人生经历会大不同。如果你有博士学位，花了两年时间在国外旅行，而其他人在九年级就辍学了，在街上住了两年，你们的经历也是不同的。认识彼此的不同并不意味着你要评判别人和他们的经历，反而意味着承认每个人看待生活的角度都不一样。别人不会以你的方式看待事物，他们也不会以你的方式体验事物。你对别人的假设很有可能是不准确的，不管他是谁。

几年前，我和一个男人约会，我假设我们都是相信一夫一妻制的。我惊讶地发现这种假设并不正确。起初我很受伤、很生气，因为我对尊重的需要没有得到满足。但当我想起来的时候，我意识到我们从来没有讨论过这个问题。我以为他和我一样重视一夫一妻制，而他认为我和他持有同样的价值观。这给我们俩都带来了很多痛苦。如果我们中有人早点提出这个话题，那么我们对此就会更清晰。不要把时间花在假设上，这是不值得的，尤其是有一个简单的解决方案的时候——简单地问一问，他认为的事实是什么。这是一种尊重自己和他人的方式。

今日练习

今天，觉察你的假设，并尽快与相关人员核实它们。

9 月 27 日

什么是愤世嫉俗者？他知道所有东西的价格，却不知道任何东西的价值。

奥斯卡·王尔德
（Oscar Wilde）

考虑事物的价值而不是价格

这门课对你价值多少？那件衬衫和新钱包呢？很多人根据外界的影响来决定事物的价值。做出消费决定时，我建议基于可以从商品或服务中获得的价值来做决定。我有一个按摩师，她来我家给我做了我体验过的最好的按摩。90分钟的按摩，她收我45美元。我付给她60美元。不是因为我不得不这么做，而是因为我从按摩中获得了太多的价值，如果我付给她45美元，不能满足我对内外一致的需要。同样，我刚开始成为非暴力沟通培训师时，在另一个城市的培训师那里实习，他允许我免费参加他的所有培训，将此作为我实习的一部分。很多时候，我坚持为参加他的培训付钱，因为我从他那里得到了很大的价值，也因为我想对他的生活有所贡献。资源互换，也就是用金钱交换一件物品或一项服务，当我们与物品或服务对于自己的价值联结时，就会强化感激，也得到更多的感激。考虑把你的注意力从某件事物的价格转移到这件事物给你的生活带来的价值上。

今日练习

今天，觉察你可能会为是否购买物品或服务而纠结的时刻。思考它对于你的价值，决定是否值得你投资。

善于倾听和善于讲话一样，都是强大的影响手段。

佚名

被听到的力量

我经常在工作坊上听到人们这样说："话是没错，但你不认为一旦我说点儿什么，就会导致事态恶化吗？"这个问题在最近的一堂课上再次被提了出来。问这个问题的人对他的妻子有些不满，我反馈了我猜测的他的感受和需要。他立刻哭了起来，因为他太感动了——有人能理解他的意思。多年来，他一直在和妻子争论同样的问题。但就在那一刻，他第一次被倾听了。倾听他人的感受和需要是我见过的最有效的化解愤怒和创造解决空间的方法之一。一开始可能看起来很尴尬，因为我们不习惯用这种方式与人交谈。感到尴尬是正常的，但无论如何都要这样做。很快，它就会像呼吸一样自然。

 今日练习

今天，觉察同理倾听某人的机会。

9 月 29 日

恨不能因恨而止，只能因爱而止——这是
永恒的法则。

佛陀
（Buddha）

平和创造平和

很多人认为他们可以强迫别人服从。一个国家攻击另一个国
家或一个人压制另一个人，都遵循这种哲学：人们认为暴
力可能是迫使别人服从的最好方法。征服一个人或一群人
可能会带来短暂的服从，但永远不会带来长期的和平。永
远不会。几个世纪的战争证明了这一点。暴力不能阻止暴
力，仇恨不能阻止仇恨。事实上，它们助长了更多的暴力和
仇恨。如果你想要和平，即使别人使用暴力，你也必须要使
用和平。如果你想要爱，你就必须去爱，即使别人是可恨
的。这是人类的悖论。当个人和国家明白这一点时，我们将
拥有全世界的和平。我建议从自己开始。如果你想让家庭和
睦，那就平和地生活。如果你想工作和谐，那么就和谐地经
营业务。我预计一段时间后，你会感受到这种意识转变的
影响。

今日练习

今天，用你所有的行动保证平和地生活。

他们只是后退了一步，以便跳得更远。

米歇尔·德·蒙田
（Michel de Montaigne）

继续向前

有时，我们看起来并没有进步，甚至是在倒退。这取决于我们怎么看。想想上个月或去年的你，以及是什么让你成为现在的你。让自己休息一下。人的成长不是线性的，有时候，我们不一定看得到自己的进步。

几年前，我决定不靠近那些无法坚持到底的人。他们没有满足我对尊重、信任和乐趣的需要。后来我又发现，尽管我交往的一些人有坚持到底的习惯，还是不能满足我的需要。多年来，我一直对这个问题感到非常沮丧。我对这些人有强烈的负面评价，但我仍被他们吸引，他们成为我的恋人、朋友和事业伙伴。然后有一天，我觉得我的内心发生了变化。我真的感觉到了。这么多年来，我第一次意识到别人无法坚持到底并没有错，我坚持完成任务也没有错。事实上，我们想要的是同样的东西——信任、成功和乐趣，问题是我们选择了不同的策略来满足这些需要。而同时，我对可预测性也有着强烈的需求，但这是他们无法给予我的。在那一刻，我明白了，

我被吸引到这些人周围的原因是，我很内疚自己有可预测性的需要。一旦我能够放下对他们和自己的评判，我就能够承认，我只是不喜欢生活中有这样的人，他们的行为无法满足我对信任和可预测性的需要。

得到这个启示之后不久，有人问我是否愿意和他一起工作。我们第一次一起做事时，他还没准备好。尽管他这么做有很多理由，但事实是他没有遵守我们的约定。我带着爱，清楚地表达了我的失望，因为我对信任的需要没有得到满足。我们讨论过这个问题，他认为在一个高度重视后续行动的环境中工作会让他感到不舒服，因为他更看重自发性和"随波逐流"。我们带着对彼此的爱和同理倾听停止了合作。

有时候，我们认为自己前进了一步，又后退了两步。然而，每一步都是在前进，即使这没有被我们意识到。总有一天，我们会为自己巨大的飞跃而震惊。个人成长是一个过程，一次一步，一次一飞跃。

今日练习

今天，想一个你一直试图改变的问题，然后觉察你的进步。

1 JAN

 2 FEB

 3 MAR

 4 APR

 5 MAY

6 JUN

10

月
冥
想

非 暴 力 沟 通

366 天平和生活冥想手册

 7 JUL

 8 AUG

 9 SEP

 10 OCT

 11 NOV

 12 DEC

10月1日

抓住每一刻独一无二的新奇，而不用时刻预备好快乐。

安德烈·纪德
（André Gide）

关注当下的快乐

有一些事情，你可能明明不喜欢，却还在做，因为你认为它们会提高你以后的生活质量。然而只有做喜欢的事情，你才能享受今天！今天最重要。在疗愈情感创伤的时候，有一天我意识到，我大部分时间都感到不开心，所以我开始致力于改变我的观点。我试着停止评判别人，停止对他们的每一个缺点、弱点或不良行为进行分类，并且看看自己可以改变什么。在这么做的过程中，我开始学会对自己的感受负责。如果我对某人生气了，我会看看自己的需要是什么，然后着手去满足它们，而不是生气。最终，我逐渐明白，如果我选择快乐，我现在就可以快乐，我可以专注于什么有效而不是什么无效。不要想着以后要快乐，而要想着现在要幸福。改变你的视角，你就会改变自己的人生经历。

今日练习

今天，觉察你对生活的看法，并专注于享受今天。

人们孤独是因为他们筑起了墙而不是搭了桥。

约瑟夫·F.纽顿
（Joseph F. Newton）

改变行为，转化生命体验

在我生命的前几十年里，我在自己和他人之间筑起了一堵心墙。我用对别人抱有评判、不去寻求帮助的战士般的态度，以及不断试图向别人证明我的价值来筑起这堵心墙。这些行为满足了我对保护的需要，因为很少有人乐意勇敢地面对我粗暴的表象去了解真正的我。我得到了一些解脱，但也体验了巨大的孤独。当我忙于保护自己的时候，我只是在非常偶尔的瞬间满足了自己对爱、联结、亲密和接纳的需要。我通过自己选择的策略建构了自己的孤独。我后来意识到，我能筑起一堵墙，就有能力拆除它，获得我渴望的友谊。

有时候，我们努力工作只是为了满足一种需要，却忘记了其他很多没有被满足的需要。思考一下你在某件事情里想要满足的所有需要，然后集思广益，想出能满足这些需要的策略。不要被一开始的恐惧所阻碍，也不要在满足了自己的少数需要后就停下来，你可以活出所有需要都得以满足的生命。

今日练习

今天，觉察你的策略让自己以牺牲他人为代价来满足一种需要的时刻。

10月3日

做对的事，时机总是对的。

马丁·路德·金
（Martin Luther King Jr.）

内外一致

内外一致，对你来说意味着什么？每个人都有不同的定义。对我来说，内外一致意味着遵循我的价值观。如果你重视言论自由，为政府机构工作可能无法满足你的这个需要。如果你看重可预测性，你可能就不想在股票市场交易。看重哪些价值是我们自己的决定。诀窍在于，每天都以内外一致的态度生活。如果收银员对你表示不满，或者你的伴侣刚刚损坏了你的车，那么你该如何回应以满足自己对诚实的需要？现在，是时候了。遵循你的价值观，无论你面对的是什么事或什么人。这样做的时候，你会活得完整，感到自由与平和。

今日练习

今天，觉察你看重的价值，并与它们和谐相处，满足你对内外一致的需要。

恨罪恶，爱罪人。

甘地
（Gandhi）

看到愤怒背后的需要

我的一位培训师朋友告诉我，他希望生活在这样一个世界里：我们自然地向那些情感痛苦的人靠拢，就像我们向那些身体上痛苦的人靠拢一样。我喜欢这个想法。想想愤怒，它是我们表达痛苦的一种方式。我们不是都在愤怒时说过让自己后悔的话吗？我们倾向于远离别人的愤怒，因为我们害怕它，我们想保护自己。然而，与退缩相比，另一个策略是学会通过倾听愤怒背后的感受和需要来处理它。

想象一下，有人刚刚撞了你的新车，你非常愤怒。撞你的人不会为自己辩解或躲在车里叫警察，而是会说："你一定很生气，因为你还没好好享受你的新车！"你能想象那是什么感觉吗？通过简单地猜测你的感受（愤怒）和需要（享受你的新车），对方承认你的感受和需要，并化解了你的愤怒。如此简单，却能带来彻底的疗愈，真是不可思议。学会看清人们行为背后的东西。他们表现出的痛苦越多，就越渴望满足自己的需要。

 今日练习

今天，当某人表现出愤怒时，觉察他们的感受和需要。

10_月5_日

避免"为了正确的争吵"

生气时，我们处于十字路口。那一刻，我们可以朝着解决问题的方向努力，也可以朝着使冲突升级的方向努力。假设你的伴侣让你开车，然后他告诉你该在哪里转弯和停车。你可能对此感到很恼火，想把他骂一顿。为什么？因为你想向他证明你会开车。也许你想说："你可能觉得很神奇，我已经开了将近 30 年的车了，我自己停车的次数可能有 1000 次了。"思考一下，你为什么要这么说。我猜你是想让别人觉得你有能力独立开车。归根结底，这是一种对正确的渴望。这种话很可能将你带入一场"为了正确的争吵"，你为你的正确争辩，他也为他的正确争辩。尽管正确之争很诱人，如果你赢了你会被认为很有能力，但它们很少以和平解决或满足需要作为结束。另一个策略是诚实表达："你知道，当你告诉我如何开车和停车时，我感到怒不可遏，因为我需要尊重。我开车的时候，你愿意安静地坐着吗？"它直接、诚实，更有可能满足你的需要。避免为正确而争辩。如果争辩是你能想到的唯一策略，那就什么都别说，等你冷静下来再谈这个问题。

今日练习

警惕想要为正确而斗争的诱惑。相反，考虑直接向更有可能帮助你满足需要的人提出请求。

梦想和目标之间只差一个时间表。

菲尔·麦格劳
（Phil McGraw）

需要分析——发现策略的活动

有意识地采取与看重的价值一致的行动时，你将体验到解脱和快乐。在我的第一堂非暴力沟通课上，培训师先带领我们做了一个练习，在这个练习中，我们每个人都确定了自己最重要的需要。8名参与者都对自己的发现感到惊讶。接下来的练习是确定我们为满足这一需要所做的一切。毫无例外，我们所有人都做了一些让我们无法满足最重要的需要的事情。我的需要是建立联结，但我却积极地让人们远离我。我沮丧地意识到，我的一生都在让自己无法满足这种需要。然而，培训师说："等等。没关系。非暴力沟通首先帮助我们确定我们最重要的需要是什么，然后帮助我们制订策略来满足这些需要。"这正是非暴力沟通为我所做的：确定我需要什么，然后帮我选择满足需要的策略。这个简单的技巧深刻地改变了我的生活。

今日练习

今天，觉察你最重要的需要是什么，然后采取行动满足它。

10月7日

我们的责任是相信那些我们有充分证据的事情，在没有充分证据时搁置我们的评判。

约翰·卢伯克
（John Lubbock）

转化愤怒

评判或责备别人时，我们会感到愤怒。我们认为对方应该做不同的事或说不同的话，在那一刻，我们确信对方是错的，而我们是对的。如果我们继续关注对方的缺点，就几乎没有疗愈的可能。而如果我们专注于自己未被满足的需要，疗愈的机会就存在。

例如，你的伴侣说她会找一个保姆在家带孩子，这样你们就可以出去约会了。那天晚上回到家，你发现她忘了给保姆打电话。如果你感到生气，很可能是因为你在告诉自己，她应该说到做到，她不值得信任，或者她不像你那样关心约会。如果你满脑子都在评判她，你可能会越想越生气。然而，如果你同理倾听自己未被满足的需要（可能有很多），你将更能对自己和她产生慈悲。在这种情况下，你可以说："你没有打电话给保姆我很失望，因为我真的很想晚上出去玩，我真的很想相信你会做你答应做的事情。你能告诉我晚上出去玩对你来说是否也很重要吗？"你表达的未被满足的需要是晚上出去玩，并且能够相信她会做她答应做的事情。这个请求可以让你知道什么对你的伴侣而言是重要的，并且为解决问题打开大门。这样，你更能以和谐和富有慈悲的方式满足自己的需要。这是一种平息愤怒的有效方法。

今日练习

今天，觉察你什么时候感到愤怒，并尝试将你的愤怒转化为感受和需要。

294

如果你唯一的工具是锤子，那么你会将每个问题
都视为钉子。

亚伯拉罕·马斯洛
（Abraham Maslow）

扩展你的沟通工具

最近，我一直在准备一系列网络课程。当我第一次开始做这
个项目的时候，我从来没有体验过网络课程，也不知道怎么
做。我必须熟悉一套全新的工具、词汇和材料。如果我决定
不创建网络课程，我就可以不用学习所有这些新东西。但为
了满足自己对成功的需要，我扩展了自己的技能和知识。人
际关系也是如此。如果你正和某人谈恋爱，而你当前的技能
无法满足你对联结、亲密或乐趣的需要，那就去寻找新的技
能、扩展工具箱。不同的情况需要不同的资源。如果你的选
择很有限，你会削弱自己的关系。非暴力沟通是一种可以帮
助你掌握人际关系技巧的工具。它改变了世界各地成千上万
的关系。

今日练习

今天，思考一下你的人际关系技巧是否能够满足你的需要。
如果不能，考虑学习一些新的东西。

10 月 9 日

我从小就被教导要知道别人想要我成为什么样的人，并努力成为那样的人。我花了很长时间才不再从别人的角度评价自己。

莎莉·菲尔德
（Sally Field）

解放自己

很多年前，我第一次离开家乡。那是我一生中最痛苦、最颠覆、也最受启发的时期之一。我住在一个没有人对我有先入之见的地方。我遇到的每个人都是第一次看到我。我是无名之辈，也是新人。我利用这个机会发现了在我的各种习惯行为下的我到底是谁。来到新环境的最初几年里，我发现了自己如此秀外慧中、有才华和勇气，这些是我以前从未发现的。因为我不再有家庭可以依靠，所以我学会了机智和独立。我知道我是运动健将，身体强壮。我开始通过自己的眼睛而不是别人的眼睛看自己。我解放了自己。如果你正在和人们对你的先入为主的看法做斗争，考虑跳出这种状况。你不需要搬到另一个城市，或者根本不需要搬家。你可以换个工作或职业，或者去旅行，认识新的人。在新的环境中，寻找发现自己的方法。一旦你知道你是谁，你就不太可能被其他人定义。

今日练习

今天，觉察别人对你的看法。注意它们是否与你对自己的看法一致。

你只需要把你生命中的事件认作你自己。

佛罗里达·斯科特-麦克斯韦
（Florida Scott-Maxwell）

找到庆祝的原因

我过去常常认为只有在大事发生的时候才会庆祝，比如生日、毕业或婚礼。因此，我并不经常庆祝，我经常在想我的事情是否值得庆祝。我经常觉得自己毫无价值。现在，我明白了，生命的一切都值得庆祝。开车穿过西雅图而不遇上交通堵塞，值得庆祝；晴朗的日子里，在华盛顿海岸度过周末也值得庆祝；为这本书写下第 333 个冥想是值得庆祝的！我用各种方式满足自己对庆祝的需要。我可能会打电话给一个朋友分享我的快乐，或者感谢比我强大的力量创造了我可以享受的天气，或者可能会计划一个聚会。关键的一点是，要记得庆祝生活中大大小小的事情，这样我们才能与生活中有效的方面保持联结，并心怀感激。

今日练习

今天，有意识地至少庆祝一件在你的生活中发挥作用的事情。

胜人者有力，自胜者强。

老子

信任自己

以前我总是和很多人保持距离，因为我害怕他们想从我这里
拿走我不想给的东西。我干脆关上心门，只允许很少的人和
我交心。带着这种想法生活时，我感到孤独、悲伤、被困
住。你能体会这一点吗？现在我知道，我给别人什么是我自
己选择的。当我开始学习诚实待人的新方法，明确自己的需
要，并在所有关系中照顾好自己时，我的自由就来了。一旦
我相信我不会付出比我想要给的更多，我就可以让各种各样
的人进入我的世界。我的生活变得丰富多彩，充满欢乐。

今日练习

今天，意识到你有能力在人际关系中选择付出什么。

所有伟大的发现都是由那些感性胜于理性的人做出的。

C. H. 潘克赫斯特
（C. H. Parkhurst）

解决冲突

任何时候，当你和他人陷入冲突时，很可能你们是在为一个特定的策略而争论，而不是与它背后的需要相联结。认识到这个简单的事实很重要。解决冲突的第一步是提醒自己寻找需要，而不是策略。单单认识到这一点，也会有助于解决问题。第二步是提醒自己，你真的重视每个人的需要，你不想以牺牲别人的利益为代价达到自己的目的。第三步是寻找每个请求背后的需要。如果你的伴侣想在圣诞节时去看望家人，而你想待在家里，查看你的需要。我猜你的伴侣的需要是乐趣、与家人的联结，以及为他们的生活做贡献。你的需要可能是休息、放松和娱乐。第四步是集思广益，照顾到每个人的需要。除了专注于两种策略——与家人共度圣诞节、独自在家——你还能想出其他策略吗？如果我们不承认我们想要满足的需要，我们就很容易陷入特定策略中。一旦承认了需要，我们就会更加开放地考虑其他策略。

今日练习

今天，觉察因为没有专注于发现和满足每个人的需要，而陷入对特定策略的争论或冲突的时刻。

10月13日

不要妥协。你是你所拥有的一切。

詹尼斯·乔普林

（Janis Joplin）

满足对尊重的需要

"你知道我尊重你。对此有疑问吗？"你是否发现自己在争论别人是否尊重你？如果你关注的是对方是否尊重你，这场争论就会令人沮丧。真正的问题是你对尊重的需要是否得到了满足。

我的一个朋友习惯在他的男性朋友做了没有达到自身能力的事情时，比如当他们在垒球比赛中掉球时，就说他们"真是个女孩儿"。每次听到这句话，我都很生气，因为我对尊重的需要没有得到满足。当我尝试和他谈论这件事时，他总是说："哦，玛莉，你知道我尊重你。我不是说他们是女孩儿。只是鲍勃表现得像个孩子。"然后，我们会争论他是否尊重我。我们俩对这样的谈话都不满意。有一次，我对他说："你知道吗，每次你对你朋友的行为感到失望时，我听到你叫他们'女孩儿'，我就觉得被冒犯了，因为我重视尊重所有人。当我在你身边的时候，你愿意用其他方式来表达你的沮丧吗？"他又一次告诉我，他尊重我。我回答说："我听到你说你尊重我，但当我听到你说'好女孩儿'时，我作为女性，对尊重的需要没有得到满足。所以，当我在场的时候，你愿意选择一种不同的方式来表达你对朋友的失望吗？"我一说清楚，他就同意了。

争论我们是否受到尊重，是在浪费时间。更清楚、更有效的说法是：我们对尊重的需要没有通过某种特定的行为来满足，我们想要什么以满足我们的需要。澄清了这一点，我们就可以避免争论谁是否尊重谁。我没兴趣给别人贴上不尊重人的标签。我的目的是让别人用不同的方式来表达对我的尊重。我提出了一个具体的请求，让我的朋友在我在场的时候用不同的方式表达他的沮丧，这样可以让我的注意力集中在我想要的东西上。

今日练习

今天，觉察你对尊重的需要没有得到满足的时刻，然后向对方表达你的感受和需要。

警告：统计数据显示，在战争期间，军人的死亡率明显上升。

阿方斯·阿莱斯
（Alphonse Allais）

你的行为起作用吗

爱因斯坦曾经说过，疯狂的意思，是反复做同一件事，却期望得到不同的结果。我认为这适用于我们的沟通模式。很多人在未成年时学了一种为人处世的方式，并将这种方式毫不怀疑地带进了成年生活。最终，我们会发现，我们在人际关系、工作或生活的各个方面都不快乐。事实上，我们可能很痛苦，却不愿改变自己的行为。为什么？因为即使我们不快乐，我们也还是在熟悉的模式里，生活是可以预测的和可靠的。也许那是地狱，但那是我们的地狱。

然而，对于我们中的一些人来说，我们会这样生活，可能是因为我们根本不知道另一种为人处世的方式。如果你想改变事情的结果，那就改变你的行为。首先，与你想要得到满足的需要联结。你是否为了保护、放松或解脱而暴饮暴食？你是否对你的孩子大吼大叫，以满足你对轻松、被倾听和为他们的生活做贡献的需要？一旦你清楚了自己的需要，就可以考虑其他能够满足它们的策略，以及你拥有的其他需要，如联结、和谐或体谅。你并不需要矫枉过正。做一些不同的事情即可。改变一种行为、一种态度或一种意识，都能改变你的人生轨迹。

今日练习

今天，选择一个你想要改变的行为。与你想要满足的需要联结，改变一件事来更好地满足它们。

森林会以你呼唤它的方式回应你。

芬兰谚语

满足陪伴的需要

你是否曾试图告诉你的伴侣，你对爱的需要没有得到满足？这样的谈话势必会强化对方的防御心，并伤害感情，除非你把谈话的重点放在需要上，并且要提出非常具体的请求，而不是指责他。告诉对方"我觉得你根本不爱我"，可能不是一个有效的开启谈话的方式。考虑对他说："我注意到，最近几个周末，你都没有和我在一起。我想念我们共度周末时的那种联结感。你也喜欢这种联结感吗？"这承认了你在过去的爱情生活中享受的方面，也给了他一个机会，说出他是否也享受。然后，你们可以探索是什么让他无法和你共度周末，并想办法纠正这种情况。你们都将从这次谈话中受益。

今日练习

今天，觉察你有多享受你的感情生活，是否想提出请求改善它。

需要得到了理解，就有一半被满足了。

阿德莱·史蒂文森
（Adlai Stevenson）

控制

我经常听到人们说，某人做某事是因为有对控制的需要。控制实际上是一种策略，经常被混淆为一种需要。假设你的伴侣坚持开车。你可能认为他的需要是控制。我认为他的需要更有可能是安全、舒适或乐趣。他满足这种需要的方式就是控制谁开车。换一个例子，你可能认为你的老板是那种通过微管理进行控制的人。同样，我猜他需要的是确保工作能做好，具有很高的可预测性，也许还有被尊重。他通过与你讨论项目细节来满足这些需要。控制是一种满足更深层次需要的策略。了解这一点很重要，因为这让我们对行为有了更清晰的认识。如果我们能够避免混淆他人的策略和需要，就可以更有同理心地与他人联结。

 今日练习

今天，觉察某人控制某事背后想满足的需要。这能帮助你同理倾听他吗？

10_月 17_日

我希望这次旅行是所有旅行中最好的一次——
一次了解自我的旅行。

雪莉·麦克莱恩
（Shirley MacLaine）

发现自己

我到过一些令人惊叹的地方，遇到过各种热情、世故、聪明
和卓越的人。我曾在美丽的海滩上漫步，像人猿泰山一样在
哥斯达黎加的雨林中穿梭，也欣赏过欧洲古老的建筑和文
化。这些旅行中，没有哪一次像了解自我之旅那样令人兴
奋、不可预测和富有回报。一旦我学会了与自己的感受和需
要建立可靠的联结，我就能做出更好的决定，更充分地享受
生活的各个方面。相信我，了解自我的旅程是我们所能经历
的最让人恐惧、最激动人心、最充满力量的旅程之一。这并
不总是容易的，但回报是丰富的。

今日练习

今天，在更好地了解自我的旅程中，享受正在进行的冒险吧。

生活中没有什么可怕的东西。它只需要被理解。

居里夫人
（Marie Curie）

厘清感受

当你表达感受时，试着用表达感受的词汇而不是表达想法的词汇。感受词汇包括悲伤、快乐、兴奋、喜悦、恐惧和受伤等。关于想法的词汇表达了对他人的评判，比如觉得被操纵、被抛弃、被拒绝或被虐待；每一个词汇都表达了你对他人行为的看法：他有控制欲或虐待倾向，或者他抛弃或拒绝了你。当我们专注于对某事的真实感受，而不是评判他人时，我们更有可能被倾听。如果你的妻子没有事先和你商量就做周末计划，你可能会感到恼火、受伤、生气或困惑。如果你告诉她你感到被抛弃或被拒绝，她可能会防御性地回应。表达你的感受时，与他人和自己保持联结，而不是掺杂会让你与外界断开联结的观点和评判。断开联结会引发争论，而联结会促进解决方案的产生。

今日练习

今天，努力与自己和他人更深入地联结，专注于表达你的感受，而不是想法。

玩得认真一点。

安纳卡西斯
（Anacharsis）

满足对玩耍的需要

玩耍对我来说，是最具挑战性的需要。我欣赏轻松地玩耍的人。我的一个兄弟告诉我，他和他的妻子、女儿不久前有一次度假。他们打高尔夫球和迷你高尔夫球，在游泳池游泳，打保龄球，在很棒的餐馆里吃饭，游览当地的景点，睡很长时间的午觉。我很惊讶他们在这么短的时间内做了这么多的事情，他们假期的重点是玩。我对努力工作和成就的需要很好地得到满足了，但我经常忘记玩。你呢？此时此刻，你对玩耍的需要得到满足了吗？如果没有，考虑一下你今天可以做的事情。比如：与一个容易情投意合的朋友共进午餐，怎么样？或者去看一场有趣的电影，怎么样？就这一次，别再纠结了。你还可以选择滑旱冰、滑冰、骑马、玩保龄球或打高尔夫球。当你满足了自己对玩耍的需要时，你感受到的快乐比活动本身更重要。就像我的一个朋友说的："继续玩！"

今日练习

今天，觉察你对玩耍的需要是否得到了满足。

真正的勇敢都是从内心开始的。

尤多拉·韦尔蒂
（Eudora Welty）

非暴力沟通和成瘾症

人们经常问我非暴力沟通是如何治疗成瘾症的。其实没有简单的答案，有很多类似12步计划的互助项目可以帮助人们克服成瘾症。记住，我们所做的一切都是为了满足需要。非暴力沟通与其他方法互补，通过帮助人们集中精力寻找新的策略，来更好地满足人们的需要。在研究成瘾症时，考虑一下这个人试图满足的需要是什么。我猜，所有成瘾症都渴望轻松、舒适、解脱，保护自己免受情感或生活痛苦的折磨。每个人的情况不同，但潜在的需要是相同的。因此，物质成瘾是人们用来满足自己需要的策略。大多数时候，还有其他更有效的策略。

成瘾行为的背后，都有一个处于痛苦的人。同理倾听别人的感受和需要，可以给对方和你的关系带来极大的安慰。与其说"你不应该抽这么多烟"，不如考虑同理倾听："尝试戒烟会不会承受很大的压力？"如果你和对方就他的感受和需要进行谈话，那么你可能会惊讶于你所发现的世界。即使对方没戒掉他的烟瘾，你们俩也会感觉更为亲密。治疗成瘾症没有简单的答案，但越能了解一个人试图通过成瘾行为来满足的需要，帮助他康复的机会就越大。

今日练习

今天，想想人们通过成瘾行为想要满足的需要。

10月 21日

痛苦是因为厌恶。疗愈痛苦的魔法就是觉察它。如果处理得当，痛苦可以回答我们最关键的问题，甚至是那些我们没有意识到的问题。

玛丽莲·弗格森
（Marilyn Ferguson）

选择同理倾听谁

我明白，同理倾听别人并不总能满足我对联结、休息或快乐的需要。这可能是因为我自己的需要太多了，也可能是因为我有其他更迫切的需要不能通过同理倾听来满足。非暴力沟通的基本原则之一是平等地考虑每个人的需要。这意味着我要像考虑其他人的需要一样，考虑我自己的需要。如果我选择以牺牲自己的需要为代价去同理倾听别人，我就没有生活在非暴力沟通的意识中。如果我因无法处在当下而做不到同理倾听时，直接告诉对方，我就能更好地满足自己对内外一致和关心的需要。

今日练习

今天，当有人让你给予他们情感支持时，觉察你自己的需要。

永远不要让怒气隔夜！熬夜也要化解。

承诺充分理解

最近，我去看望了父母，提出要为他们取下家里的圣诞装饰。我之所以这样提议，是因为他们年纪大了，我知道他们做某些事有多么困难。这将满足我为他们的生活做贡献的需要。我父亲回答我的请求时，用一种我听起来很不耐烦的语气说："有五个放装饰品的大盒子。你姐姐是唯一知道哪些东西该放在哪个盒子里的人。"我觉得他更希望我不要取下圣诞装饰，让一切保持原样以满足他的需要，所以我说："好吧。"大约20分钟后，我意识到我做了一个假设，于是我问他："爸，当你告诉我有五个大盒子放装饰品时，你是希望我不要取下这些装饰品吗？""不，完全不是。""哦，你刚才是在告诉我，你不能帮我弄清楚这些装饰品是如何存放的吗？""是的。我不知道哪样东西该收在哪个盒子里。""那么，如果我自己想办法把这些装饰品放好，你希望我把它们取下来吗？""是的，我希望。"我几乎错过了为我父母的生活做贡献的这个机会，因为我误解了我父亲的意思。生活在非暴力沟通意识中的一方面是，在采取下一个行动之前先充分理解。不要假设任何事情。检查你的假设。不要错过和别人联结的机会。不要在还没弄清楚需要前就结束对话，当我们这样做时，每个人都是输家。

 今日练习

今天，觉察你对别人的看法，并和他核实一下。

10 月 23 日

留意看重的需要（价值）

"哦，我负担不起每周做一次按摩的钱！""噢，天哪。我不旅行。我没钱支付。"你有没有注意到人们经常说他们买不起某样东西？当我们这么说的时候，真正的意思是我们为钱选择了不同的优先级。我们选择对我们重要的东西。如果我说我负担不起每周做一次按摩，但我每个月在健康保险上花了500美元，我选择满足我对安全感的需要，而不是对滋养身心的需要。如果我选择不去其他国家旅行，但我花了3万美元买了一辆新车，我选择满足自己对可预测性和安全感的需要，而不是对乐趣和冒险的需要。我不想和朋友出去吃午饭，那是因为我想确保有足够的钱来养活家人，我选择为家庭做贡献，而不是满足我与朋友联结的需要。你是怎么花钱的？这能显示什么是你最看重的。我们越是有意识地做出与我们看重的价值相一致的选择，我们的生活就会越平和。

今日练习

今天，注意你是怎么花钱的，这说明什么是你的优先选项。

杀鸡焉用牛刀。

中国谚语

让策略与看重的价值保持一致

你最看重什么？你的行为符合你的价值观吗？我曾经认为我最看重内外一致，然而在五年的时间里，我每天都做着一份我讨厌的工作。我认为我珍惜友谊，但当朋友处于困境时，我又似乎不太方便到场。多年来，我一直以为自己看重这些价值，但我的行为却表现出不同的价值观。当我注意到这些不一致时，我崩溃了。我怎么能在与我的价值观相反的情况下生活这么多年呢？几个月后，我得到了答案：这是我知道的唯一的生活方式。事实上，我从来没有真正注意我的行为是否符合我的价值观。我只是以我认为应该的方式与这个世界互动。

审视一下你的行为，注意它们是否与你所看重的价值相一致。如果不一致，也不要气馁，很多人成年后养成了与愿望相悖的行为习惯。一步步去创造、采取与价值观一致的行动，你将能够重新专注你的生活。

 今日练习

今天，觉察你的行为所体现的价值观。

直接提出请求

有意义的往往不是我们问了什么，而是我们怎样问。最近，我看到一对夫妇在交谈。丈夫给妻子买了一台净水器。她不想要。他很生气，说："好吧，我想我现在应该知道，我给你买的任何东西你都不会喜欢的。我不知道为什么还是不死心。"她说："我要净水器干什么，我已经喝了30年的自来水了！"当我听到这段对话时，我感到很难过，因为我意识到丈夫给妻子买了他自己想要的礼物。当妻子不喜欢时，他感到愤怒、受伤和绝望。最后，他对清洁水的需要没有得到满足，夫妻关系变得更加紧张。我真的相信，如果他只是简单地提出请求，可能就会得到他想要的："亲爱的，我开始担心家中水里的化学物质了。你愿意用净水器来净化我们喝的水吗？"它是直接和诚实的。任何时候，我们试图让别人做我们想做的事，却不诚实地说出自己的意图，我们就常常会陷入一种事与愿违的操纵场景。

当这种情况发生时，任何人都很难感到满意。当我们对自己的需要直言不讳时，我们满足需要的能力就会提高。

今日练习

今天，觉察你试图通过操纵别人来满足的需要。然后让自己停下来，直接提出请求。

我们为逃避命运所做的努力只会引导我们走向命运。

拉尔夫 · 沃尔多 · 爱默生
（Ralph Waldo Emerson）

行为反映需要

我们所做的一切都是为了满足需要，不管你是谁，你是怎么长大的，或者你住在哪里。我最近去旅行，雇了一位女士来家里照看我的猫咪。我吩咐她按时喂猫。两天后，她打电话给我，告诉我猫咪想要吃罐头食品，因为家里有一些，她就给猫咪打开吃了。她还问我，她可以给猫咪多买些罐头食品吗？我很震惊。我问，猫咪怎么会向她要这个呢？"实际上，猫咪说得很清楚。我把猫粮喂给它们后，它们就站在食盘旁边喵喵叫。我知道它们想要别的，所以我找了你的冰箱和橱柜。果然，我找到了罐头食品，打开给它们吃了。然后，它们停止了喵喵叫。我喜欢它们的健谈，你呢？"我很喜欢，也很欣赏她这么乐于理解猫咪的需要。

有时，与我们亲近的人包括我们的宠物，会以难以理解的方式表达自己。当我们花时间去理解他们，或者当我们超越他们的语言去看到他们想得到满足的需要时，我们就强化了与他们之间的关系。没有比这更珍贵的了。

今日练习

今天，觉察超越别人的语言来了解他们的需要的机会。

只用一只手鼓掌，不会发出任何声音。

马来谚语

创造生命的喜悦

非暴力沟通强调只做能给我们带来乐趣的事情。有时候，当
人们第一次了解这个理念时，他们会从字面上理解，并说：
"如果我当时对此感到高兴，就会参加这个会议。"或者"我
知道我们原本约好了，但时间一到，我就不高兴去了。"当
人们说这样的话或以这样的方式行动时，他们就错过了非暴
力沟通的一个关键方面：平等重视每个人的需要。如果我坚
持执行计划，可以满足我对履行义务的需要或者对我朋友的
生活有所贡献的需要，我就会感到快乐。如果我想改变计
划，那么考虑他人的需要也很重要。唯一有效的方法就是
问。你可以说："琼，我知道我们约好今晚去看电影，但是
我太累了。你对明天晚上再去有兴趣吗？"只做能给我们带
来乐趣的事情是很重要的，平等地看待每个人的需要也同样
重要。当我们认为自己的需要比别人的更重要时，我们就在
人际关系中造成了隔阂。

今日练习

今天，觉察你更看重自己的需要的时刻，然后选择另一种同
样看重别人的需要的方式。

让今天成为你明天想要记住的东西。

阿米蒂·巴克斯顿
（Amity Buxton）

爱你的身体

你是否对自己的外表、体重或食物的选择感到沮丧？与其花精力在这些事情上打击自己，不如思考一下，通过打击自己这种方式来看待自己和自己的行为，你想满足哪些需要。记住，每一个行动都是为了满足需要。如果你吃的比身体需要的多，你认为你在努力满足什么需要？对我来说，吃得过饱不用担心饿着，可以满足我对可预见性的需要；买高热量的快餐可以满足我对轻松的需要，因为不用花太多时间做饭了。我还认为，吃得过饱可以满足我对自在和安全感的需要，但我内心深处知道，这是一种错觉。当我的身体需要更健康，身体机能才能维持正常；或者买衣服时没有合适的码数，我就无法满足对安全和轻松的需要。同时，其他一些需要也无法得到满足，例如自尊、乐趣、希望等。

如果你想改变饮食习惯，考虑关注你的需要。下次当你想要点汉堡和薯条而不是沙拉时，考虑一下你想通过汉堡和薯条满足什么需要，然后问问自己是否有更健康的策略来满足这种需要。如果你需要放松，考虑其他方法，打电话给朋友讨论一件令人烦恼的事情、洗个长时间的澡、去健身房锻炼或者打个盹儿。一旦你相信自己有新的策略可以满足自己对放松的需要，你就会考虑自己是否愿意点沙拉。改变长久以来养成的习惯，需要时间。它很少一蹴而就。如果你已经为你的体重纠结了很长时间，你能做的最有爱的事情之一就是和自己保持联结。注意你的感受，同理倾听你想要满足的需要，给自己充裕的时间。

今日练习

今天，觉察你的饮食习惯想要满足的需要。

10月 29日

当睡美人醒来时，她已经快 50 岁了。

玛克辛·库明
（Maxine Kumin）

与身体联结

我一生中大部分时间都和自己的身体断开了联结。也就是说，直到病得很严重，我才会留意自己的身体；或者除非病势严重到足以引起疼痛，否则我是不会让医生检查的。多年来，我一直希望我没有这副身体。我不喜欢它的外观和功能，所以我忽略了它的需要。坦白说，我甚至想找个人来打理它。后来，我意识到了对身体的忽略，我也忽略了我自己。没有其他人会照顾我的身体，这是我自己的任务。

如果不吃营养的食物、锻炼身体和进行保健来照料身体，我们就是在暴力地对待自己，无法平和地生活。考虑每天花点儿时间和你的身体联结。同理倾听身体上感觉不好的地方，倾听它需要什么来保持健康和舒适。我们可以在满足我们所有需要的同时，仍然和善地、关爱地对待我们的身体。

今日练习
今天，与身体未被满足的需要联结。

在地狱，人们的筷子有一米长，人们够不到自己的嘴。
在天堂，筷子的长度是一样的，但是人们互相喂食。

越南谚语

非暴力沟通和金钱

在非暴力沟通中，我们根据需要来分配金钱。如果我们有 50 美元分给 5 个人，我们不会给每个人 10 美元，因为那不符合我们对公平的需要。只有当每个人的需要都得到同等重视时，公平才会产生。所以，我们询问每个人的财务需要是什么。我们可能会发现，有一个人没有足够的钱为他的家人买牛奶和晚餐，另一个人现金充裕，还有一个人可能现在手头有点紧，但他的情况会在一周内好转。一旦我们了解了每个人的需要，我们就开始决定如何分配这 50 美元。任何情况都是可能的，答案没有对错之分。有很多钱的人可能会选择放弃一部分金钱，以满足他为其他成员做贡献的需要。缺钱的人今晚可以要 25 美元，下周他的经济状况好转时就还 20 美元。需要钱买牛奶和晚餐的人可能会需要 30 美元，可以让他立即使用，以满足他为家庭做出贡献的需要。另外两个人会根据自己的需要提出请求。小组将继续讨论，直到他们就最终决定达成一致。

如果我们充分考虑到每个人的需要并对这个过程充满信心，那么每个人最终都会对结果感到满意。这是一种不同于大多数人习惯的公平形式。它专注于个人需要，而不是平均分配。它认识到人们在某一时刻有不同的需要，每个人都真心希望自己由衷地给予和接纳，没有理由囤积资源。

今日练习

今天，体察和重视人们的需要，觉察满足公平的需要的机会。

爱的土壤滋养爱的树；爱的树上结出爱的果实。

谚语

达成共识

有些人认为，达成共识需要太多的时间。其实，对于建立良好的私人关系和工作关系来说，达成共识很重要。这是你把精力放在哪里的问题。你可能先要求大家以你的方式完成一个项目，之后再耗神费力地对付反抗的人、抚慰他们受伤的情感，或监督这个项目完成。你也可以先花时间考虑每个人的意见，然后做出每个人都同意的决定。这样，你就不用花多少精力监督了。无论哪种方式，都需要时间。你的首要任务是什么？我最优先考虑的是人际关系。因此，最有效的利用时间的方法就是听取每个人的意见，并根据他们的需要做出决定。自从我开始以这种方式生活以来，我发现无论是自己还是和我打交道的人，都很少有愤怒或受伤的感受出现。我利用时间的方式直接给我带来了更平和的生活。

今日练习

今天，觉察通过达成共识来做决定的机会。

1 JAN

2 FEB

3 MAR

4 APR

5 MAY

6 JUN

11
月
冥
想

非 暴 力 沟 通
366 天平和生活冥想手册

7 JUL

8 AUG

9 SEP

10 OCT

11 NOV

12 DEC

11_{月1日}

一切都始于自我反省。然后，你就能更深刻地理解和同理倾听别人。

雪莉·麦克莱恩
（Shirley MacLaine）

厘清需要

我们经常发现自己想要改变旧习惯，却又深陷其中。这是因为我们没有一个新的计划来应对和以前相同的情况。假设你不喜欢你的同事说那么多话。在开始的半个小时里，你可能试着礼貌地听他说话，但越来越不耐烦，你简短地对他说："鲍勃，我要回去工作了！"每次你这么说的时候都会后悔，但你似乎无法让自己做出不同的回应。与其责备自己或认为鲍勃是个喋喋不休的人，不如花点儿时间想想自己未被满足的需要。它们可能是时间、兴趣，甚至是体谅。你怎样才能满足这些需要？如果对话时间短一些，你会感觉好一些吗？一旦你了解到自己未被满足的需要，并对如何满足这些需要有了一些想法，就可以向对方提出请求："鲍勃，我有点担心这次谈话的时长比我希望的时间长。我在赶最后期限，我想马上回去工作。你看我们能不能约个时间，在我压力不太大的时候继续聊？"如果你发现你的行为仍然无效，再次检查你未被满足的需要，并考虑其他方法满足它们。

今日练习

今天，觉察你是否采用了旧的行为。与未被满足的需要联结，然后确定一个新策略。

每一次经历都让你获得力量、勇气和自信，
而你也将因此不再害怕。

埃莉诺·罗斯福
（Eleanor Roosevelt）

联结感受和需要

你现在感觉怎么样？你觉得快乐吗？如果是这样，那么你此刻的需要就得到了满足。如果你感到悲伤、疲倦、生气、受伤或失望，那么你的需要就没有得到满足。花一分钟查看一下自己。你需要爱、支持、安慰、希望、休息、安全、尊重、理解或者承认吗？如果这些需要都不是你感受的根源，那么继续寻找，直到你找到。当你与未被满足的需要联结时，注意你的感受。很多人只是这样做，就会感到放松。

现在考虑一下，在这一刻，你能做什么来帮助自己满足需要。也许你可以打电话给朋友约个时间讨论问题，也许你可以小睡一会儿满足自己对休息的需要，或者你可以计划锻炼或约人一起玩。一旦你对计划有了信心，再花点儿时间查看一下你的感受。你可能会注意到一种更强烈的解脱感。或者你可能意识到没有简单或直接的方法来满足你的需要。如果是这样的话，承认你因为未被满足的需要而感到悲伤或不知所措，并哀悼未被满足的需要。

当我们能够与未被满足的需要联结，我们通常会感到欣慰，而这些需要正是我们感受的根源。当我们有一个满足需要的计划时，我们会感到更强烈的解脱，或者当我们意识到不能满足它们时，我们会感到悲伤。以这种方式与自己联结是一种强大的疗愈工具，我们可以随时使用这个工具。

今日练习

今天，觉察你的感受，以及引起它们的未被满足或被满足的需要。制订计划去满足它们，如果不行，就哀悼。

11月3日

我必须一直保持"开机"，敞开心扉接收周围的一切。先入为主，会极大地破坏我们敞开心扉接收一切的能力。而敞开心扉往往让我们感到脆弱，痛苦在所避免。

安妮·特鲁特
（Anne Truitt）

摆脱受伤的感觉

你是否感到受伤、失望或愤怒？通常，这些感受意味着你有被承认或认可的需要。当你考虑你的需要时，你可能想不出一个方法来满足它们。相反，你可能会告诉自己你太需要帮助了，然后继续感到不舒服。

尝试另一种策略。与其告诉自己你无法满足自己的需要，不如简单地理解它。在你的悲伤以及对被承认或被认可的渴望中停留一会儿。想要这些是可以的，即使你不知道如何实现。一旦你理解了未被满足的需要和与之相关的感受，解决方案就会自然而然地出现。为了满足被承认和被认可的需要，其方法之一可能是让某人告诉你一两个他们喜欢和你一起工作或喜欢和你做朋友的原因。请他们说得具体一点。让他们告诉你为什么他们认为你有趣，而不仅仅是"因为你有趣"。你得到的信息越多，你的解脱感就越强。所有的人都有对被承认和被认可的需要。尽管你在第一次问别人这个问题时可能会感到有点儿尴尬，但很有可能对方和你一样，也喜欢这个练习。

今日练习

今天，至少问一个人，他喜欢有你在他的生活中的两个原因。

我们看到别人身上的善，却看不到自己身上的善。转身发现自己的善良，是一种自我觉醒。我们的意识——那个迷路而害怕的士兵，终于找到自己了。

娜塔莉·戈德堡
（Natalie Goldberg）

理解需要的美好

所有人都有相同的共通需要，包括爱、支持、关心、食物、水、被尊重、亲密和快乐等。我们所做或所说的一切都是为了满足这些需要。有时，我们做了让自己后悔的事或说了让自己后悔的话，我们忘记了自己的行为或语言是为了满足一种美好的共通需要。下次你对自己说过的话或做过的事感到后悔时，思考一下你正在努力满足的需要，而不是责备自己。如果你冲你前面的司机做了一个不雅的手势，有没有可能是出于对安全或体谅的需要？如果你冲杂货店的店员发火，你需要的是效率还是方便？如果你让你的孩子闭嘴，你需要和平与合作吗？一旦我们承认了我们试图满足的需要，我们就能更好地考虑下次能做些什么，以便更好地满足它们。承认需要也会帮助我们决定是否要做一些事情纠正出现的问题。

 今日练习

今天，觉察驱动你言行的需要。

11月5日

遥远的阳光是我最大的愿望。我可能无法够到它，但我可以抬头看到它的美，相信它，并努力追随它。

路易莎·梅·奥尔科特
（Louisa May Alcott）

与幸福联结

你感到快乐、满足或兴奋吗？既然所有的感受都是需要是否得以满足的结果，思考一下你的哪些需要与你的幸福有关。你对爱、乐趣、亲密、关心、体贴或突破自我的需要得到满足了吗？或者在你的感受背后有不同的需要？每当你感到幸福、兴奋或爱的时候，你的需要就得到了满足。每当你感到悲伤、受伤、失望或生气时，它们就没有得到满足。重要的是，不陷入感受而着眼于需要。无论是快乐还是悲伤，都与我们是否满足了自己的需要有关，也有助于我们与自己建立联结。

今日练习

今天，觉察你快乐或幸福的感受背后被满足的需要。

人们认为，建一堵墙来阻断伤害我们的东西就是在摆脱痛苦。从长远来看，这堵墙阻碍我们成长，它对我们的伤害比痛苦本身要大得多。只要我们肯忍受痛苦，痛苦很快就会过去，但墙会一直存在。

艾丽丝·沃克
（Alice Walker）

11月 6 日

满足需要

发现感受背后未被满足的需要，只是解决方法的一部分。另一部分是知道做什么可以满足这些需要，并提出相应的请求。假设你的朋友昨晚在你的派对上讲了一个种族主义笑话，你很生气。你先觉察到自己对尊重和体谅的需要没有得到满足。下一步，你决定要做些什么来满足这些需要。你可以考虑和你的朋友谈谈这件事，试着这样说："当你昨晚在聚会上讲那个种族主义笑话时，我感到受伤和恼火，因为我重视对所有人的尊重和体谅。我也感到尴尬，因为我喜欢人们在我的家里感到安全。从现在起，当我在你身边的时候，你能不能只讲照顾到我的需要的笑话？"如果不向你的朋友提出这样的请求，会限制你的选择。你可能决定不再邀请他了。或者你可以邀请他，但整晚都在担心他会说什么。更糟糕的是，你可能会因为这件事怨恨他很多年，而他永远也不会有机会了解你们的关系为什么会改变。提出请求，可以让我们在事态升级前解决问题。当我们清楚自己想要什么时，每个人都会受益。

今日练习

今天，觉察你是否有未被满足的需要，考虑做些什么来满足这些需要，然后向别人提出请求。

当断不断，反受其乱。

谚语

现在就解决它

我有一个朋友，她总是津津有味地嚼着口香糖。不管我们是在家里看电影、听音乐，还是在图书馆，她都在嚼着口香糖。她嚼口香糖的声音让我浑身不舒服，也很恼火。不过，我喜欢我们相处的其他方面，所以我决定不对她嚼口香糖的习惯表达我的感受。毕竟，这没什么大不了的，对吧？也许一开始没什么，但我的脑海里总是萦绕着她嚼口香糖这件事。我俩在一起时，我一直想着它。我想知道：她的下颌肌肉究竟有多强壮，总是嚼口香糖是否会对她的牙齿有害，又或者是否正是因为她的这个习惯才让牙齿更加坚固。有时，我还试图控制她嚼口香糖的行为。如果我在嚼口香糖，我会偷偷摸摸地不让她发现，这样她就不会找我要口香糖一起嚼了。如果她在嚼口香糖，我就无法专注其

他事情。我不喜欢和她一起参加音乐会或看电影，而且与她交谈也很难集中精力。这种情况持续了两年。我甚至觉得我不能再和她做朋友了。后来有一天晚上，我俩和另外几个朋友一起去看电影。电影开始了，她把一块口香糖塞进嘴里，不一会儿就拼命咀嚼起来。另一个朋友凑过来对她说："你知道吗，你嚼口香糖让我有点分心了。你能不能安静地嚼口香糖或者把口香糖从嘴里拿出来？"她说："当然可以。"——我花了两年时间因为她嚼口香糖这件事而生气，为此我几乎要终结我们的友谊了，而我所需要做的仅仅是让她停下来！我现在明白了，如果不在事情开始时就处理，简单的小事情就会变得让我们充满压力和痛苦。

今日练习

今天，承诺带着爱心说真话。

令人惊讶的是，让美妙的事情发生所需要
的时间竟如此之短。

11 月 8 日

弗朗西斯·霍奇森·伯内特
（Frances Hodgson Burnett）

喜悦：一步一步来

很多人一想到某个目标就会感到不知所措，并失去实现它的
希望。几年前，我的目标是学会与人建立友善的关系。当时
这似乎是不可能的，但我开始朝着这个方向努力。我尝试了
很多方法，但很多时候我觉得我永远不会成功。通过非暴力
沟通和其他一些学习内容，我了解到，我们朝着目标所走的
每一步都使我们离成功更近了一些。我可能无法在今天就实
现我的目标，但我的确想从今天开始这个过程。如果我们活
在当下，迈出这一步就能改变我们的生活并带来快乐，这是
很神奇的。现在看看你的周围，觉察生活中的美、爱和快
乐。它们存在于此时此地，但只有你意识到它们，你才会感
觉到它们。

 今日练习
今天，承认并享受你生活中满足快乐、爱和美这三个需要的
方面。

11月9日

满足对安全感的需要

很多人误解了安全感的意思，他们认为要通过保护自己不受他人伤害或选择可靠的人来获得安全感。当我们逐渐信任自己照顾自己的能力时，安全感就会出现。如果我们依赖别人以我们欣赏的方式对待我们，我们将永远是软弱的，我们周围的人也将承受巨大的压力。当我们开始为自己的生活和选择负责，并做出决定更好地满足我们的需要时，我们是自由的，我们周围的人也是自由的。

在我年轻的时候，我和我认为能给我安全感的男人约会。我的安全感依赖于对方的友好。我试着成为我认为对方希望我成为的样子，这样他就会喜欢我们的关系。这种策略有时能奏效一段时间，有时只奏效10分钟，但我总是觉得自己被虐待了。当我意识到满足自己对安全感的需要是我的任务时，我更享受人际关系了，不再把别人看作施虐者。我既赋予自己力量，又减轻了伴侣的负担。

今日练习

今天，觉察你是否倾向于通过他人寻求安全感，而不是通过自己的能力照顾自己。

你不能选择如何死去，或者什么时候死去。你只
能决定现在如何生活。

琼·贝兹
（Joan Baez）

这是你的生活

你有没有听过这句话，"今天是你余生的第一天"？当我第
一次听到这句话，我完全不明白它的意思。现在我知道，我
的生活是我自己选择的，哪哪都是。当我们开始以自主的方
式生活时，我们就开始通过新的视角来体验生活了。我们的
"不得不"变成了"选择"。我们不再担心自己会成为受害
者，因为我们会为自己的选择负责，即使是那些我们后来后
悔的选择。我们开始在日常生活中创造爱与和平，因为那是
我们想要的。这是属于你的一天，现在就是。也许不完美，
但这就是你的生活。你选择如何生活？把握现在。

 今日练习
今天，觉察你拥有的选择，并做出有助于实现梦想的决定。

11_月 11_日

我的心灵不堪重负。尽管我很勇敢、很有勇气，但我感到那种不可避免的事情正在悄悄发生，如果不能立即获得一些缓解，我就会崩溃。我需要有人来帮我。

玛丽·麦克劳德，白求恩
（Mary McLeod Bethune）

满足支持的需要

我们有时需要寻求支持，又会觉得不好意思让别人知道我们有多么沮丧。我们可能看重自己的形象或被接纳的需要，但同时可能忘记了每个人都需要支持，可能也忘记了我们有很多选择。我们可能更希望伴侣或最好的朋友能支持我们。如果他们没有，我们可以考虑通过其他方式来满足我们对被支持的需要，比如看心理医生、给其他朋友或家人打电话、甚至拨打求助热线。如果你现在需要被支持，考虑打电话给你认为能够帮助你的人。如果那个人不方便，花点时间列出五个或更多的选择来满足你对被支持的需要。这些选择可能都没有打电话给你喜欢的人那么让你感到满足，但它们可以给你提供紧急救援。

今日练习

今天，注意你可以通过很多方式来满足自己对被支持的需要。

不要问医生，问病人。

意第绪谚语

运用自己的智慧

非暴力沟通中最令我兴奋的方面之一，是学会信任自己和自己的直觉。我先逐渐放下我的错误观念——做事情有正确的、好的方法。相反，我学会了根据我的感受、被满足或未被满足的需要，来理解发生的事情。当事情发生时，我开始以前所未有的方式相信自己。

最近，我给某个年轻人做了一次一对一的咨询。起初，我被他和他的故事吓坏了，并怀疑我在这次咨询中是否安全。几乎是在这个想法进入脑海的同时，我能够关注他在生活中所经历的痛苦。联结到他的痛苦后，我看到了他的美好。我再一次明白了，作为人类，我们都想要同样的东西——爱、关心、理解和支持。他让我帮他学习新的沟通方法。我知道我是安全的，因为我能看到他是一个美好的人，也因为我相信我有能力照顾自己，即使在具有挑战的情形下。我逐渐开始喜欢并敬佩这个年轻人，看到他发生了巨大的改变并尝试用不同的方式对待自己的生活。和他一起工作，满足了我对希望的需要和对人类的爱的需要，并对一些人的经历给他们的生活造成的无法估量的痛苦有了进一步的理解。倾听自己，相信自己。没有正确的答案，你能给自己的最好的礼物就是自信。这份礼物也可能改变你遇到的人的生活。

今日练习

今天，留意什么时候你不相信自己的直觉，以及之后的感觉。

11 月 13 日

考虑一件事情里的所有需要

你尝试过改变一种行为吗？你想要改变它，但因为你已经习以为常了，所以似乎做不到。改变行为的一个有效方法，是深入审视我们的行为满足了什么需要或未满足什么需要。记住，我们所做的一切都是为了满足需要。一旦我们与行为背后的需要建立了联结，我们就可以考虑到对方的需要。

试想一个场景，你们正在开会，你的老板想让你接手一个新项目。你已经不堪重负了，你担心接了以后怎么办，所以你交叉双臂，撅起嘴唇，简短而吞吞吐吐地回应他。你这种行为在满足什么需要？也许是保护。你未得到满足的需要是什么？可能是联结、支持、合作、尊重、体谅和理解。你认为老板未被满足的需要是什么？轻松、联结、支持、合作、尊重和体谅吗？一旦我们能在任何情况下与想要满足的全部需要联结，我们就能更好地选择那些更有可能满足它们的行为。

今日练习

今天，觉察你想通过你的行为满足哪些需要。如果你对自己的行为不满意，那么有没有其他方法可以满足所有需要？

当你的思想、语言和行为和谐一致时，你就会感到幸福。

甘地
（Gandhi）

保护自己还是大胆体验

年少的时候，每当我感到受伤、生气、悲伤或脆弱时，我就会在自己和别人之间筑起一堵心墙。现在作为一名成年人，我开始关注我想要满足的需要。当我发现自己在筑墙保护自己时，我问自己这时是否需要保护。我发现我几乎从来没有遇到过危险，自我保护是以前养成的习惯。我越是关注自己想要满足的需要，越是问自己是否真的需要保护，我的自我保护的行为就越少。

今日练习

今天，觉察你选择满足自己对保护的需要的时刻，然后问自己是否更愿意关注其他需要。

保护自己是一种错觉

假设你的老板要给你加薪，但你怀疑他的动机。你双臂交叉
地坐着，故意不表现出任何情绪。或者，你十几岁的儿子未
经你同意就请人修剪了草坪，你问他："这是怎么回事？这
要花我多少钱？"我猜，在这两种情况下，你是在努力满足
自己对保护的需要。你有没有注意到，当你试图在恋爱关系
中保护自己时会发生什么？我的座右铭是：保护、保护、保
护——不惜一切代价，保护！即使没有危险，我也会这样
做。我对保护的需要在别人看来是防御、愤怒或缺乏关心。
因为我如此努力地保护自己，所以我没有满足自己对亲密、
爱、合作、乐趣等其他需要。除了身体处于危险的极端情况
外，我们在保护自己时，也拒绝了满足自己对联结、亲密、
爱与和谐的需要的机会。

今日练习

今天，觉察自己需要保护的错觉。

沉默是最有效的交流方式之一。

谚语

11 月 16 日

静默同理

你可能正在听一个朋友讲述一些对他来说非常痛苦的事情。你真的很想同理倾听他，但你不相信自己的能力。那么，考虑静默同理。它和同理倾听是完全相同的过程——倾听他人的感受和需要——只是它是无声的。当你倾听他人的感受和需要时，即使你沉默，也能提供深刻的疗愈和联结。大多数人会从你的面部表情和身体能量看出你在和他们沟通。

今日练习

今天，至少在一次谈话时静默同理。

每当你以诚实的态度做人时，一股成功的力量就会驱使你走向更大的成功。每当你撒谎时，即使是一点点善意的谎言，都有强大的力量将你推向失败。

约瑟夫·苏格曼
（Joseph Sugarman）

提出明确的请求

你和男朋友相处一年了，你觉得他陪伴你的时间很少，因此感到非常沮丧。你尝试了一些常见的模糊的请求，比如："亲爱的，你能多陪陪我吗？"他说："当然。"下个周末时，他陪了你半小时而不是 1 小时。你是否非常失望，觉得自己的需要从来不会得到满足？这里有一个解决方案，但它不适合胆小者。解决方案就是请求具体化。你希望他和你在一起做什么？要多长时间？你能在提出这个请求的时候，不去想他是个糟糕的爱人，或者他本来就应该知道怎么做吗？提出请求是因为你想得到陪伴，而不是为了评判他。提请求的这些时刻一开始可能会令人尴尬，但当你带着慈悲时，就可以丰富和增进你们的关系，更不用说满足陪伴的需要了！

今日练习

今天，即使你觉得尴尬，也至少提出一个明确的请求。

只要一个女人倾听一个男人说话，这个男人就已经有一半爱上了她。

布兰登·弗朗西斯
（Brendan Francis）

带着爱打断对方

在你的生活中，有没有一个人说的话比你喜欢听到的多？当这种情况发生时，你是否发现自己在交谈中有点儿（或非常）沉默寡言？每次这样做，对方就没有办法得到我们处在当下和联结的礼物，我们也会失去与自己和他人联结的机会。我过去认为，打断别人是粗鲁的。现在我知道，为了满足自己对联结和内外一致的需要而打断对方，是爱的表达。

如何以善意的方式打断别人？以下是我的想法。比方说，你正在和年迈的阿姨通电话，她话多得让你感到不耐烦了。你注意到自己在走神——想其他的事情，或者感到恼火。也许你可以对阿姨说："贝蒂阿姨，请原谅我打断你。我注意到我有点儿走神了，我真的很想认真听你说话。你介意我花点儿时间把你的意思重复一遍吗？这能帮助我集中注意力听你说话。"或者你无法和她联结不是因为她说得太多，而是因为她在谈论别人的生活和感受，而你更愿意和她联结。也许你可以说："贝蒂阿姨，我听到你说你的邻居现在很痛苦。你对她现在的状况有什么感受？"以这种方式打断别人，可以增进你们的联结，加深你们的关系。

今日练习

今天，至少带着爱打断一个人来提升你们的对话质量。

11月 19日

在所有事情上，民主的趋势都是折中。

詹姆斯 · 费尼莫尔 · 库珀
（James Fenimore Cooper）

看待公平的新方法

我以前认为公平就是平分东西，包括在家里的钱、我们准备当甜点吃的馅饼或家务等很多事情上。因为我有这种公平的哲学，所以我花了很多时间去评判别人是否做了他们那份工作，吃的是否比应得的那份多，或者钱花得是不是太多。我坚信公平意味着平分。学习了非暴力沟通后，我对公平的观念改变了。非暴力沟通相信，公平与人们的需要息息相关。当我们分配食物时，我们可能会考虑：谁最饿，谁更愿意稍后再买食物来吃，谁的日程安排无法实现稍后进食。在分配家务时，我们可以考虑：谁最喜欢做哪些家务，是否有人在家务以外的其他方面对家庭做出了贡献，以及是否有人身体欠佳而无法在家务上做贡献。通过这种方式，我们考虑每个人对舒适、享受、对家庭的整体贡献和健康的需要。这个过程增强了所有人之间的联结、快乐、参与和投入。

今日练习

今天，通过联结相关人员的需要来分配一些任务。觉察这和平均分配任务的感觉是否不同。

"谁应该得到奖励或惩罚"的想法，阻碍了
心存善意的沟通。

马歇尔·卢森堡
（Marshall Rosenberg）

基于需要的谈判

在高校系统工作时，我花了大量的时间和精力去协商加薪和
升职。争论的焦点通常是与业内其他人的比较、多年的工作
经验以及我认为什么是公平的。我认为我应该比其他人工资
更高，因为我在这个领域的经验更丰富，而且我在大学里
工作的时间比别的同事长。我想，我的任务就是说服上司
应该给我加薪。我从来没有考虑过上司的需要：管理复杂
的预算，平衡很多人的需要，还要激励团队成员在工作中
取得成功。我想都没想就向我的上司提出要求，下最后通
牒，并公开说出我的诉求。我反复地把我们俩置于可能失败
的境地——如果他不做我想让他做的事情，我会感到愤怒和
受伤。即使他的确答应了我的要求，那也是屈服于我施加的
压力。现在我相信，当我们向别人包括我们的上司提出请求
时，最有可能成功的方式是开诚布公，重视对方的需要，并
创造出重视双方需要的解决方案。当我们以牺牲其中一个人
的需要为代价来重视另一个人的需要时，就打开了其中一人
失败的大门。双赢的解决方案让所有人都更满意。

今日练习

今天，通过重视每个人的需要来制订双赢的计划。

11月 21日

我相信，人类最强大、最快乐的内在动机，就是渴望满足自己和他人的需要。

因巴勒·喀什坦
（Inbal Kashtan）

用非暴力沟通和人谈钱

第一次用非暴力沟通谈薪水时，我考虑了自己当下和退休后对财务安全的需要，以及公司[○]对可持续发展的需要。然后，我考虑金额是否也能满足我在工作中对互惠互利和快乐的需要。一旦我弄清楚了这一点，我就请求了一份相当于我在大学工作时一半收入的薪水。我并不是不喜欢更高的薪水，然而我也知道弗拉格斯塔夫爱的语言沟通中心是一个预算有限的新组织，我重视这个组织对可持续发展和蓬勃发展的需要。我没有任何悔恨或怨恨之情。事实上，当我谈薪水的时候，我感到前所未有的力量和满足。我对内外一致、贡献、公平和慈悲的需要得到了充分满足。

今日练习
今天，留意在金钱往来中重视每个人的需要。

○ 指弗拉格斯塔夫爱的语言沟通中心。——译者注

以眼还眼，会让整个世界变得盲目。

甘地
（Gandhi）

同理倾听他人以满足对联结的需要

我是否必须同理倾听那些伤害过我的人？不，我根本不需要同理倾听任何人。同理倾听不是为了满足别人的需要。这是我做出的选择，因为我想满足自己对联结的需要。如果我告诉自己我是为了对方才同理倾听他，我就和自己想要满足的需要断开了联结。所以，如果你在人际关系中感到困惑或疏离，想要改变自己的体验，试着同理倾听他人。一旦别人被倾听的需要得到满足，他就更有可能倾听你的感受和需要。这可以直接满足你对联结、和谐与放松的需要。打开情感空间去倾听别人的感受和需要，会产生不可思议的疗愈效果。同理倾听的影响非常深远。

今日练习

今天，至少同理倾听一个人，并觉察这是否满足了你对联结或贡献的需要。

11月 23日

激发你的好奇心

是否有人的回应方式让你百思不得其解？那时，你可能会想："他在想什么？他完全改变了态度。他一定是糊涂了、受伤了或者是疯了。"我们习惯于从自己的角度推测对方反应背后的原因。我们花了大量的精力去弄清楚别人在想什么，责怪他，感到悲伤、受伤、愤怒和怨恨。多年来，我见过很多人陷入痛苦之中，因为他们从不花时间去问清楚。

我提议不一样的做法：好奇地询问对方当下的情况。例如："你知道吗，当你刚才说你感到愤怒时，我感到很困惑，因为我以为我们上周已经就买一辆汽车达成一致意见了，所以我希望你能说清楚，是不是因为有人告诉了你不一样的信息，所以你不想买了？"请注意，这种说法并没有把责任推到任何一方身上。它只是表达了你的困惑和你对更多信息的渴望。通常，一旦我们询问，就能得到更多信息。这很简单，真的。我们要么猜测对方发生了什么，要么通过询问来了解信息。

今日练习

今天，激发你的好奇心，至少问一个人他的体验，而不是自己猜想。

我只要保持对事情的热情就行了。

莱昂纳多·迪卡普里奥
（Leonardo DiCaprio）

你可以创造不同

最近，我所在的社区在绿地建设方面的成功让我备受鼓舞。
当地不仅成立了绿地保护协会，还新建了一座公园。从前，
大家认为这里收入低、治安差；如今，社区在降低犯罪率、
清洁街道、丰富社区生活的多样性以及齐心协力影响当地政
策等方面，都取得了长足发展。当地的小型非营利组织怀着
各种梦想，正在整合他们的资源和专业知识，希望给社区里
年轻人和老年人的生活带来积极的影响。

然而，世界各地发生的暴力事件数不胜数，有时让人感到势
不可挡，我所希望的那种所有生命都被温柔以待的和平世界
看起来似乎是不可能实现的。在这些令人沮丧的时刻，如果
我愿意想想自己的工作和努力是如何促进和平的，以及很多
像我们社区这样的基层组织所取得的成功，我就会受到鼓舞
并看到希望。

创造和平的世界——我很高兴这也是我们社区里其他人和世
界各地的人们所共同期待的梦想——需要从我们每一个个体
出发，从此时此地开始。平和地生活就是一种选择。

 今日练习

今天，留意你的行为对世界和平做出的贡献。然后为自己
庆祝！

11月25日

最美妙的事情是，回到一个没有变化的地方，发现自己已经改变。

纳尔逊·曼德拉
（Nelson Mandela）

改变自己可以深刻地影响我们与他人的关系

有时候，人们告诉我，除非对方改变行为或态度，否则俩人的关系就没有希望了。我曾以为这是真的。现在我知道，只要有一个人做出改变，双方的关系就会发生深刻的变化。我有一个朋友，她总是关注不喜欢的东西，不管是自己的还是别人的。我以前评判她很消极，认为她在关系中总是强烈地渴望成为受害者。过了一段时间，我觉得我应该结束这段友谊，因为每次和她交谈后我都觉得很沮丧。然而，我并没有结束这段关系，而是开始审视自己的评判和态度。我理解自己对她的评判，也理解我希望她以不同的方式看待自己的生活。一段时间之后，我可以爱她真正的样子，我可以了解她的世界观背后的感受和需要。她没有变，但我改变了自己的评判和期待。现在我能为自己和她的关系感受到爱和快乐。只要关注自己，我们就有能力深刻地改变我们的关系。

今日练习

今天，下定决心关注自己对别人的评判和期望，而不是责备他们。

改变思想，就能改变你的世界。

诺曼·文森特·皮尔
（ *Norman Vincent Peale* ）

培养宽容心

我曾经认为吉娃娃很蠢，斗牛犬很丑。后来，我的一个朋友买了一只名叫蒂莉的长毛吉娃娃，另一个朋友买了一只名叫艾玛的英国斗牛犬。当我了解了这些狗，看到它们有多么可爱，没过多久我就爱上了它们。一旦我爱上它们，我就能看到它们的美。蒂莉的耳朵看起来很滑稽，长长的毛发向外竖着。当它热情地看着你的时候，耳朵会竖起来，耳朵上的毛会像扇子一样围着它的脸。它的毛发黑中透着焦糖色和白色，像丝绸一样闪闪发光，摸起来非常柔软。艾玛的毛是浅黄色的。当它走路时，你可以看到它紧实的皮肤下的肌肉运动，感觉到它的身体是多么强壮，尽管它的举止是温柔可爱的。这两只狗都很喜欢我，每次见到我都会欢快地问候我。宽容和接纳，意味着爱一切事物中的美。从某种意义上说，这关乎一种信念，相信每一个生物都是美的，都有理由共享地球上的空间。当我放下评判时，我的世界就更加美丽，也更加有爱。

今日练习

今天，下定决心用宽容和接纳来处理关系。

11月 27日

在我看来，我们活着的时候永远不能放弃渴望和愿望。对于我们觉得很美很好的东西，我们必须心存渴望。

乔治·艾略特
（George Eliot）

发现你最重要的需要

41岁的时候，我发现我生活中最重要的需要是与他人建立深层次的联结。多年来，我们可能没有意识到驱动我们行为的需要，因此无法满足它们。花点儿时间回想一下你最近和别人的三次争吵。它可以是和同一个人或不同的人发生的三次争吵。请留意这三次争吵是否都和同一个需要相关。然后，再看看本书前面的"感受和需要列表"，试着找出自己的需要是什么。很有可能所有的争吵都是因为同样的需要没有得到满足，很可能这就是你最重要的需要。在接下来的几个星期内，关注你和他人的争吵，看看大部分的争吵是否都与同样的需要有关。如果是这样，花点儿时间头脑风暴一下，看你可以用哪些不产生冲突的方式来满足这些需要。这是迈向新的生活方式的第一步。

今日练习

今天，花点儿时间回顾一下最近的三次争吵。请觉察它们是否都与某个未被满足的需要相关。

心知道头脑无法想象的东西，相信自己的心。

谚语

11 月 28 日

避免妥协

是否曾经有人让你做你不想做的事？他告诉你这件事对他意义重大，而你想对他的生活有所贡献，因此你改变了自己原有的想法。我认为这是因为你的需要发生了转变。不久前，我遇到了一件类似的事情。一个朋友想让我去参加一个会议。但我不想去，因为我不确定去参加会议能否让我对轻松的需要得到满足，而且会议主题对我来说没有意义。然后他告诉我，他的愿景是这次会议的参与者能以诚实和善意的方式相互联结，他希望我可以在会议中帮助他和大家创造那种氛围。他对自己的愿景充满激情。一旦我与他想要满足的需要以及他的热情相联结，我发现，我想要满足的需要从轻松和意义转变为真正地希望为他的生活做出贡献。

但是，当我们决定为了满足他人的需要而放弃自己的需要时，妥协就会发生。如果我去参加朋友的会议只是单纯为了取悦他，那就是我为了满足他的需要而放弃了自己的需要。通常，妥协即屈服于对方的愿望，这对每个人来说都是痛苦的。

今日练习

今天，尽量避免妥协。相反，看看你是否是基于当下的需要而做出了诚实的转变。

11月 29日

人类必须停止把自己的问题归咎于环境，而应重新学会在信仰和道德领域中行使自己的意志，即个人责任。

阿尔伯特·史怀哲
（Albert Schweitzer）

否认责任

"哦，不，我今晚不能出去，我丈夫不让。""对不起，小姐，图书馆两分钟前就关门了。你得明天再来借那本书。""是的，我知道你是在六周前买的机票，但是今晚这班飞机超重了。您可以乘坐明天一早的航班。"

有人和你说过类似的话吗？你听到的时候有什么感受？我听到这些话时，往往会感到沮丧、烦恼、生气，有时还会感到困惑。任何时候，当我们说出这种话而不为自己的行为负责时，我们就在自己和他人之间竖起了一堵墙。当我们把自己的行为归咎于公司制度或某个不在场的人时，我们就无法与现场的人建立联结。如果我们需要说"不"，那么承认我们自己的感受和

需要可以极大地转化"不"的能量。当你为自己的行为负责，并展现出你不答应对方请求背后的人性化的一面时，这种转化就会发生。你可能会说，你宁愿不外出，因为你的丈夫不喜欢，你担心自己会让他难过。你可能会说，图书馆两分钟前就关门了，你不想因为没有按照约定时间回家而让保姆不高兴。对于烦躁的飞机乘客来说，你无法遵从对方的意愿或许是因为公司的制度，但如果你告诉他遵从他的意愿你就会失去工作，他会更加理解你。当我们为自己的行为负责时，其他人就会与我们的人性联结在一起，即使结果没有改变，这通常也会给各方带来共识和宽慰。

 今日练习

今天，当你试图逃避为你的选择承担责任的时候，要警惕。

当需要没有得到满足时，我们在表达观察、感受和需要后，加上一个具体的请求：请求可能满足我们需要的行动。

马歇尔·卢森堡
（Marshall Rosenberg）

需要和请求的不同

非暴力沟通认为，需要是共通的。这意味着每个人都有爱、支持、联结、资源、食物、居所等相同的需要（见本书前面的"感受和需要列表"）。请求，是指我们请求他人帮助我们满足自己需要的具体行动。我可能需要陪伴，所以请一个朋友周末陪我。或者我可能需要支持，所以请伴侣打扫房子。需要是共通的，请求是我们满足需要的具体方法。

今日练习
今天，意识到共通的需要和具体的请求之间的区别。

12

月
冥
想

非 暴 力 沟 通
366 天平和生活冥想手册

12月1日

表达感受给了我们和他人与内在鲜活的东西联结的机会。要做到这一点，我们要能够区分真正表达感受的词汇和其他看似表达感受但实际上却并非如此的词汇。

蕾切尔·兰姆
（Rachelle Lamb）

感受与混杂想法的感受

事情对我们的影响会通过感受表现出来。如果有人对我大喊大叫，我可能会感到害怕或受伤。如果一个朋友忘记了我们约好一起吃晚餐，我独自坐在餐厅时可能会感到担心和生气。当我们把感受和想法混在一起时，就把感受和对他人行为的评判混淆了。如果有人对你大喊大叫，你可能会觉得他不尊重你或批评你。如果你在餐厅等了朋友半小时，你可能会觉得他背叛了你或者他不在乎你。当你说你感到不被尊重、被批评、被操纵或被背叛时，你并没有真正地表达感受，你是在表达对他人的评判（或想法）。你的真实感受可能是受伤、愤怒、悲伤或恐惧。如果你想坦诚地与他人交流，学会区分你的感受和想法、清楚地表达你的感受是很重要的。

今日练习

今天，留意表达感受时混杂着想法或评判的时刻，然后只表达感受。

人天生最渴望得到感激。

威廉·詹姆斯
（William James）

感激还是肯定、赞美或赞扬

当我们说某人的行为如何积极地影响了我们的生活时，我们表达的是感激。相反，当我们给予肯定、赞美或赞扬时，我们会给对方的所作所为贴上好的标签。当我们说："哇哦！当我感冒的时候，你给我送来了鸡汤，我很感激，因为这满足了我对滋养身体的需要。"我们：①表达观察——"当我感冒的时候，你给我送来了鸡汤"；②表达一种感受——"我很感激"；③表达一种需要——"因为这满足了我对滋养身体的需要"。

比较一下：因为对方给你送鸡汤，你说："哇哦！你给我送鸡汤真是太棒了！"这是给对方贴上了一个"太棒了"的标签，而不是表达他做的事情如何影响了你的生活。这似乎是一个很小的区别，但当我们承认自己的需要得到了满足，而不是给他人贴上好或坏的标签时，我们就会清晰对方的行为满足了我们哪些需要，并加深我们与自己和他人的联结。

 今日练习

今天，至少抓住一次机会告诉别人他的行为如何影响了你，表达你的感激之情。

12月3日

你做出的假设会让生命中最美好的东西与你擦肩而过。

约翰·塞尔斯
（John Sales）

猜测还是知道

非暴力沟通中，我们猜测一个人的感受和需要，并问他我们是否猜对了。当我们告诉别人我们认为他有什么感受和需要时，我们就在声称自己知道，这听起来像是一种评判或假设。

当你同理倾听某人，猜测他的感受和需要时，你可以这样说："你是不是感到害怕，因为想要确信你的需要得到了重视？"在这个例子中，你猜测对方的感受（害怕）和需要（确信他的需要得到了重视）。然而，如果你说："你很害怕，你需要确信你的需要得到了重视。"这听起来就像是你在告诉他他的感受。通常当人们被告知他们的感受时，他们倾向于以防御和愤怒来回应。

人们通常会以感激的态度来接受猜测。如果我们猜错了，对方可能会给我们更多的信息，帮助我们更清楚地理解他的感受和需要。这种方法常常会加深我们与他人的联结。但当我们告诉别人他的感受和需要时，就制造了双方的隔阂。

今日练习

今天，至少猜测一个人的感受和需要。注意他的反应以及你对此的感受。

领导者要先尊重自己手中的权力。

布莱恩·李
（Blaine Lee）

尊重权威还是害怕权威

当我在高校系统工作时，我有一个上司喜欢独自工作。然而，他喜欢事情以特定的方式完成，所以他会给我细致入微的指示，告诉我如何推进我的工作。我照他说的做了，因为我害怕不按照他的指示做会有不好的后果。我从工作中感觉不到多少活力、创造力和乐趣，我很少主动地、独立地解决问题。这是一个害怕权威的例子。

我的另一个上司会问我的意见，公开讨论我的项目，并让我提出自己的想法。当我寻求建议时，他会不吝赐教，并对我的能力表示赞赏。我听从他的指示，因为我尊重他的职位，相信他的专业知识。我把他看作我的伙伴。我对自己的行为和决定负责。我喜欢和这个老板一起工作。

当我们尊重权威时，我们看重的是这个人的职位和专业。当我们害怕权威时，我们害怕的是这个人的地位以及如果我们不按照他的话做的后果。

 今日练习

今天，觉察你倾向于尊重权威还是害怕权威。

12月5日

当你回顾一生时，你会发现真正活过的那些时刻，正是你带着爱的能量做事的时候。

亨利·德拉蒙德
（Henry Drummond）

与生命联结还是异化生命

当我们做一些能增进我们与他人的联结、对他人充满慈悲的事情时，我们就在与生命联结。当我们做一些让自己与他人疏远的事情时，我们就会让生命异化。与生命联结的行为可能有同理倾听、诚实表达、就像重视我们自己的需要一样重视每个人的需要。异化生命的行为可能包括给别人贴上好或坏的标签、说闲话、把自己和别人比较，以及不为自己的行为负责。

例如，假设你比平时晚回家了一个小时，你的伴侣生气地问你："你去哪儿了？"你异化生命的反应可能是："你找什么茬？你自己也总迟到！"一个与生命联结的回应要么关注对方的需要，要么关注自己的需要："你感到担心是因为你想确信我安全吗？"或者"哎呀，我一进门还没来得及脱外套就听到你这么说，我感到震惊和恼火，因为我需要体贴和关心。你愿意告诉我你听到我说了什么吗？"

你越多地选择与生命联结的行为，你与他人的联结就会越深。

今日练习

今天，注意你做的事情什么时候强化了你与他人的联结。

不断重复做的事情造就了我们。因此，卓越不是
一种行为，而是一种习惯。

亚里士多德
（Aristotle）

非暴力沟通是一种生活方式

人们经常问我，如何面对别人突如其来的情绪爆发，比如气
冲冲回家的伴侣、易怒的收银员，或者任何我们对别人的回
应感到惊讶的情况。这些时候，我依靠我的非暴力沟通习
惯。平时，我会在简单的事情中练习思维方式，这样我就可
以在具有挑战性的情形中运用它。如果有朋友打电话告诉我
令人兴奋的消息，我会倾听他的感受和需要，以满足我们对
庆祝的需要。如果有人打电话和我表达悲伤，我会同理倾听
他，满足我对联结和慈悲的需要。如果我发现自己在评判另
一个人，我会把这种评判的想法转化为我的感受和需要，比
如 "当我看到大型 SUV 车时，我担心我们是否有能力维系
生活和收支平衡"，而不是 "哦，我讨厌 SUV，难道那个人
不知道那辆车有多耗油吗"。如果我感到悲伤，我会同理倾
听自己或让别人同理倾听我。如果我感到快乐，我就庆祝。
我已经养成了非暴力沟通的习惯。如果我只是在面对挑战的
时候去练习这种思维方式，我就不会有应对挑战的技能。然
而，通过不断练习，我可以依靠建立良好的联结、同理倾听
和沟通的习惯，来帮助自己应对最具挑战性的情况。这满足
了我内外一致的需要。

 今日练习

今天，从同理倾听一个人开始，让非暴力沟通成为一种习惯。

12 月 7 日

有时候，我在早餐前就已经相信了六件不可能的事情。

刘易斯·卡罗尔
（Lewis Carroll）

丰盛地生活

一天中有多少次，我们因为觉得别人不可能答应而不去请求自己想要的东西？想想你想要但又不敢开口的时刻。也许你想要一段友谊发展成恋人关系，或者你生病了想要别人给你送食物，又或者你想让老板给你升职。现在再想想，有多少次你想要一些你原本认为不可能的东西，但你还是提出了请求并且得到了它们？那些时刻真让人开心，不是吗？

我们需要知道我们想要什么，然后才能提出请求来得到它。我建议大家开启一场"丰盛"运动：在这场运动中，我们坚信，每个人都有足够的爱、支持、认可和其他资源来满足自己的需要。如果我们遇到不想帮助我们满足需要的人，我们可以寻找其他创造性的方法来满足自己的需要。在这场"丰盛"运动中，我们专注于满足需要，而不被束缚在特定的策略上。如果一个人不想和我们约会，我们知道还可以找其他愿意的人。如果有人在我们生病时没有时间或不想给我们送汤，我们会找到另一种方式来进补。如果我们想在工作中承担更多的责任，就可以找到扩展事业的方法。而且，我们并没有就此止步。在这个新的丰盛的世界里，我们重视每个人的需要，就像重视自己的需要一样。我们不再试图以牺牲他人的需要为代价来满足自己的需要。这听起来是不是很令人兴奋？这一运动已经存在，它就叫非暴力沟通！

今日练习

今天，努力重视每个人的需要，注意你生活里的丰盛。

对于礼貌，最首要的必须永远是真诚。

拉尔夫·沃尔多·爱默生
（Ralph Waldo Emerson）

12 月 8 日

真诚

对你来说，有时候是不是很难诚实地面对自己？你是否曾经为了满足自己对被接纳的需要或团体的需要而自我审视？当车上所有人都想去海滩的时候，作为唯一一个想去爬山的人，诚实地表达自己是很有挑战性的！事实上，如果你说你更喜欢去爬山，这并不意味着你在要求其他人改变他们的计划，你只是在表达你的偏好，开启讨论。有没有可能是你在假设其他人更喜欢海滩？也许有些人会和你一样喜欢爬山，甚至比你还喜欢。当然也许你是对的，除你之外的其他人都想去海滩。现在该做什么？思考一下这个问题对你和团体的需要有多么重要。在考虑了每个人的需要之后，你的解决方案是什么？你能一个人去爬山吗？你是否可以向大家提出一些请求，使海滩之旅对你来说显得更加有趣，比如不要停下来买防晒霜或者参观路过的一座古老的城堡？也许当你听说其他人都很想看看这片海滩时，你会为满足他们的需要而感到更快乐。当我们真实地做自己时，我们会给每个人（包括自己）一个更好的机会来满足需要。我们只是简单而真实地表达自己，并以这种方式重视我们自己的需要和别人的需要。

今日练习

今天，承诺做真实的自己，即使你担心自己被接纳的需要不会得到满足。

12月9日

不要让一个人保卫他的尊严，而要让他的尊严保卫他。

拉尔夫·沃尔多·爱默生
（Ralph Waldo Emerson）

品格

前段时间，我的一个客户在餐馆里碰到了我。她还欠我上节课的钱，所以她给了我现金。我点了餐，然后用客户给我的现金付了款。后来，我发现我对用这笔钱付餐费感到不舒服。这笔钱实际上属于弗拉格斯塔爱的语言中心，这是个非营利组织。这笔钱不属于我，因为语言中心付给我薪水。我犹豫了几天是否把钱交给语言中心，想知道符合品格的行为是什么。之后，我又怀疑自己对品格的认识不够，思忖着是否在当地大学进修一下这个领域的知识。幸运的是，没过多久我就发现我在用别人的标准决定自己的品格好坏。我听到内心有个声音在说："玛莉，你感觉如何？如果感觉不错，那你对诚信的需要就已得到满足了。如果感觉不好，那就不好。你还需要什么信息？"很多次，我求助于别人，请他们告诉我如何做是有品格的，如何做不是。现在，我只从自己的内心寻找答案。然后，我把现金还给了语言中心。

今日练习

今天，如果你纠结于诚信的问题，注意你对相关事情的感受和需要。然后做出一个与你的价值观一致的选择。

其实很简单，如果你感到快乐、喜悦或满足，你的需要就得到了满足。如果你感到悲伤、孤独或沮丧，你的需要就没有得到满足。

玛莉·麦肯锡
（Mary Mackenzie）

感受和需要的关系

我们的感受是需要是否得到满足的直接结果。别人的行为常常刺激我们的感受，但不是我们感受的原因。例如，你花了 10 分钟的时间在杂货店排队结账，你感到满足、放松和愉快。我猜你对效率的需要已经得到满足了，因为你还有足够的时间去下一个目的地。另一天，你可能时间紧迫，虽然结账的时候也花了 10 分钟排队，但你感到恼火、恼怒，因为你对效率的需要没有得到满足。刺激是一样的——你排了 10 分钟的队，然而你的感受是非常不同的，这取决于你当时的需要。明确理解这一动态关系，可以帮助我们识别我们未被满足的需要，要么同理倾听自己，要么选择其他策略来更好地支持我们满足这些需要，比如换到其他结账的队列或稍后再回来购买东西。了解外界刺激、感受和需要，我们就可以有更多的方法满足需要。

 今日练习

今天，觉察你的感受是需要得到了满足还是未得到满足的结果。

12月 11日

看到他人的美好

我们都有过用自己不喜欢的行为方式表达自己的时候。非暴
力沟通让人们寻找行为想要满足的需要，而不是一门心思地
分析行为的对错。这并不意味着我们喜欢他人的行为，我们
只是承认这些行为是为了满足特定的需要。少纠结在你不喜
欢的行为上，多关注需要。你可能不喜欢一个人满足需要的
行为，但当你意识到行为背后的需要时，你会看到这个人的
美好。

今日练习

今天，注意人们是如何用你不喜欢的行为来满足他们的需
要的。

每个行动都始于一个想法。

拉尔夫·沃尔多·爱默生
（Ralph Waldo Emerson）

愤怒背后未满足的需要

愤怒时，我们会评判自己或他人。我们可能会认为其他人应该做他们没有做的事，或者他们不应该做正在做的事。评判是我们的想法。当我们能透过评判发现我们未被满足的需要（例如支持、爱、联结、理解或体谅），我们就有更好的机会把愤怒转化为积极的行动。如果你妈妈在你舅舅批评你的时候没有挺身而出反驳他，你会不会生你妈妈的气？你的评判是，妈妈应该对舅舅说几句为你辩护的话，或者她不应该这么懦弱。但是她过去从来没有反抗过她的哥哥——无论是为自己辩护还是为别人辩护，她现在很有可能也不会。你可以继续愤怒，也可以选择另一种方法。你认为你的需要是什么？我猜是支持、理解、慈悲和爱。除了期待你的妈妈支持你之外，还有其他方法可以满足这些需要吗？同时考虑她的需要，试着提出一个请求。你可以对她说："妈妈，鲍勃舅舅说我懒，你却什么话都没说，我真的很受伤，因为我需要你的支持。当鲍勃舅舅说我懒的时候，你愿意告诉我你的感受吗？"这样一个简单的请求可以帮助你与妈妈建立联结，这在你评判她时是不可能的，而且这还可以缓解你的愤怒。

 今日练习

今天，注意你生气时是否有责怪他人的倾向，然后试着去联结你未被满足的需要。

12 月 13 日

世上只有一种成功，那就是，你能以你自己的生活方式度过你的一生。

克里斯托弗 · 莫利
（Christopher Morley）

与我们的价值观和谐相处

当我得知美国军队虐待战俘时，我感到心碎。然后，当我听到美国领导人和记者说"这种虐待程度还赶不上其他国家的一半"，我彻底地失望了。美国军队虐待战俘的情况并不像其他国家那样糟糕的说法不能安慰我。我曾希望美国人能够在生活中践行内外一致的价值观，包括我自己在内。我希望我的行为能反映我看重的价值。当我做到了，我对内外一致的需要就得到了满足。我不接受对别人或自己的虐待，这是我看重的价值。我跟随自己的内心，平和地生活。

今日练习

花一天的时间基于你看重的价值来做决定，而不是基于别人的。

人是唯一不愿做自己的生物。

阿尔贝·加缪
（Albert Camus）

天性还是习惯

天然的生活方式是指我们与生俱来的东西。而习惯的生活方式反映了我们从周围环境（如家庭、学校或社会）中学到的东西。这是重要的区别。我经常听到人们说，非暴力沟通是"不自然的"，因为第一次应用它时，会感到尴尬。可是，我认为人生来就有善意地给予和接纳的渴望。这是生命的自然状态。如果你怀疑这一点，请注意一个非常小的孩子，他把他最后一块糖果或他最喜欢的玩具给了他的弟弟。几年后再看看这个孩子，他可能已经学会了紧紧抓住自己的东西，不再愿意分享。在某种程度上，他学会了没有善意地生活。很多人成年之后就已经忘记了如何跟随自己的天性，真正善意地生活。这是悲剧，也是普遍存在的。非暴力沟通实际上在帮助我们回归天性。

 今日练习

今天，觉察你的习惯和天性之间的区别。

12 月 15 日

对不同的心灵来说，同一个世界既是地狱，又是天堂。

拉尔夫·沃尔多·爱默生
（Ralph Waldo Emerson）

价值判断与道德评判

价值判断是我们基于自己的经历和看重的价值做出判断。而当我们评判一个人是好是坏时，我们在进行道德评判。假设我和贝蒂阿姨在一起，她告诉我她不喜欢她邻居的各种原因。我的价值判断可能是，当贝蒂阿姨用这种方式谈论别人时，我感到筋疲力尽和恼怒，因为我重视尊重和体谅。我的道德评判可能是贝蒂阿姨心态消极或心胸狭窄，我断定贝蒂阿姨一定有什么毛病，才会这样议论她的邻居。当我们专注于自己的价值判断时，我们就不太可能批评他人。

今日练习

注意当你专注于价值判断而不是道德判断时，你的感受如何变化。

那些经常谈论进步的人是用数量而不是质量来衡量进步的。

乔治·桑塔亚纳
（George Santayana）

留意进步

改变是一件神奇的事情。有时，我们会花上几个月甚至几年的时间尝试改变一种行为或态度。通常，因为我们正处于练习过程中，所以很难看到进步。然后有一天，我们出乎意料地改变了自己的行为或态度。这就像魔法一样。

如果你想在生活中验证自己的进步，去拜访一下很久没见的老朋友或家人吧。注意和他们在一起的时候你是否有不同的感觉。带着这种觉察，你就可以对自己个人成长的每一刻保有信心。你甚至可以问问你的朋友和家人，他们是否对你有不同的感受。

多年前，我在弗拉格斯塔夫住了一段时间后，我的一个姐姐对我说："玛莉，你知道吗，我想我们都在设法从新的你身上看到旧的你。但我开始明白你已经改变了这么多，原来对你的认识完全不符合现在的你了。你真的重塑了自己。"当听到这句话时，我深受感动，因为当时我一直在告诉自己，我还没有取得长足的进步。现在，我知道每次我试图改变一种行为，即使我还没有成功，但也在为最终的改变做出贡献。这是一个每时每刻都在进行的过程。

 今日练习

今天，和老朋友或家人联系，注意一下你取得了多大的进步。

367

12月 17日

我只有上了船，才会遇上海浪。

塞涅卡（Seneca）

调解与他人的冲突

当你看到两个同事在为某件事情争论时，你会怎么做？幸运的是，你没有卷入争论，但你愿意帮助他们友好地解决问题。有个方法通常能帮到你。你可以对他们说："我想这件事对你们两个人来说都很为难。我想通过协助你们讨论来支持你们。这样可以吗？"如果双方都同意，你就保持中立地协助他们。要成为有效的调解人，就不能选择立场。双方都必须相信你能把每个人的最大利益放在心上。帮助双方找出分歧背后的需要。记住，当发生冲突时，人们争论的很可能是策略而不是需要。策略可能包括一种行动方案、时间安排，或认为只有一种正确方法。

尽量反映他们的需要。"阿尔伯特，听起来你想在下周完成这个项目，因为你认为假期前的回报会更高。简，你还想要一个

月，因为这样你就有更多的时间来解决问题，而你认为这会影响回报。所以，实际上，你们都关注回报。是吗？"承认两个人的需要，可以帮助他们理解他们想要的是一样的东西。下一步就是看看是否可以充分地集思广益，找出能够满足双方需要的解决方案。

有时候，调解过程中真正棘手的是确定每个人的需要。这可能很耗时。然而，不要担心花费时间，因为当你发现他们的需要时，你就在建立相互的信任，并帮助双方清楚彼此的情况。这是值得花时间的。此外，两个人可能有不同的需要。没关系，我们要做的只是识别这些需要，承认它们，并寻求重视它们的解决方案。调解的确需要时间和努力，但帮助人们达成所有人都满意的解决方案是一种愉悦的体验。

今日练习

今天，如果你目睹两个人之间发生了冲突，关注他们的需要，帮助他们解决问题。

回首往事，我有这样的遗憾：常常没有说出我的爱。

戴维·格雷森
（David Grayson）

了解如何为他人的生活做贡献

你有没有想过人们为什么要你参与某些项目？或者，你有没有觉得你做得还不够？几年前，我被邀请担任一个委员会的主席。委员会的成员们在研究一个问题，而我对这个问题知之甚少，也没有什么兴趣。在三次会面后，我开始感到不舒服，因为我认为我没有什么可以给这个委员会的。事实上，我开始怀疑我的经验不足是否拖累了他们的进展。我差点儿辞去委员会主席一职，但我决定和其中一位成员谈谈。我告诉他我的困境，然后我问他："我担任这个委员会的主席满足了你的什么需要？如果不能满足你的需要，我将很高兴退出，以便让委员会顺利发展。"他的反应令我震惊。他告诉我，我满足了他对信任和尊重的需要。他相信我会重视听取每个人的意见，我会帮助人们畅所欲言，我会努力争取全员同意的方案，我会以尊重的态度处理冲突。"哦，"我说，"你们要找的是调解人，而不是这个领域的领导者。"一旦我了解了他的意图，我就明白了为什么要我担任主席。在下一次会议上，我向其他成员表达了我的困境，并问他们是否也想让我充当调解人，他们是否因为我在他们的领域没有经验而感到不安。结果是他们所有人从一开始就把我当作调解人。

有时，我们发现自己不了解情况。与其离开，不如考虑问问其他人，你的参与能满足他们哪些需要。答案可能会让你大吃一惊。你可能会了解到一些你以前没有认识到的自己，你的心可能会被温暖！

今日练习

今天，至少请一个人告诉你，他的生活因为你的存在而变得更美好的三个具体的理由。

369

12月 19日

人生的大事不是看远处模糊的事物，而是做手边明确的事情。

托马斯·卡莱尔
（Thomas Carlyle）

与你的需要联结

所有人——无论住在哪里、赚多少钱、说什么语言或他们的性别如何，都有相同的基本需要。这是一条普遍规律。这里有一张需要清单：自主、选择、爱、住所、食物、水、友谊、支持、关心、激情、慈悲、玩耍、快乐、幽默、休息、安全、性表达、触摸、灵感、轻松、美丽和平等。这不是一个完整详尽的清单。如果你想判断一种需要是否是共通的，问问你自己，是不是这个世界上的每个人都有这种需要。如果你的答案是肯定的，它就可能是一种共通的需要。如果你认为大多数人（而不是所有人）都需要它，那么它很有可能是一种策略。如果你感到悲伤、沮丧、生气或受伤，那么你的需要此时没有得到满足。如果你感到快乐、喜悦、兴奋、爱或乐趣，那么你的需要就得到了满足。当你花时间和你的需要联结时，你就有机会改变你的经历。

今日练习

今天，看看能否分辨出策略和它们所满足的共通需要之间的区别。

重新审视你被告知的一切……抛弃那些侮辱你灵魂的东西。凡是能让灵魂满足的，就是真理。

沃尔特·惠特曼
（Walt Whitman）

尊重感受

你是否曾羞于承认你对某件事的感受？你有没有对自己说过"我不应该有那种感觉"？事情是这样的：感受没有好或坏，没有积极或消极，甚至没有轻微或强烈，它们只是你的感受。如果有人不小心用胳膊肘撞你，你可能会感到疼痛。你可能意识到那个人并不是故意用胳膊肘撞你的，但还是很疼。你表达痛苦的方式可能和其他人不同。我们中的一些人会声嘶力竭地喊叫。其他人可能只是简单地说一声"哎哟"，然后要求那个人拿开他的胳膊肘。然而，无论我们如何表达，痛苦的感觉都始终不变。

情感也是一样的。人的情感不会太浓烈或太强烈。也许你表达它们的方式比你真实感觉到的要强烈，但它本身不会太强烈。我曾经认为自己激情澎湃，因为我看到我的激情让人们望而却步。然而，一个朋友告诉我，如果我的激情减少，我就会失去个性中最积极的一面。多年后，我开始明白，并不是我的激情让人们望而却步，而是我表达它的方式。于是，我改变了我的行为，而不是我的激情。下次，当你注意到自己在贬低感受或为它们感到尴尬时，试着记得你的感受"就是这样"，然后决定你是否想要改变表达它们的方式。

今日练习

今天，注意你是如何表达你的感受的，是否想使用新的表达技能，让感受表达得更有效。

12 月 21 日

爱的艺术……主要是坚持不懈的艺术。

阿尔伯特·埃利斯
（Albert Ellis）

坚持还是要求

坚持，意味着积极地尝试不断与他人联结，来满足我们的需要。要求，是坚持某人做某事，以避免负面影响。假设你想和朋友一起去度假。她说她钱不够。如果你对她提要求，听起来是这样的："钱永远不够花。这次你要去。这是一生中难得的机会，我不想错过！"如果你坚持沟通，则可能会同理倾听她："你真的很担心钱，是吗？你只是不想做任何会让你支付不起生活费的事情？""不，我没有。你总是计划奢侈的旅行，而我害怕花那么多钱！""那么，你是担心我的旅行计划会让你不堪重负？""是的，我很担心。""哇。我很高兴听你这么说，因为我不想让你在和我一起旅行时担心钱的问题。如果我们制订一个预算，我根据预算来计划这次旅行，你觉得怎么样？"在这个例子中，你通过倾听朋友的需要来坚持满足自己的需要，并持续寻找一个能同时满足你们需要的解决方案。当我们坚持并考虑所有需要时，我们更有可能满足所有需要。很多时候，这会带来双赢的解决方案。

今日练习

今天，注意你是否在提出要求。

要治愈人类所有的弊病、错误、忧虑、悲伤和罪恶，全在于一个词——"爱"。这是一种神圣的生命力，它创造和恢复生命。

莉迪亚·玛丽亚·查尔德
（Lydia Maria Child）

在团体中为自己的需要发声

有时，当一个人第一次意识到他的需要很重要时，他就会过分热切地去满足这些需要。例如，他可能会打断团队的进展，因为他刚刚意识到他想被倾听或被理解的需要没有得到满足。在他迫切地想要满足自己被倾听的需要时，他可能无法看到更大的愿景——团队努力实现的目标，或者他可能忘记了有很多方法可以满足他的需要。这很棘手，因为根据我自己的经验，团队中的每一个人都对整体做出了贡献。任何一个不能完全专注于团队当前任务的人都可能妨碍团队的成功。另外，如果有人为了满足个人需要而打断团队进展，就可能会分散大家的注意力。他能做什么呢？他可以考虑同理倾听自己片刻，默默地与自己未被满足的需要和感受联结。然后，他可以想一想，是否值得为了得到更多的同理倾听而让他和团队中断任务，或者他是否可以在不妨碍团队任务进展的情况下，以其他方式满足自己的需要。记住，要重视每个人的需要，而不仅仅是他自己的。如果你发现自己处于这样的情况，考虑一下怎样才能满足每个人的需要。记住，满足每一种需要都有无限的方法。通常，我们瞬间想到的解决方案并没有充分考虑每个人的需要。

今日练习

今天，注意你如何投入团队任务。你是否完全参与其中？你能做些什么来满足自己和团队的需要？

带着爱去做所有的事情。

奥格·曼迪诺
（Og Mandino）

关注需要而非策略

非暴力沟通努力平等地重视每个人的需要。对我们中的一些人来说，这意味着要学会重视自己的需要。我们可能花了太多的时间关注别人的需要，而忘记了自己的需要。或者，这可能意味着学会理解和关爱他人的需要，并帮助他人满足他们的需要。无论现在如何，改变都可能是痛苦的，因为它迫使你以不同的方式看待自己和你身处的世界。如果你重视地球资源的可持续性，更喜欢一辆小型车，但你身高 2 米的伴侣看重轻松和舒适，想买一辆 SUV，那该怎么办？你会尽量满足这两种需要，还是坚持买一辆小一点的车？我并不是建议你容忍与自己价值观相悖的行为。我的意思是，我们要平等地看待每个人的需要，即使我们不喜欢人们试图满足它们的特定方式。只要我们敞开心扉，充分重视每个人的需要，就能带来意识上的强大转变。

今日练习

今天，觉察平等地重视每个人的需要的机会。

子曰：性相近也，习相远也。

《论语·阳货》

需要是共通的

世界上所有的人都有同样的需要。想一想爱、居所、滋养、支持、关心和欢乐，它们每一种都是我们共通的需要。如果我们都有共通的需要，世界上怎么还会有这么多冲突呢？因为我们选择的满足需要的方法不同。大多数人争论的是他们满足需要的方法，而不是需要。你能想象那些极端暴力行为是为了满足自治、团结和被倾听的需要而做出的努力吗？你能想象冲突双方对和平、尊重、理解、自由、安全以及属于自己的领地都有相似的需要吗？当父母为孩子上哪所学校而争论时，他们是否都在努力满足自己对经济保障的需要，以及对孩子安全、学习和乐趣的需要？通常，所有各方都试图满足相同的需要，但策略不同。一旦我们理解了这一点，我们就可以在与他人探讨时把重点放在需要而不是策略上，从而更有可能达成和平的、相互满意的决议。

今日练习

今天，注意把谈话从策略转向需要的机会。

12月 25日

父母能告知但不能教授，除非他们言行如一。

谚语

尊重他人，以满足对尊重的需要

不久前，一位母亲带着她15岁的女儿来参加我在周日晚上的培训。女儿坐在门边，和其他人保持着距离。母亲叹了口气说："她不会进来的。"我问女儿是否愿意参与进来，向大家表达她的不满。她说："我不知道我为什么在这里。这个培训很愚蠢。我和妈妈沟通得很好。"在同理倾听女儿之后，我了解到周日晚上是她每周唯一一个属于自己的晚上。她用这些时间做作业、洗衣服、和朋友打电话，享受独处的时光。在这个周日的晚上，她的母亲告诉她，她们要去参加一个培训，她在这件事上没有选择。我进一步发现，母亲经常让女儿做一些她不喜欢做的事情，如远足、野营、钓鱼等。如果她告诉妈妈她不喜欢这些东西，她妈妈就会生她的气。在同理倾听这位母亲之后，我发现她非常想和女儿亲近。这个年龄段的女儿更关注她的朋友而不是家人。尽管母亲知道这很正常，但她还是很想和女儿亲近一点儿，所以她一直在努力寻找共度时光的机会。在我对母亲和女儿进行了大约10分钟的同理倾听后，她们双方都更清楚地了解了对方的需要，以及她们自己的策略是如何让情况恶化的。有了这种理解，她们就能达成约定。她们决定每个周末在一起度过一个晚上，她们会共同做一些两个人都喜欢的事情。她们开始想到一些主意。她们还决定，她们都想加强彼此之间的沟通，但周日晚上她们不会上课，这样女儿就可以独享这一晚。整个沟通过程大约用了20分钟。

我们不尊重别人时，让他们满足我们对尊重的需要是很困难的，甚至是不可能的。如果你想让你的孩子重视你的需要、满足你对尊重的需要，那么，给他们重视和尊重。

今日练习

考虑一下你在关系中最看重的品质。今天，在关系中体现出那种品质吧。

你的巅峰时刻都在变化，健康的身体和生病的身体是不一样的。在任何情况下，只要尽自己最大的努力，你就会避免自我评判、自虐和后悔。

堂·米格尔·路易兹
（Don Miguel Ruiz）

尽力而为就好

你有没有注意到，你觉得自己能做好的事情，反而容易出错而做不好？当我第一次开始教人们非暴力沟通时，我认为我应该成为"一个有慈悲心的好榜样"。当我这么告诉自己的时候，我感到了压力，我在慈悲心方面的能力崩溃了。我们要看到真实，努力与我们看重的价值和谐相处，觉察没有达到想要的目标，承认并爱我们的缺点，然后再尝试。我们并不完美，所以让我们放下"我们应该完美"的压力。相反，我们要尽最大努力活在我们的价值观里，这样会更谦逊、更平和、更快乐。你认同吗？

今日练习

今天，致力于在生活中体现你的价值观，然后庆祝你的成功。

12月27日

人是自己思想的产物。他想什么，就会变成什么。

甘地
（Gandhi）

爱自己

认为自己不值得被爱和毫无价值是非常痛苦的。我们中的很多人在孩童时期就认定了这一点，当我们将这种信念带入成年生活时，它会影响我们的每一个思想和行动。对我来说，这种信念影响了我与自己和他人的关系。当我认为自己毫无价值的时候，我感到愤怒、敌对、受伤和绝望。当我告诉自己我不值得被爱时，我感到恐慌、悲伤、受伤和绝望。我愿意做任何事来满足我对爱的需要，我甚至和那些不能满足我对信任、尊重或体贴的需要的人约会。我说服自己，如果我表现得值得被爱，他们就会爱我，我的任务就是说服他们这么做。我关注别人的感受。我想知道他们是否喜欢和我在一起，他们是否会在他们说出现的时候出现，或者他们是否认为我这个人还可以。通过多年的个人成长，包括践行非暴力沟通，我已经明白人们做事情是为了满足自己的需要。如果有人给我起绰号，他们是在满足一种需要，可能是为了满足对接纳的需要。他们的行为并不能反映我的价值。现在，当我和其他人在一起时，我会注意自己的感受，以及我的哪些需要得到了满足，我会花时间和那些能满足我对尊重、体谅、乐趣和信任等需要的人在一起。当有人不能满足我的这些需要时，我会带着爱并且不加评判地让他离开。我不需要告诉自己他有什么问题，也不需要向他或自己证明我值得被爱。我知道我是有价值的，就像所有人一样。我知道我对爱的需要不是每个人都能满足的。我的任务是找到爱我的人，珍惜他们在我生命中的存在。

今日练习

今天，当你和不同的人在一起时，觉察你的感受，以及你的需要得到了满足还是未得到满足。这说明了什么？

有爱就有生命。

甘地
（Gandhi）

爱就是答案

几年前，我姐姐的一个好朋友去世时，她正好陪在朋友的身边。那天晚上，姐姐打电话告诉我这件事情。她的变化给我留下了深刻印象：她很温柔，充满了爱和希望。她告诉我，她和这位朋友几年前曾吵过一架，但当她的朋友被诊断出患有快速发展的癌症时，他们又重归于好了。当她的朋友咽下最后一口气，姐姐看着她的眼睛，充满了爱和慈悲。在那一刻，她知道一切都被原谅了。

唯一重要的是彼此相爱。如果有时候你的态度比预想的更粗暴，或者你不重视每个人的需要，或者在评判别人，那么原谅自己，继续过自己的生活，试着下次用不同的方式去行动。尽你所能爱自己和他人。爱是解决冲突的一件真正重要的事情，能给世界带来和平，疗愈人们内心的痛苦。

今日练习

今天，有意识地让爱成为你所有交流的首要焦点。

生命的意义不仅仅是提高速度。

甘地
（Gandhi）

如何使用时间

我经常听到人们这样说："我们不能在商业领域使用非暴力沟通。这太费时间了！"或者"我们只会告诉他们该怎么做。我们没有时间讨论。"每次我听到这样的评论，我感到既难过又好笑。人们常常在一种错觉下试图满足自己对速度和效率的需要。我们常常认为，告诉别人他们必须做我们想让他们做的事情会节省时间。然而在现实中，当我们向别人提出要求时，我们可能会花费大量的时间——几天、几周、几个月、甚至几年，来处理受伤的情感、叛逆的态度和愤怒。相反，如果提前花时间建立共识并达成约定，事情可能会自行运转，因为每个人都在为结果付出。想一想，当你告诉你十几岁的女儿她不能穿鼻环时，会发生什么。或者想一想，当你告诉员工公司正在重组，他们将被重新安排职位时，会如何。在这两种情况下，通过联结、同理倾听和重视每个人的需要，有可能达成令所有相关方都满意的约定。达成共识虽然可能很耗时，但最终实现后，下一步就是实施。当人们自愿达成一致时，很少会出现负面反抗。这是一个选择，真的。你想把你的精力和时间投入在哪里呢？

今日练习

今天，注意你决定把时间用在哪里。这符合你的需要吗？

精神错乱：重复做着同一件事，却期待不同的结果。

阿尔伯特·爱因斯坦
（Albert Einstein）

改变行为来满足需要

你是否曾发现自己以同样的方式应对类似的情况，然后每次都为结果感到沮丧？我一生中大部分时间都试图与人建立更深层的联结，然而在我和他们之间却筑起隔离情感的高墙。每当我感到受伤、害怕或脆弱时，我要么在情感上封闭自己，要么以某种方式发泄。例如有一次，我和一群朋友参加了一个跑步比赛，为当地的一个非营利组织筹款。我是我们组最慢的一个，两个朋友跑在前面，一个朋友和我在一起。从这两个朋友领先的那一刻起，直到2英里⊖的比赛结束，我感到不安、尴尬和受伤。我告诉自己，我太无聊了，太慢了，身材也走样了。这些评判特别尖锐，因为其他人都至少比我大13岁。我越想

越痛苦，也越绝望，越封闭自己。我甚至很难参与到与别人的谈话中。两天后，我才意识到我做了什么：在我感到不安全和脆弱的那一刻，我封闭了自己，把自己紧紧关了起来。我真正需要的是接纳、联结和理解。当我关闭自己的情感时，我就不可能和别人联结。当我意识到这一点时，我给一起跑步的每个朋友打了电话。我们讨论了当时发生的事以及我的感受。这些对话满足了我在比赛当天没有被满足的需要。有时，改变我们的行为模式是非常痛苦的，但如果仔细观察，我们就可能会发现我们的行为中有一些模式并不能帮助我们满足需要。这些模式还会持续产生同样的结果：悲伤、绝望、孤独和羞愧。

今日练习

今天，觉察你的防御行为想满足的需要。如果你对结果不满意，考虑将来处理类似情况时采用其他方法。

⊖ 约为3千米。

笑一笑就好。

马修·格林
（Matthew Green）

幽默——伟大的疗愈师

开怀大笑难道感觉不好吗？有时候，我会困在生活的琐事中，迷失了方向。如果我十分努力地要完成某件事，我就不会活在当下，当然也无法享受当下。非暴力沟通教导正念——与我们的选择和宇宙的丰盛一起处在当下。如果我承认宇宙能提供给我所需要的一切，我就能放松下来并享受生活。当我在培训结束后倒车撞到树上时，我不会感到尴尬。相反，当我告诉人们我刚刚撞到树上时，他们脸上的表情会让我觉得很有趣。我需要的是享受生活。这并不意味着我想填满自己的感情生活或忽视其他需要。这只意味着我想把注意力集中在那些最能让我享受生活的地方。我想专注于每天所能获得的丰富的幽默上。

今日练习

今天，抓住机会让自己开怀大笑吧。

非暴力沟通的四要素

诚实表达	同理倾听
清楚地表达自己当下内心鲜活的东西，而不带任何指责或评判。	带着同理心，听到对方通过语言或行为表达的指责或评判里蕴含的当下的状态。

观察

1. 说出自己观察到的行为，不掺杂评判： 当我（看到、听到、记起、想到）……	1. 指明你观察到的对方的行为，不掺杂评判： 当你（看到、听到、记起、想到）…… 你是否因为……才有这样的反应？ 你说的是不是……？ 你是不是指……？ （有时在同理倾听时，不用说出来）

感受

2. 表达自己的感受（情绪或身体感觉，而不是自己的想法）： 我感到……	2. 猜测对方的感受（情绪或身体感觉，而不是对方的想法）： 你是不是感到……？ 我猜你大概是感到……

需要

3. 告知对方自己感受的根源，即自己需要/看重什么，而不是某种具体的、自己倾向的策略或行动： 因为我需要/看重……	3. 猜测对方感受的根源，即对方需要/看重/渴望什么，而不是某种具体的、倾向的策略或行动： 因为你当时希望…… 因为你需要/看重/渴望……

明确地请求对方采取能够丰盛我们生命的具体行动，而不是命令或要求对方。	带着同理心，接收对方希望自己采取的能够丰盛他生命的具体明确的行动，而不是只听到对方的命令或要求。

请求

4. 以当下的行动语言，提出希望自己或对方采取的具体行动： 现在，我愿不愿意……？ 现在，你愿不愿意……？	4. 猜测对方可能希望自己或别人采取的具体行动： 所以，你是不是希望……？ 那么，你是不是想要我……？ （有时在同理倾听时，不用完全言明）